中国文化丛书

经典随行

朱自清 著

经典常谈·文艺常谈

中华书局

图书在版编目（CIP）数据

经典常谈·文艺常谈/朱自清著. —北京：中华书局，2015.7
（中国文化丛书·经典随行）
ISBN 978-7-101-10992-4

Ⅰ.经… Ⅱ.朱… Ⅲ.①社会科学–古籍–介绍–中国②文艺
评论–中国–文集 Ⅳ.①Z835②I206-53

中国版本图书馆 CIP 数据核字（2015）第 116352 号

书　　名	经典常谈·文艺常谈
著　　者	朱自清
丛 书 名	中国文化丛书·经典随行
责任编辑	傅　可　韩　笑
出版发行	中华书局
	（北京市丰台区太平桥西里 38 号　100073）
	http://www.zhbc.com.cn
	E-mail：zhbc@ zhbc.com.cn
印　　刷	北京天来印务有限公司
版　　次	2015 年 7 月北京第 1 版
	2015 年 7 月北京第 1 次印刷
规　　格	开本/880×1230 毫米　1/32
	印张 13⅜　字数 350 千字
印　　数	1–5000 册
国际书号	ISBN 978-7-101-10992-4
定　　价	35.00 元

经典随行　书礼传家

——"中国文化丛书"出版说明

　　"中国文化丛书"包括两套书系："经典随行"和"书礼传家"。

　　我们所谓的"经典"，是指经久不衰的典范之作，它们历经岁月的淘洗仍然具有旺盛的生命力。中国文化，源远流长，广播四海，经典累代不乏。晚近以来，中国处于"三千年未有之大变局"时代，西方学术和思想大量涌入，中国传统文化遭受巨大冲击，国人或主动或被动地卷入这样一股变迁的时代洪流中，摸索前行。社会巨变之际往往精英辈出，中西文化的激荡，产生了一大批大师级的学者，留下了丰厚的文化遗产。

　　"经典随行"书系选取近一百年来有关中国文化的经典著作，内容涉及文学、史学、哲学、思想、宗教、文化、艺术诸领域，如鲁迅《中国小说史略》、蒋维乔《中国佛教史》、许地山《中国道教史》、蔡元培《中国伦理学史》、陈师曾《中国绘画史》、柳诒徵《中国文化史》等，都是具有典范性的经典力作。

　　在推出这些学术文化经典的同时，我们希望以一种更加新颖的方式使读者接受传统文化的熏陶，于是我们策划了"书礼传家"书系。中国自古崇文重教，"十户之村，不废诵读"，"书礼传家"是许多中国人悬挂于门楣的精神坐标。"书礼传家"书系引进立体阅读的概念，以"实物仿真件 + 文本解读"的方式，来丰富读者的阅读体验。精心选择中国传统文化中与普通民众生活密切相关的文书，从一件件具体的实物说开去，以小见大，生动有趣，从微观角度反映传统社会千姿百态的生活方式，将"科举""婚约与休书""花笺与信物""奏折""当票""地契""状子"等反映中国古代科举制度、婚姻制度、爱情观念、古代官制、典当制度、土地制度、司法制度等一系列传统社会制度的内容纳入进来。翻开这套书，就如同走进了一座"流动的文化博物馆"。

"中国文化丛书"致力于介绍阐述中国传统文化的"著述"，而不是中国文化"元典"本身；面对的读者对象是普通大众，以推介中国文化常识为基本立足点，过于艰深的学术探讨不在选择之列；在表述上力求深入浅出、简明准确。

"大家的文笔，大众的视角"，是我们对"中国文化丛书"的基本定位，愿这套丛书能够为人们搭建一座接近经典、了解历史与文化的桥梁。

中华书局编辑部
二〇一五年四月

目　录

经典常谈

序

  在中等以上的教育里，经典训练应该是一个必要的项目。经典训练的价值不在实用，而在文化。有一位外国教授说过，阅读经典的用处，就在教人见识经典一番。这是很明达的议论。再说做一个有相当教育的国民，至少对于本国的经典，也有接触的义务。本书所谓经典是广义的用法，包括群经、先秦诸子、几种史书、一些集部；要读懂这些书，特别是经、子，得懂"小学"，就是文字学，所以《说文解字》等书也是经典的一部分。我国旧日的教育，可以说整个儿是读经的教育。经典训练成为教育的唯一的项目，自然偏枯失调；况且从幼童时代就开始，学生食而不化，也徒然摧残了他们的精力和兴趣。新式教育施行以后，读经渐渐废止。民国以来虽然还有一两回中小学读经运动，可是都失败了，大家认为是开倒车。另一方面，教育部制定的初中国文课程标准里却有"使学生从本国语言文字上，了解固有文化"的话，高中的标准里更有"培养学生读解古书，欣赏中国文学名著之能力"的话。初高中的国文教材，从经典选录的也不少。可见读经的废止并不就是经典训练的废止，经典训练不但没有废止，而且扩大了范围，不以经为限，又按着学生程度选材，可以免掉他们囫囵吞枣的弊病。这实在是一种进步。

我国经典，未经整理，读起来特别难，一般人往往望而生畏，结果是敬而远之。朱子似乎见到了这个，他注"四书"，一种作用就是使"四书"普及于一般人。他是成功的，他的"四书"注后来成了小学教科书。又如清初人选注的《史记菁华录》，价值和影响虽然远在"四书"注之下，可是也风行了几百年，帮助初学不少。但到了现在这时代，这些书都不适用了。我们知道清代"汉学家"对于经典的校勘和训诂贡献极大。我们理想中一般人的经典读本——有些该是全书，有些只该是选本节本——应该尽可能地采取他们的结论；一面将本文分段，仔细地标点，并用白话文作简要的注释。每种读本还得有一篇切实而浅明的白话文导言。这需要见解、学力和经验，不是一个人一个时期所能成就的。商务印书馆编印的一些"学生国学丛书"，似乎就是这番用意，但离我们理想的标准还远着呢。理想的经典读本既然一时不容易出现，有些人便想着先从治标下手。顾颉刚先生用浅明的白话文译《尚书》，又用同样的文体写《汉代学术史略》，用意便在这里。这样办虽然不能教一般人直接亲近经典，却能启发他们的兴趣，引他们到经典的大路上去。这部小书也只是向这方面努力的工作。如果读者能把它当作一只船，航到经典的海里去，编撰者将自己庆幸，在经典训练上，尽了他做尖兵的一份儿。可是如果读者念了这部书，便以为已经受到了经典训练，不再想去见识经典，那就是以筌为鱼，未免辜负编撰者的本心了。

这部书不是"国学概论"一类。照编撰者现在的意见，"概论"这名字容易教读者感到自己满足；"概论"里好像什么都有了，再用不着别的——其实什么都只有一点儿！"国学"这名字，和西洋人所谓"汉学"一般，都未免笼统的毛病。国立中央研究院的历史语言研究所分别标明历史和语言，不再浑称"国学"，确是正办。这部书以经典为主，以书为主，不以"经学""史学""诸子学"等作纲领。但诗、文两篇，却还只能叙述源流；因为书太多了，没法子一一详论，而集部书的问题，也不像经、史、子的那样重要，在这儿也无需详论。书中各篇的排列按照传统的经、史、子、集的顺序；并照传统的意见将"小学"书放在最前头；各篇的讨论，尽量采择近人新说；这中间并无编撰者自己的创见，编撰者的工作只是编撰罢了。全篇的参考资料，开列在各篇后面；局部的，随处分别注明。也有袭用成说而没有注出的，那是为了节省读者的注意力；一般的读物和考据的著作不同，是无需乎那样严格的。末了儿编撰者得谢谢杨振声先生，他鼓励编撰者写下这些篇"常谈"。还得谢谢雷海宗先生允许引用他还没有正式印行的《中国通史选读》讲义，陈梦家先生允许引用他的《中国文字学》稿本。还得谢谢董庶先生，他给我抄了全份清稿，让排印时不致有太多的错字。

朱自清

三十一年二月，昆明西南联合大学

《说文解字》第一

中国文字相传是黄帝的史官叫仓颉的造的。这仓颉据说有四只眼睛,他看见了地上的兽蹄儿鸟爪儿印着的痕迹,灵感涌上心头,便造起文字来。文字的作用太伟大了,太奇妙了,造字真是一件神圣的工作。但是文字可以增进人的能力,也可以增进人的巧诈。仓颉泄漏了天机,却将人教坏了。所以他造字的时候,"天雨粟,鬼夜哭"。人有了文字,会变机灵了,会争着去做那容易赚钱的商人,辛辛苦苦去种地的便少了。天怕人不够吃的,所以降下米来让他们存着救急。鬼也怕这些机灵人用文字来制他们,所以夜里嚎哭①;文字原是有巫术的作用的。但仓颉造字的传说,战国末期才有。那时人并不都相

①《淮南子·本经训》及高诱注。

信；如《易·系辞》里就只说文字是"后世圣人"造出来的。这"后世圣人"不止一人，是许多人。我们知道，文字不断地在演变着；说是一人独创，是不可能的。《系辞》的话自然合理得多。

"仓颉造字说"也不是凭空起来的。秦以前是文字发生与演化的时代，字体因世因国而不同，官书虽是系统相承，民间书却极为庞杂。到了战国末期，政治方面，学术方面，都感到统一的需要了，鼓吹的也有人了；文字统一的需要，自然也在一般意识之中。这时候抬出一个造字的圣人，实在是统一文字的预备工夫，好教人知道"一个"圣人造的字当然是该一致的。《荀子·解蔽篇》说，"好书者众矣，而仓颉独传者，一也"，"一"是"专一"的意思，这儿只说仓颉是个整理文字的专家，并不曾说他是造字的人，可见得那时"仓颉造字说"还没有凝成定型。但是，仓颉究竟是甚么人呢？照近人的解释，"仓颉"的字音近于"商契"，造字的也许指的是商契。商契是商民族的祖宗。"契"有"刀刻"的义；古代用刀笔刻字，文字有"书契"的名称。可能的因为这点联系，商契便传为造字的圣人。事实上商契也许和造字全然无涉，但这个传说却暗示着文字起于夏商之间。这个暗示也许是值得相信的。至于仓颉是黄帝的史官，始见于《说文·序》。"仓颉造字说"大概凝定于汉初，那时还没有定出他是哪一代的人；《说文·序》所称，显然是后来加添的枝叶了。

识字是教育的初步。《周礼·保氏》说贵族子弟八岁入小学，先生教给他们识字。秦以前字体非常庞杂，贵族子弟所学的，大约只是官书罢了。秦始皇统一了天下，他也统一了文字；小篆成了国书，别体渐归淘汰，识字便简易多了。这时候贵族阶级已经没有了，所以渐渐注重一般的识字教育。到了汉代，考试史、尚书史书记秘书等官儿，都只凭识字的程度；识字教育更注重了。识字需要字书。相传最古的字书是《史籀篇》，是周宣王的太史籀作的。这部书已经佚去，但许慎《说文解字》里收了好些"籀文"，又称为"大篆"，字体和小篆差不多，和始皇以前三百年的碑碣器物上的秦篆简直一样。所以现在相信这只是始皇以前秦国的字书。"史籀"是"书记必读"的意思，只是书名，不是人名。

始皇为了统一文字，教李斯作了《仓颉篇》七章，赵高作了《爰历篇》六章，胡母敬作了《博学篇》七章。所选的字，大部分还是《史籀篇》里的，但字体以当时通用的小篆为准，便与"籀文"略有不同。这些是当时官定的标准字书。有了标准字书，文字统一就容易进行了。汉初，教书先生将这三篇合为一书，单称为《仓颉篇》。秦代那三种字书都不传了；汉代这个《仓颉篇》，现在残存着一部分。西汉时期还有些人作了些字书，所选的字大致和这个《仓颉篇》差不多。就中只有史游的《急就篇》还存留着。《仓颉》残篇四字一句，两句一韵。《急就篇》不分章而分部，前半三字一句，后半七字一句，两句一韵；所收的都是名姓、器物、官名等日常用字，没有说解。这些书和后世"日用杂字"相似，按事类收字——所谓分章或分部，都据事类而言。这些一面供教授学童用，一面供民众检阅用，所收约三千三百字，是通俗的字书。

东汉和帝时，有个许慎，作了一部《说文解字》。这是一部划时代的字书。经典和别的字书里的字，他都搜罗在他的书里，所以有九千字。而且小篆之外，兼收籀文、"古文"；"古文"是鲁恭王所得孔子宅"壁中书"及张仓所献《春秋左氏传》的字体，大概是晚周民间的别体字。许氏又分析偏旁，定出部首，将九千字分属五百四十部首。书中每字都有说解，用晚周人作的《尔雅》，扬雄的《方言》，以及经典的注文的体例。这部书意在帮助人通读古书，并非只供通俗之用，和秦代及西汉的字书是大不相同的。它保存了小篆和一些晚周文字，让后人可以溯源沿流；现在我们要认识商周文字，探寻汉以来字体演变的轨迹，都得凭这部书。而且不但研究字形得靠它，研究字音字义也得靠它。研究文字的形音义的，以前叫"小学"，现在叫文字学。从前学问限于经典，所以说研究学问必须从小学入手；现在学问的范围是广了，但要研究古典、古史、古文化，也还得从文字学入手。《说文解字》是文字学的古典，又是一切古典的工具或门径。

《说文·序》提起出土的古器物，说是书里也搜罗了古器物铭的文字，便是"古文"的一部分，但是汉代出土的古器物很少；而拓墨的法子到南北朝才有，当时也不会有拓本，那些铭文，许慎能见到的怕是更少。所以他的书里还只有秦篆和一些晚周民间书，再古的可以说是没有。到了宋代，古器物出土的多了，拓本也流行了，那时有了好些金石图录考释的书。"金"是铜器，铜器的铭文称为金文。铜器里钟鼎最是重器，所以也称为钟鼎文。这些铭文都是记事的。而宋以来发现的铜器大都是周代所作，所以金文多是两周的文字。清代古器物出土的更多，而光绪二十五年西元一八九九河南安阳发现了商代的甲骨，尤其是划时代的。甲是龟的腹甲，骨是牛胛骨。商人钻灼甲骨，以卜吉凶，卜完了就在上面刻字纪录。这称为甲骨文，又称为卜辞，是盘庚_{约西元前一三〇〇}以后的商代文字。这大概是最古的文字了。甲骨文，金文，以及《说文》里所谓"古文"，还有籀文，现在统统算作古文字，这些大部分是文字统一以前的官书。甲骨文是"契"的；金文是"铸"的。铸是先在模子上刻字，再倒铜。古代书写文字的方法除"契"和"铸"外，还有"书"和"印"，因用的材料而异。"书"用笔，竹木简以及帛和纸上用"书"。"印"是在模子上刻字，印在陶器或封泥上①。古代用竹木简最多，战国才有帛；纸是汉代才有的。笔出现于商代，却只用竹木削成。竹木简、帛、纸，都容易坏，汉以前的，已经荡然无存了。

　　造字和用字有六个条例，称为"六书"。"六书"这个总名初见于《周礼》，但六书的各个的名字到汉人的书里才见。一是"象形"，象物形的大概，如"日""月"等字。二是"指事"，用抽象的符号，指示那无形的事类，如"二"上"二"下两个字，短画和长画都是抽象的符号，各代表着一个物类。"二"指示甲物在乙物之上，"二"指示甲物在乙物之下。这"上"和"下"两种关系便是无形的事类。又如"刃"字，在"刀"形上加一点，指示刃之所在，也是的。三是"会意"，会合两个或两个以上的字为一个字，这一个字的意义是那几个字的意义积成的，如"止""戈"为"武"，"人""言"为"信"等。四是"形声"，也是两个字合成一个字，但一个字是形，一个字是声；形是意符，声是音标。如"江""河"

两字，"氵"水是形，"工""可"是声。但声也有兼义的。如"浅""钱""贱"三字，"水""金""贝"是形，同以"戋"为声；但水小为"浅"，金小为"钱"，贝小为"贱"，三字共有的这个"小"的意义，正是从"戋"字来的。象形、指事、会意、形声，都是造字的条例；形声最便，用处最大，所以我们的形声字最多。

五是"转注"，就是互训。两个字或两个以上的字，意义全部相同或一部相同，可以互相解释的，便是转注字，也可以叫做同义字。如"考""老"等字，又如"初""哉""首""基"等字；前者同形同部，后者不同形不同部，却都可以"转注"。同义字的孳生，大概是各地方言不同和古今语言演变的缘故。六是"假借"，语言里有许多有音无形的字，借了别的同音的字，当作那个意义用。如代名词，"予""汝""彼"等，形况字"犹豫""孟浪""关关""突如"等，虚助字"于""以""与""而""则""然""也""乎""哉"等，都是假借字。又如"令"，本义是"发号"，借为县令的"令"；"长"本义是"久远"，借为县长的"长"。"县令""县长"是"令""长"的引申义。假借本因有音无字，但以后本来有字的也借用别的字。所以我们现在所用的字，本义的少，引申义的多，一字数义，便是这样来的。这可见假借的用处也很广大。但一字借成数义，颇不容易分别。晋以来通行了四声，这才将同一字分读几个音，让意义分得开些。如"久远"的"长"平声，"县长"的"长"读上声之类。这样，一个字便变成几个字了。转注、假借都是用字的条例。

象形字本于图画。初民常以画记名，以画记事；这便是象形的源头。但文字本于语言，语言发于声音，以某声命物，某声便是那物的名字。这是"名"；"名"该只指声音而言。画出那物形的大概，是象形字。"文字"与"字"都是通称；分析地说，象形的字该叫做"文"，"文"是"错画"的意思①。"文"本于"名"，如先有"日"名，才会有"日"这个"文"，"名"就是"文"的声音。但物类无穷，不能一一造"文"，便只得用假借字。假借字以声为主，也可以叫做"名"。一字借为数字，后世用四声分别，古代却用偏旁分别，这便是形声字。如"囡"本象箕形，是"文"，它的"名"是"屮"。而日期的"期"，旗帜的"旗"，麒麟的"麒"等，在语言中与"囡"同声，却无专字，便都借用"囡"字。后来才加"月"为"期"，加"扩"为"旗"，加"鹿"为"麒"，一个字变成了几个字。严格地说，形声字才该叫做"字"，"字"是"孳乳而渐多"的意思②。象形有抽象作用，如一画可以代表任何一物，"二"上"二"下"一""二""三"其实都可以说是象形。象形又有指示作用，如"刀"字上加一点，表明刃在那里。这样，旧时所谓指事字其实都可以归入象形字。象形还有会合作用，会合两个或两个以上的分子，表示一个意义；那么，旧时所谓会意字其实也可以归入象形字。但会合成功的不是"文"，也该是"字"。象形字、假借字、形声字，是文字发展的逻辑的程序，但甲骨文里三种字都已经有了。这里所说的程序，是近人新说，和"六书说"颇有出入。"六书说"原有些不完备不清楚

---

① 《说文·文部》。
② 《说文·序》。

的地方，新说加以补充修正，似乎更可信些。

秦以后只是书体演变的时代。演变的主因是应用，演变的方向是简易。始皇用小篆统一了文字，不久便又有了"隶书"。当时公事忙，文书多，书记虽遵用小篆，有些下行文书，却不免写得草率些。日子长了，这样写的人多了，便自然而然成了一体，称为"隶书"；因为是给徒隶等下级办公人看的。这种字体究竟和小篆差不多。到了汉末，才渐渐变了，椭圆的变为扁方的，"敛笔"变为"挑笔"。这是所谓汉隶，是隶书的标准。晋唐之间，又称为"八分书"。汉初还有草书，从隶书变化，更为简便。这从清末以来在新疆和敦煌发现的汉晋间的木简里最能见出。这种草书，各字分开，还带着挑笔，称为"章草"。魏晋之际，又嫌挑笔费事，改为敛笔，字字连书，以一行或一节为单位。这称为"今草"。隶书方整，去了挑笔，又变为"正书"。这起于魏代。晋唐之间，却称为"隶书"，而称汉隶为"八分书"。晋代也称为"楷书"。宋代又改称为"真书"。正书本也是扁方的，到陈隋的时候，渐渐变方了。到了唐代，又渐渐变长了。这是为了好看。正书简化，便成"行书"，起于晋代。大概正书不免于拘，草书不免于放，行书介乎两者之间，最为适用。但现在还通用着正书，而辅以行草。一方面却提倡民间的"简笔字"，将正书行书再行简化；这也还是求应用便利的缘故。

参考资料

《说文解字叙》

容庚《中国文字学》

陈梦家《中国文字学》稿本

《周易》第二

　　在人家门头上，在小孩的帽饰上，我们常见到八卦那种东西。八卦是圣物；放在门头上，放在帽饰里，是可以辟邪的。辟邪还只是它的小神通；它的大神通在能够因往知来，预言吉凶。算命的、看相的、卜课的，都用得着它。他们普通只用五行生克的道理就够了，但要详细推算，就得用阴阳和八卦的道理。八卦及阴阳五行和我们非常熟习；这些道理直到现在还是我们大部分人的信仰；我们大部分人的日常生活不知不觉之中教这些道理支配着。行人不至、谋事未成、财运欠通、婚姻待决、子息不旺，乃至种种疾病疑难，许多人都会去求签问卜、算命看相，可见影响之大。讲五行的经典，现在有《尚书·洪范》；讲八卦的便是《周易》。

　　八卦相传是伏羲氏画的。另一个传说却说不是他自出心裁画的。那时候有匹龙马从黄河里出来，背着一幅图，上面便是八卦，伏羲只照着描下来罢了。但这因为伏羲是圣人，那时代是圣世，天才派了龙马赐给他这件圣物。所谓"河图"，便是这个。那讲五行的洪范，据说也是大禹治水时在洛水中从一只神龟背上得着的，也出于天赐。所谓"洛书"，便是那个。但这些神怪的故事显然是八卦和五行的宣传家造出来抬高这两种学说的地位的。伏羲氏恐怕压根儿就没有这个人，他只是秦汉间儒家假托的圣王。至于八卦，大概是有了筮法以后才有的。商民族是用龟的腹甲或牛的胛骨卜吉凶，他们先在甲骨上钻一下，再用火灼；甲骨经火，有裂痕，便是兆象，卜官细看兆象，断定吉凶；然后便将卜的人、卜的日子、卜的问句等用刀笔刻在甲骨上。这便是卜辞。卜辞里并没有阴阳的观念，也没有八卦的痕迹。

卜法用牛骨最多，用龟甲是很少的。商代农业刚起头，游猎和畜牧还是主要的生活方式。那时牛骨头不缺少，到了周代，渐渐脱离游牧时代，进到农业社会了。牛骨头便没有那么容易得了。这时候却有了筮法，作为卜法的辅助。筮法只用些蓍草，那是不难得的。蓍草是一种长寿草，古人觉得这草和老年人一样，阅历多了，知道的也就多了，所以用它来占吉凶。筮的时候用它的杆子；方法已不能详知，大概是数的。取一把蓍草，数一下看是甚么数目，看是奇数还是偶数，也许这便可以断定吉凶。古代人看见数目整齐而又有变化，认为是神秘的东西。数目的连续、循环以及奇偶，都引起人们的惊奇。那时候相信数目是有魔力的，所以巫术里用得着它。——我们一般人直到现在，还嫌恶奇数，喜欢偶数，该是那些巫术的遗迹。

那时候又相信数目是有道理的，所以哲学里用得着它。我们现在还说，凡事都有定数，这就是前定的意思；这是很古的信仰了。人生有数，世界也有数，数是算好了的一笔账；用现在的话说，便是机械的。数又是宇宙的架子，如说太极生两仪，两仪生四象①，就是一生二、二生四的意思。筮法可以说是一种巫术，是靠了数目来判断吉凶的。

八卦的基础便是一二三的数目。整画"—"是一；断画"--"是二，三画叠而成卦是三。这样配出八个卦，便是☰☱☲☳☶☵☴☷；乾、兑、离、震、艮、坎、巽、坤，是这些卦的名字。那整画断画的排列，也许是在排列着蓍草时触悟出来的。八卦到底太简单了，后来便将这些卦重起来，两卦重作一个，按照算学里错列与组合的必然，成了六十四卦，就是《周易》里的卦数。蓍草的应用，也许起于民间；但八卦的创制，六十四卦的推演，巫与卜官大约是重要的角色。古代巫与卜官同时也就是史官，一切的记载，一切的档案，都掌管在他们手里。他们是当时知识的权威，参加创卦或重卦的工作是可能的。筮法比卜法简便得多，但起初人们并不十分信任它。直到春秋时候，还有"筮短龟长"的话②。那些时代，大概小事才用筮，大事还得用卜的。

筮法袭用卜法的地方不少。卜法里的兆象，据说有一百二十体，每一体都有十条断定吉凶的"颂"辞③。这些是现成的辞。但兆象是自然地灼出来的，有时不能凑合到那

---

① 二语见《易·系辞》。太极是混沌的元气，两仪是天地，四象是日月星辰。
② 《左传》僖公四年。
③ 《周礼·春官·太卜》。

一百二十体里去，便得另造新辞。筮法里的六十四卦，就相当于一百二十体的兆象。那断定吉凶的辞，原叫做繇辞，"繇"是抽出来的意思。《周易》里一卦有六画，每画叫做一爻——六爻的次序是由下向上数的。繇辞有属于卦的总体的，有属于各爻的；所以后来分称为卦辞和爻辞。这种卦爻辞也是卜筮官的占筮纪录，但和甲骨卜辞的性质不一样。

从卦爻辞里的历史故事和风俗制度看，我们知道这些是西周初叶的纪录，纪录里好些是不联贯的，大概是几次筮辞并列在一起的缘故。那时卜筮官将这些卦爻辞按着卦爻的顺序编辑起来，便成了《周易》这部书。"易"是"简易"的意思，是说筮法比卜法简易的意思。本来呢，卦数既然是一定的，每卦每爻的辞又是一定的，检查起来，引申推论起来，自然就"简易"了。不过这只在当时的卜筮官如此。他们熟习当时的背景，卦爻辞虽"简"，他们却觉得"易"。到了后世就不然了，筮法久已失传，有些卦爻辞简直就看不懂了。《周易》原只是当时一部切用的筮书。

《周易》现在已经变成了儒家经典的第一部；但早期的儒家还没注意这部书。孔子是不讲怪、力、乱、神的。《论语》里虽有"五十以学《易》，可以无大过矣"的话，但另一个本子作"五十以学，亦可以无大过矣"①；所以这句话是很可疑的。孔子只教学生读《诗》《书》和《春秋》，确没有教读《周易》。《孟子》称引《诗》《书》，也没说到《周易》。《周易》变成儒家的经典，是在战国末期。那时候阴阳家的学说

———————

① 《古论语》作"易"，《鲁论语》作"亦"。

盛行，儒家大约受了他们的影响，才研究起这部书来。那时候道家的学说也盛行，也从另一面影响了儒家。儒家就在这两家学说的影响之下，给《周易》的卦爻辞作了种种新解释。这些新解释并非在忠实地确切地解释卦爻辞，其实倒是藉着卦爻辞发挥他们的哲学。这种新解释存下来的，便是所谓《易传》。

《易传》中间较有系统的是彖辞和象辞。彖辞断定一卦的涵义——"彖"就是"断"的意思。象辞推演卦和爻的象，这个"象"字相当于现在所谓"观念"。这个字后来成为解释《周易》的专门名词。但彖辞断定的涵义，象辞推演的观念，其实不是真正从卦爻里探究出来的；那些只是作传的人傅会在卦爻上面的。这里面包含着多量的儒家伦理思想和政治哲学；象辞的话更有许多和《论语》相近的。但说到"天"的时候，不当作有人格的上帝，而只当作自然的道，却是道家的色彩了。这两种传似乎是编纂起来的，并非一人所作。此外有《文言》和《系辞》。《文言》解释乾坤两卦；《系辞》发挥宇宙观人生观，偶然也有分别解释卦爻的话。这些似乎都是抱残守阙，汇集众说而成。到了汉代，又新发现了《说卦》《序卦》《杂卦》三种传。《说卦》推演卦象，说明某卦的观念象征着自然界和人世间的某些事物，譬如乾卦象征着天，又象征着父之类。《序卦》说明六十四卦排列先后的道理。《杂卦》比较各卦意义的同异之处。这三种传据说是河内一个女子在甚么地方找着的，后来称为《逸易》；其实也许就是汉代人作的。

八卦原只是数目的巫术，这时候却变成数目的哲学了。那整画"—"是奇数，代表天，那断画"--"是偶数，代表地。

奇数是阳数，偶数是阴数；阴阳的观念是从男女来的。有天地，不能没有万物，正和有男女就有子息一样，所以三画才能成一卦。卦是表示阴阳变化的；《周易》的"易"，也便是变化的意思。为什么要八个卦呢？这原是算学里错列与组合的必然，但这时候却想着是万象的分类。乾是天，是父等；坤是地，是母等；震是雷，是长子等；巽是风，是长女等；坎是水，是心病等；离是火，是中女等；艮是山，是太监等；兑是泽，是少女等。这样，八卦便象征着也支配着整个的大自然，整个的人间世了。八卦重为六十四卦，卦是复合的，卦象也是复合的，作用便更复杂更具体了。据说伏羲神农黄帝尧舜一班圣人看了六十四卦的象，悟出了种种道理，这才制造了器物，建立了制度、耒耜以及文字等等东西，"日中为市"等等制度，都是他们从六十四卦推演出来的。

这个观象制器的故事，见于《系辞》。《系辞》是最重要的一部《易传》。这传里借着八卦和卦爻辞发挥着的融合儒道的哲学，和观象制器的故事，都大大地增加了《周易》的价值，抬高了它的地位。《周易》的地位抬高了，关于它的传说也就多了。《系辞》里只说伏羲作八卦；后来的传说却将重卦的、作卦爻辞的、作《易传》的人，都补出来了。但这些传说都比较晚，所以有些参差，不尽能像"伏羲画卦说"那样成为定论。重卦的人，有说是伏羲的，有说是神农的，有说是文王的。卦爻辞有说全是文王作的，有说爻辞是周公作的；有说全是孔子作的。《易传》却都说是孔子作的。这些都是圣人。《周易》的经传都出于圣人之手，所以和儒家所谓道统，关系特别深切；这成了他们一部传道的书。所以到了汉代，便已跳到

"六经"之首了①。但另一面阴阳八卦与五行结合起来，三位一体地演变出后来医卜星相种种迷信、种种花样，支配着一般民众，势力也非常雄厚。这里面儒家的影响却很少了，大部分还是《周易》原来的卜筮传统的力量。儒家的《周易》是哲学化了的；民众的《周易》倒是巫术的本来面目。

参考资料

顾颉刚《周易卦爻辞中的故事》(《古史辨》第三册上)

李镜池《易传探原》(同上)

余永梁《易卦爻辞的时代及其作者》(同上)

① 《庄子·天运篇》和《天下篇》所说"六经"的次序是:《诗》《书》《礼》《乐》《易》《春秋》;到了《汉书·艺文志》，便成了《易》《书》《诗》《礼》《乐》《春秋》了。

《尚书》第三

　　《尚书》是中国最古的记言的历史。所谓记言，其实也是记事，不过是一种特别的方式罢了。记事比较的是间接的，记言比较的是直接的。记言大部分照说的话写下来；虽然也须略加剪裁，但是尽可以不必多费心思。记事需要化自称为他称，剪裁也难，费的心思自然要多得多。

　　中国的记言文是在记事文之先发展的。商代甲骨卜辞大部分是些问句，记事的话不多见。两周金文也还多以记言为主。直到战国时代，记事文才有了长足的进展。古代言文大概是合一的；说出的写下的都可以叫做"辞"。卜辞我们称为"辞"，《尚书》的大部分其实也是"辞"。我们相信这些辞都是当时的"雅言"①，

──────────

① "雅言"见《论语·述而》。

就是当时的官话或普通话。但传到后世，这种官话或普通话却变成诘屈聱牙的古语了。

《尚书》包括虞夏商周四代；大部分是号令，就是向大众宣布的话，小部分是君臣相告的话。也有记事的，可是照近人的说数，那记事的几篇，大都是战国末年人的制作，应该分别地看。那些号令多称为"誓"或"诰"，后人便用"誓""诰"的名字来代表这一类。平时的号令叫"诰"，有关军事的叫"誓"。君告臣的话多称为"命"；臣告君的话却似乎并无定名，偶然有称为"谟"①的。这些辞有的是当代史官所记，有的是后代史官追记。当代史官也许根据亲闻，后代史官便只能根据传闻了。这些辞原来似乎只是说的话，并非写出的文告；史官纪录，意在存作档案，备后来查考之用。这种古代的档案，想来很多，留下来的却很少。汉代传有《书序》，来历不详，也许是周秦间人所作。有人说，孔子删《书》为百篇，每篇有序，说明作意。这却缺乏可信的证据。孔子教学生的典籍里有《书》，倒是真的。那时代的《书》是个甚么样子，已经无从知道。"书"原是纪录的意思②；大约那所谓"书"只是指当时留存着的一些古代的档案而言；那些档案恐怕还是一件件的，并未结集成书。成书也许是在汉人手里。那时候这些档案留存着的更少了，也更古了，更稀罕了；汉人便将它们编辑起来，改称《尚书》。"尚"，"上"也；《尚书》据说就是"上古帝王的书"③。"书"上加一"尚"字，无疑的是表示着尊信

①《说文·言部》："谟，议谋也。"
②《说文·书部》："书，著也。"
③《论衡·正说篇》。

的意味。至于《书》称为"经"，始于《荀子》①；不过也是到汉代才普遍罢了。

儒家所传的"五经"中，《尚书》残缺最多，因而问题也最多。秦始皇烧天下诗书及诸侯史记，并禁止民间私藏一切书。到汉惠帝时，才开了书禁；文帝接着更鼓励人民献书。书才渐渐见得着了。那时传《尚书》的只有一个济南伏生②。伏生本是秦博士。始皇下诏烧诗书的时候，他将《书》藏在墙壁里。后来兵乱，他流亡在外。汉定天下，才回家；检查所藏的《书》，已失去数十篇，剩下的只二十九篇了。他就守着这一些，私自教授于齐鲁之间。文帝知道了他的名字，想召他入朝。那时他已九十多岁，不能远行到京师去。文帝便派掌故官晁错来从他学。伏生私人的教授，加上朝廷的提倡，使《尚书》流传开去。伏生所藏的本子是用"古文"写的，还是用秦篆写的，不得而知；他的学生却只用当时的隶书钞录流布。这就是东汉以来所谓《今尚书》或《今文尚书》。汉武帝提倡儒学，立"五经"博士；宣帝时每经又都分家数立官，共立了十四博士。每一博士各有弟子员若干人。每家有所谓"师法"或"家法"，从学者必须严守。这时候经学已成利禄的途径，治经学的自然就多起来了。《尚书》也立下欧阳和伯、大小夏侯夏侯胜、夏侯建三博士，却都是伏生一派分出来的。当时去伏生已久，传经的儒者为使人尊信的缘故，竟有硬说《尚书》完整无缺的。他们说，二十九篇是取法天象的，

---

① 《劝学篇》。

② 裴骃《史记集解》引张晏曰："伏生名胜，《伏氏碑》云。"

一座北斗星加上二十八宿，不正是二十九吗①！这二十九篇，东汉经学大师马融、郑玄都给作过注；可是那些注现在差不多亡失干净了。

汉景帝时，鲁恭王为了扩展自己的宫殿，去拆毁孔子的旧宅。在墙壁里得着"古文"经传数十篇，其中有《书》。这些经传都是用"古文"写的；所谓"古文"，其实只是晚周民间别体字。那时恭王肃然起敬，不敢再拆房子，并且将些书都交还孔家的主人孔子的后人叫孔安国的。安国加以整理，发见其中的《书》比通行本多出十六篇；这称为《古文尚书》。武帝时，安国将这部书献上去。因为语言和字体的两重困难，一时竟无人能通读那些"逸书"，所以便一直压在皇家图书馆里。成帝时，刘向、刘歆父子先后领校皇家藏书。刘向开始用《古文尚书》校勘今文本子，校出今文脱简及异文各若干。哀帝时，刘歆想将《左氏春秋》《毛诗》《逸礼》及《古文尚书》立博士；这些都是所谓"古文"经典。当时的"五经"博士不以为然，刘歆写了长信和他们争辩②。这便是后来所谓今古文之争。

今古文之争是西汉经学一大史迹。所争的虽然只在几种经书，他们却以为关系孔子之道即古代圣帝明王之道甚大。"道"其实也是幌子，骨子里所争的还在禄位与声势；当时今古文派在这一点上是一致的。不过两派的学风确也有不同处。大致今文派继承先秦诸子的风气，"思以其道易天下"③，所以

---

① 《论衡·正说篇》。
② 《汉书》本传。
③ 语见章学诚《文史通义·言公》上。

主张通经致用。他们解经，只重微言大义；而所谓微言大义，其实只是他们自己的历史哲学和政治哲学。古文派不重哲学而重历史，他们要负起保存和传布文献的责任；所留心的是在章句、训诂、典礼、名物之间。他们各得了孔子的一端，各有偏畸的地方。到了东汉，书籍流传渐多，民间私学日盛。私学压倒了官学，古文经学压倒了今文经学；学者也以兼通为贵，不再专主一家。但是这时候"古文"经典中《逸礼》即《礼》古经已经亡佚，《尚书》之学，也不昌盛。

东汉初，杜林曾在西州今新疆境得漆书《古文尚书》一卷，非常宝爱，流离兵乱中，老是随身带着。他是怕"《古文尚书》学"会绝传，所以这般珍惜。当时经师贾逵、马融、郑玄都给那一卷《古文尚书》作注，从此《古文尚书》才显于世①。原来"《古文尚书》学"直到贾逵才真正开始；从前是没有甚么师说的。而杜林所得只一卷，决不如孔壁所出的多，学者竟爱重到那般地步。大约孔安国献的那部《古文尚书》，一直埋没在皇家图书馆里，民间也始终没有盛行，经过西汉末年的兵乱，便无声无臭地亡失了罢。杜林的那一卷，虽经诸大师作注，却也没传到后世；这许又是三国兵乱的缘故。《古文尚书》的运气真够坏的，不但没有能够露头角，还一而再地遭到了些冒名顶替的事儿。这在西汉就有。汉成帝时，因孔安国所献的《古文尚书》无人通晓，下诏征求能够通晓的人。东莱有个张霸，不知孔壁的书还在，便根据《书序》，将伏生二十九篇分为数十，作为中段，又采《左氏传》及《书

---

① 《后汉书·杨伦传》。

序》所说，补作首尾，共成《古文尚书百二篇》。每篇都很简短，文意又浅陋。他将这伪书献上去。成帝教用皇家图书馆藏着的孔壁《尚书》对看，满不是的。成帝便将张霸下在狱里，却还存着他的书，并且听它流传世间。后来张霸的再传弟子樊并谋反，朝廷才将那书毁废；这第一部伪《古文尚书》就从此失传了。

到了三国末年，魏国出了个王肃，是个博学而有野心的人。他伪作了《孔子家语》《孔丛子》①，又伪作了一部孔安国的《古文尚书》，还带着孔安国的传。他是个聪明人，伪造这部《古文尚书》孔传，是很费了心思的。他采辑群籍中所引"逸书"，以及历代嘉言，改头换面，巧为联缀，成功了这部书。他是参照汉儒的成法，先将伏生二十九篇分割为三十三篇，另增多二十五篇，共五十八篇②，以合于东汉儒者如桓谭、班固所记的《古文尚书》篇数。所增各篇，用力阐明儒家的"德治主义"，满纸都是仁义道德的格言。这是汉武帝罢黜百家、专崇儒学以来的正统思想，所谓大经大法，足以取信于人。只看宋以来儒者所口诵心维的"十六字心传"③，正在他伪作的《大禹谟》里，便见出这部伪书影响之大。其实《尚书》里的主要思想，该是"鬼治主义"，像《盘庚》等篇所表现的。"原来西周以前，君主即教主，可以为所欲为，不受甚么政治道德的拘束。逢到臣民不听话的时候，只要抬出上帝和

---

① 《家语》托名孔安国，《孔丛子》托名孔鲋。
② 桓谭《新论》作五十八，《汉书·艺文志》自注作五十七。
③ 见真德秀《大学衍义》。所谓十六字是："人心惟危，道心惟微，惟精惟一，允执厥中。"在伪《大禹谟》里，是舜对禹的话。

先祖来，自然一切解决。"这叫做"鬼治主义"。"西周以后，因疆域的开拓，交通的便利，富力的增加，文化大开。自孔子以至荀卿、韩非，他们的政治学说都建筑在人性上面。尤其是儒家，把人性扩张得极大。他们觉得政治的良好只在诚信的感应；只要君主的道德好，臣民自然风从，用不到威力和鬼神的压迫。"这叫做"德治主义"①。看古代的档案，包含着"鬼治主义"思想的，自然比包含着"德治主义"思想的可信得多。但是王肃的时代早已是"德治主义"的时代；他的伪书所以专从这里下手。他果然成功了。只是词旨坦明，毫无诘屈聱牙之处，却不免露出了马脚。

晋武帝时候，孔安国的《古文尚书》曾立过博士②；这《古文尚书》大概就是王肃伪造的。王肃是武帝的外祖父，当时即使有怀疑的人，也不敢说话。可是后来经过怀帝永嘉之乱，这部伪书也散失了，知道的人很少。东晋元帝时，豫章内史梅赜发现了它，便拿来献到朝廷上去。这时候伪《古文尚书》孔传便和马、郑注的尚书并行起来了。大约北方的学者还是信马、郑的多，南方的学者才是信伪孔的多。等到隋统一了天下，南学压倒了北学，马、郑《尚书》，习者渐少。唐太宗时，因章句繁杂，诏令孔颖达等编撰《五经正义》；高宗永徽四年<small>西元六五三</small>，颁行天下，考试必用此本。《正义》成了标准的官书，经学从此大统一。那《尚书正义》便用的伪《古文尚书》孔传。伪孔定于一尊，马、郑便更没人理睬了；日子一久，自然就残

---

① 以上引顾颉刚《盘庚中篇今译》（《古史辨》第二册）。
② 《晋书·荀嵩传》。

缺了，宋以来差不多就算亡了。伪《古文尚书》孔传如此这般冒名顶替了一千年，直到清初的时候。

这一千年中间，却也有怀疑伪《古文尚书》孔传的人。南宋的吴棫首先发难。他有《书稗传》十三卷①，可惜不传了。朱子因孔安国的"古文"字句皆完整，又平顺易读，也觉得可疑②。但是他们似乎都还没有去找出确切的证据。至少朱子还不免疑信参半；他还采取伪《大禹谟》里"人心""道心"的话解释"四书"，建立道统呢。元代的吴澄才断然的将伏生今文从伪古文分出；他的《尚书纂言》只注解今文，将伪古文除外。明代梅鷟著《尚书考异》，更力排伪孔，并找出了相当的证据。但是严密钩稽决疑定谳的人，还得等待清代的学者。这里该提出三个可尊敬的名字。第一是清初的阎若璩，著《古文尚书疏证》。第二是惠栋，著《古文尚书考》，两书辨析详明，证据确凿，教伪孔体无完肤，真相毕露。但将作伪的罪名加在梅颐头上，还不免未达一间。第三是清中叶的丁晏，著《尚书余论》，才将真正的罪人王肃指出。千年公案，从此可以定论。这以后等着动手的，便是搜辑汉人的伏生《尚书》说和马、郑注。这方面努力的不少，成绩也斐然可观；不过所能做到的，也只是抱残守缺的工作罢了。伏生《尚书》从千年迷雾中重露出真面目，清代诸大师的劳绩是不朽的。但二十九篇固是真本，其中也还该分别地看。照近人的意见，《周书》大都是当时史官所记，只有一二篇像是战国时人托古之作。《商

---

① 陈振孙《直斋书录解题》四。
② 见《朱子语类》七十八。

书》究竟是当时史官所记，还是周史官追记，尚在然疑之间。《虞书》《夏书》大约多是战国末年人托古之作，只《甘誓》那一篇许是后代史官追记的。这么着，《今文尚书》里便也有了真伪之分了。

参考资料

王先谦《尚书孔传参正序例》及卷三十六《伪孔安国序》

顾颉刚《论今文尚书著作时代书》(《古史辨》第一册)

《诗经》第四

诗的源头是歌谣。上古时候，没有文字，只有唱的歌谣，没有写的诗。一个人高兴的时候或悲哀的时候，常愿意将自己的心情诉说出来，给别人或自己听。日常的言语不够劲儿，便用歌唱；一唱三叹得叫别人回肠荡气。唱叹再不够的话，便手也舞起来了，脚也蹈起来了，反正要将劲儿使到了家。碰到节日，大家聚在一起酬神作乐，唱歌的机会更多。或一唱众和，或彼此竞胜。传说葛天氏的乐八章，三个人唱，拿着牛尾，踏着脚①，似乎就是描写这种光景的。歌谣越唱越多，虽没有书，却存在人的记忆里。有了现成的歌儿，就可借他人酒杯，浇自己块垒；随时拣一支合式的唱唱，也足可消愁解闷。若没有完

①《吕氏春秋·古乐篇》。

全合式的，尽可删一些改一些，到称意为止。流行的歌谣中往往不同的词句并行不悖，就是为此。可也有经过众人修饰，成为定本的。歌谣真可说是"一人的机锋，多人的智慧"了①。

歌谣可分为徒歌和乐歌。徒歌是随口唱，乐歌是随着乐器唱。徒歌也有节奏，手舞脚蹈便是帮助节奏的；可是乐歌的节奏更规律化些。乐器在中国似乎早就有了，《礼记》里说的土鼓、土槌儿、芦管儿②，也许是我们乐器的老祖宗。到了《诗经》时代，有了琴瑟钟鼓，已是洋洋大观了。歌谣的节奏最主要的靠重叠或叫复沓；本来歌谣以表情为主，只要翻来覆去将情表到了家就成，用不着费话。重叠可以说原是歌谣的生命，节奏也便建立在这上头。字数的均齐，韵脚的调协，似乎是后来发展出来的。有了这些，重叠才在诗歌里失去主要的地位。

有了文字以后，才有人将那些歌谣纪录下来，便是最初的写的诗了。但纪录的人似乎并不是因为欣赏的缘故，更不是因为研究的缘故。他们大概是些乐工，乐工的职务是奏乐和唱歌；唱歌得有词儿，一面是口头传授，一面也就有了唱本儿。歌谣便是这么写下来的。我们知道春秋时的乐工就和后世阔人家的戏班子一样，老板叫做太师。那时各国都养着一班乐工，各国使臣来往，宴会时都得奏乐唱歌。太师们不但得搜集本国乐歌，还得搜集别国乐歌。不但搜集乐词，还得搜集乐谱。那时的社会有贵族与平民两级。太师们是伺候贵族的，所搜集的歌儿自然得合贵族们的口味；平民的作品是不会入选的。他们

---

① 英美吉特生《英国民歌论说》。译文据周作人《自己的园地·歌谣章》。
② "土鼓""土槌儿"（黄抒）见《礼运》和《明堂位》，"芦管儿"（苇籥）见《明堂位》。

搜得的歌谣，有些是乐歌，有些是徒歌。徒歌得合乐才好用。合乐的时候，往往得增加重叠的字句或章节，便不能保存歌词的原来样子。除了这种搜集的歌谣以外，太师们所保存的还有贵族们为了特种事情，如祭祖、宴客、房屋落成、出兵、打猎等等作的诗。这些可以说是典礼的诗。又有讽谏、颂美等等的献诗；献诗是臣下作了献给君上，准备让乐工唱给君上听的，可以说是政治的诗。太师们保存下这些唱本儿，带着乐谱，唱词儿共有三百多篇，当时通称作"《诗》三百"。到了战国时代，贵族渐渐衰落，平民渐渐抬头，新乐代替了古乐，职业的乐工纷纷散走。乐谱就此亡失，但是还有三百来篇唱词儿流传下来，便是后来的《诗经》了①。

"诗言志"是一句古话；"诗"（詍）这个字就是"言""志"两个字合成的。但古代所谓"言志"和现在所谓"抒情"并不一样；那"志"总是关联着政治或教化的。春秋时通行赋诗。在外交的宴会里，各国使臣往往得点一篇诗或几篇诗叫乐工唱。这很像现在的请客点戏，不同处是所点的诗句必加上政治的意味。这可以表示这国对那国或这人对那人的愿望、感谢、责难等等，都从诗篇里断章取义。断章取义是不管上下文的意义，只将一章中一两句拉出来，就当前的环境，作政治的暗示。如《左传》襄公二十七年，郑伯宴晋使赵孟于垂陇，赵孟请大家赋诗，他想看看大家的"志"。子太叔赋的是《野有蔓草》。原诗首章云："野有蔓草，零露漙兮，有美一人，清扬婉兮。邂逅相遇，适我愿兮。"子太叔只取末两句，借以表

---

① 今《诗经》共三百十一篇，其中六篇有目无诗，实存三百零五篇。

示郑国欢迎赵孟的意思；上文他就不管。全诗原是男女私情之作，他更不管了。可是这样办正是"诗言志"；在那回宴会里，赵孟就和子太叔说了"诗以言志"这句话。

到了孔子时代，赋诗的事已经不行了，孔子却采取了断章取义的办法，用《诗》来讨论做学问做人的道理。"如切如磋，如琢如磨"①，本来说的是治玉，将玉比人。他却用来教训学生做学问的工夫②。"巧笑倩兮，美目盼兮，素以为绚兮"③，本来说的是美人，所谓天生丽质。他却拉出末句来比方作画，说先有白底子，才会有画，是一步步进展的；作画还是比方，他说的是文化，人先是朴野的，后来才进展了文化——文化必须修养而得，并不是与生俱来的④。他如此解诗，所以说"思无邪"一句话可以包括"《诗》三百"的道理⑤；又说诗可以鼓舞人，联合人，增加阅历，发泄牢骚，事父事君的道理都在里面⑥。孔子以后，"《诗》三百"成为儒家的"六经"之一，《庄子》和《荀子》里都说到"诗言志"，那个"志"便指教化而言。

但春秋时列国的赋诗只是用诗，并非解诗；那时诗的主要作用还在乐歌，因乐歌而加以借用，不过是一种方便罢了。至于诗篇本来的意义，那时原很明白，用不着讨论。到了孔子时代，诗已经不常歌唱了，诗篇本来的意义，经过了多年

---

① 《卫风·淇澳》的句子。

② 《论语·学而》。

③ "巧笑倩兮，美目盼兮。"《卫风·硕人》的句子；"素以为绚兮"一句今已佚。

④ 《论语·八佾》。

⑤ "思无邪"，《鲁颂·駉》的句子；"思"是语词，无义。

⑥ 《论语·阳货》。

的借用，也渐渐含糊了。他就按着借用的办法，根据他教授学生的需要，断章取义地来解释那些诗篇。后来解释《诗经》的儒生都跟着他的脚步走。最有权威的毛氏《诗传》和郑玄《诗笺》差不多全是断章取义，甚至断句取义——断句取义是在一句两句里拉出一个两个字来发挥，比起断章取义，真是变本加厉了。

毛氏有两个人：一个毛亨，汉时鲁国人，人称为大毛公；一个毛苌，赵国人，人称为小毛公。是大毛公创始《诗经》的注解，传给小毛公，在小毛公手里完成的。郑玄是东汉人，他是专给《毛传》作《笺》的，有时也采取别家的解说；不过别家的解说在原则上也还和毛氏一鼻孔出气，他们都是以史证诗。他们接受了孔子"无邪"的见解，又摘取了孟子的"知人论世"①的见解，以为用孔子的诗的哲学，别裁古代的史说，拿来证明那些诗篇是什么时代作的，为什么事作的，便是孟子所谓"以意逆志"②。其实孟子所谓"以意逆志"倒是说要看全篇大意，不可拘泥在字句上，与他们不同。他们这样猜出来的作诗人的志，自然不会与作诗人相合；但那种志倒是关联着政治教化而与"诗言志"一语相合的。这样的以史证诗的思想，最先具体地表现在《诗序》里。

《诗序》有《大序》《小序》。《大序》好像总论，托名子夏，说不定是谁作的。《小序》每篇一条，大约是大小毛公作的。以史证诗，似乎是《小序》的专门任务；传里虽也偶然提及，

---

① 见《孟子·万章》。
② 见《孟子·万章》。

却总以训诂为主，不过所选取的字义，意在助成序说，无形中有个一定方向罢了。可是《小序》也还是泛说的多，确指的少。到了郑玄，才更详密地发展了这个条理。他按着《诗经》中的国别和篇次，系统地附合史料，编成了《诗谱》，差不多给每篇诗确定了时代；《笺》中也更多地发挥了作为各篇诗的背景的历史。以史证诗，在他手里算是集大成了。

《大序》说明诗的教化作用；这种作用似乎建立在风、雅、颂、赋、比、兴，所谓"六义"上。《大序》只解释了风、雅、颂。说风是风化感化、风刺的意思，雅是正的意思，颂是形容盛德的意思。这都是按着教化作用解释的。照近人的研究，这三个字大概都从音乐得名。风是各地方的乐调，《国风》便是各国土乐的意思。雅就是"乌"字，似乎是描写这种乐的呜呜之音。雅也就是"夏"字，古代乐章叫做"夏"的很多，也许原是地名或族名。雅又分《大雅》《小雅》，大约也是乐调不同的缘故。颂就是"容"字，容就是"样子"；这种乐连歌带舞，舞就有种种样子了。风、雅、颂之外，其实还该有个"南"。南是南音或南调，《诗经》中《周南》《召南》的诗，原是相当于现在河南、湖北一带地方的歌谣。《国风》旧有十五，分出二南，还剩十三；而其中邶、鄘两国的诗，现经考定，都是卫诗，那么只有十一《国风》①了。颂有《周颂》《鲁颂》《商颂》，《商颂》经考定实是《宋颂》。至于搜集的歌谣，大概是在二南、《国风》和《小雅》里。

赋、比、兴的意义，说数最多。大约这三个名字原都含有

---

① 卫、王、郑、齐、魏、唐、秦、陈、桧、曹、豳。

政治和教化的意味。赋本是唱诗给人听，但在《大序》里，也许是"直铺陈今之政教善恶"①的意思。比、兴都是《大序》所谓"主文而谲谏"；不直陈而用譬喻叫"主文"，委婉讽刺叫"谲谏"。说的人无罪；听的人却可警诫自己。《诗经》里许多譬喻就在比、兴的看法下，断章断句地硬派作政教的意义了。比、兴都是政教的譬喻，但在诗篇发端的叫做兴。《毛传》只在有兴的地方标出，不标赋、比；想来赋义是易见的，比、兴虽都是曲折成义，但兴在发端，往往关系全诗，比较更重要些，所以便特别标出了。《毛传》标出的兴诗，共一百十六篇，《国风》中最多，《小雅》第二；按现在说，这两部分搜集的歌谣多，所以譬喻的句子也便多了。

参考资料

顾颉刚《诗经在春秋战国间的地位》(《古史辨》第三册下)

顾颉刚《论诗经所录全为乐歌》(同上)

朱自清《言志说》(《语言与文学》)

朱自清《赋比兴说》(《清华学报》十二卷三期)〔编者按：朱先生两文，今均见《诗言志辨》中〕。

---

① 《周礼·大师》郑玄注。

三礼第五

　　许多人家的中堂里，供奉着"天地君亲师"的大牌位。天地代表生命的本源。亲是祖先的意思，祖先是家族的本源。君师是政教的本源。人情不能忘本，所以供奉着这些。荀子只称这些为礼的三本①；大概是到了后世才宗教化了的。荀子是儒家大师。儒家所称道的礼，包括政治制度、宗教仪式、社会风俗习惯等等，却都加以合理的说明。从那"三本说"，可以知道儒家有拿礼来包罗万象的野心，他们认礼为治乱的根本；这种思想可以叫做礼治主义。

　　怎样叫做礼治呢？儒家说初有人的时候，各人有各人的欲望，各人都要满足自己的欲望；没有界限，没有分际，大家

---

　　① 《礼论篇》。

就争起来了。你争我争，社会就乱起来了。那时的君师们看了这种情形，就渐渐给定出礼来，让大家按着贵贱的等级，长幼的次序，各人得着自己该得的一份儿吃的喝的穿的住的，各人也做着自己该做的一份儿工作。各等人有各等人的界限和分际；若是只顾自己，不管别人，任性儿贪多务得，偷懒图快活，这种人就得受严厉的制裁，有时候保不住性命。这种礼，教人节制，教人和平，建立起社会的秩序，可以说是政治制度。

天生万物，是个很古的信仰。这个天是个能视能听的上帝，管生杀，管赏罚。在地上的代表，便是天子。天子祭天，和子孙祭祖先一样。地生万物是个事实。人都靠着地里长的活着，地里长的不够了，便闹饥荒：地的力量自然也引起了信仰。天子诸侯祭社稷，祭山川，都是这个来由。最普遍的还是祖先的信仰。直到我们的时代，这个信仰还是很有力的。按儒家说，这些信仰都是"报本返始"①的意思。报本返始是庆幸生命的延续，追念本源，感恩怀德，勉力去报答的意思。但是这里面怕不单是怀德，还有畏威的成分。感谢和恐惧产生了种种祭典。儒家却只从感恩一面加以说明，看做礼的一部分。但这种礼教人恭敬，恭敬便是畏威的遗迹了。儒家的丧礼，最主要的如三年之丧，也建立在感恩的意味上；却因恩谊的亲疏，又定出等等差别来。这种礼，大部分可以说是宗教仪式。

居丧一面是宗教仪式，一面是普通人事。普通人事包括一切日常生活而言。日常生活都需要秩序和规矩。居丧以外，如婚姻、宴会等大事，也各有一套程序，不能随便马虎过去；这

---

① 《礼记·郊特牲》。

样是表示郑重，也便是表示敬意和诚心。至于对人，事君，事父母，待兄弟姊妹，待子女，以及夫妇朋友之间，也都自有一番道理。按着尊卑的分际，各守各的道理，君仁臣忠，父慈子孝，兄友弟恭，夫妇朋友互相敬爱，才算能做人；人人能做人，天下便治了。就是一个人饮食言动，也都该有个规矩，别叫旁人难过，更别侵犯着旁人，反正诸事都记得着自己的份儿。这些个规矩也是礼的一部分；有些固然含着宗教意味，但大部分可以说是风俗习惯。这些风俗习惯有一些也可以说是生活的艺术。

王道不外乎人情，礼是王道的一部分，按儒家说是通乎人情的[1]。既通乎人情，自然该诚而不伪了。但儒家所称道的礼，并不全是实际施行的。有许多只是他们的理想，这种就不一定通乎人情了。就按那些实际施行的说，每一个制度、仪式或规矩，固然都有它的需要和意义。但是社会情形变了，人的生活跟着变；人的喜怒爱恶虽然还是喜怒爱恶，可是对象变了。那些礼的惰性却很大，并不跟着变。这就留下了许许多多遗形物，没有了需要，没有了意义；不近人情的伪礼，只会束缚人。《老子》里攻击礼，说"有了礼，忠信就差了"[2]；后世有些人攻击礼，说"礼不是为我们定的"[3]，近来大家攻击礼教，说"礼教是吃人的"。这都是指着那些个伪礼说的。

从来礼乐并称，但乐实在是礼的一部分；乐附属于礼，用来补助仪文的不足。乐包括歌和舞，是"人情之所必不免"

---

① 《礼记·乐记》。

② 《老子》三十八章。

③ 阮籍语，原文见《世说新语·任诞》。

的^①。不但是"人情之所必不免"，而且乐声的绵延和融和也象征着天地万物的"流而不息，合同而化"^②。这便是乐本。乐教人平心静气，互相和爱，教人联合起来，成为一整个儿。人人能够平心静气，互相和爱，自然没有贪欲、捣乱、欺诈等事，天下就治了。乐有改善人心、移风易俗的功用，所以与政治是相通的。按儒家说，礼乐刑政，到头来只是一个道理；这四件都顺理成章了，便是王道。这四件是互为因果的。礼坏乐崩，政治一定不成；所以审乐可以知政^③。"治世之音安以乐，其政和；乱世之音怨以怒，其政乖；亡国之音哀以思，其民困。"^④吴公子季札到鲁国观乐，乐工奏那一国的乐，他就知道是那一国的；他是从乐歌里所表现的政治气象而知道的^⑤。歌词就是诗；诗与礼乐也是分不开的。孔子教学生要"兴于诗，立于礼，成于乐"^⑥；那时要养成一个人才，必需学习这些。这些诗、礼、乐，在那时代都是贵族社会所专有，与平民是无干的。到了战国，新声兴起，古乐衰废，听者只求悦耳，就无所谓这一套乐意。汉以来胡乐大行，那就更说不到了。

古代似乎没有关于乐的经典；只有《礼记》里的《乐记》，是抄录儒家的《公孙尼子》等书而成，原本已经是战国时代的东西了。关于礼，汉代学者所传习的有三种经和无数的"记"。那三种经是《仪礼》《礼古经》《周礼》。《礼古经》已亡佚，《仪

① 《荀子·乐论篇》，《礼记·乐记》。
② 《礼记·乐记》。
③ 《礼记·乐记》。
④ 《礼记·乐记》。
⑤ 《左传》襄公二十九年。
⑥ 《论语·泰伯》。

礼》和《周礼》相传都是周公作的。但据近来的研究，这两部书实在是战国时代的产物。《仪礼》大约是当时实施的礼制，但多半只是士的礼。那些礼是很繁琐的，踵事增华的多，表示诚意的少，已经不全是通乎人情的了。《仪礼》可以说是宗教仪式和风俗习惯的混合物；《周礼》却是一套理想的政治制度。那些制度的背景可以看出是战国时代；但组成了整齐的系统，便是著书人的理想了。

　　"记"是儒家杂述礼制、礼制变迁的历史，或礼论之作；所述的礼制有实施的，也有理想的。又叫做《礼记》：这《礼记》是一个广泛的名称。这些"记"里包含着《礼古经》的一部分。汉代所见的"记"很多，但流传到现在的只有三十八篇《大戴记》和四十九篇《小戴记》。后世所称《礼记》，多半专指《小戴记》说。大戴是戴德；小戴是戴圣，戴德的侄儿。相传他们是这两部书的编辑人。但二戴都是西汉的《仪礼》专家。汉代有"五经"博士；凡是一家一派的经学影响大的，都可以立博士。大戴仪礼学后来立了博士，小戴本人就是博士。汉代经师的家法最严，一家的学说里绝不能掺杂别家。但现存的两部"记"里都各掺杂着非二戴的学说。所以有人说这两部书是别人假托二戴的名字纂辑的；至少是二戴原书多半亡佚，由别人拉杂凑成的，——可是成书也还在汉代。——这两部书里，《小戴记》容易些，后世诵习的人比较多些；所以差不多专占了《礼记》的名字。

参考资料

　　洪业《礼记引得序》,《仪礼引得序》

《春秋》三传第六

　　"春秋"是古代记事史书的通称。古代朝廷大事，多在春秋二季举行，所以记事的书用这个名字。各国有各国的《春秋》，但是后世都不传了。传下的只有一部《鲁春秋》，《春秋》成了它的专名，便是《春秋经》了。传说这部《春秋》是孔子作的，至少是他编的。鲁哀公十四年，鲁西有猎户打着一只从没有见过的独角怪兽，想着定是个不祥的东西，将它扔了。这个新闻传到了孔子那里，他便去看。他一看，就说："这是麟啊。为谁来的呢！干什么来的呢！唉唉！我的道不行了！"说着流下泪来，赶忙将袖子去擦，泪点儿却已滴到衣襟上。原来麟是个仁兽，是个祥瑞的东西，圣帝明王在位，天下太平，它才会来，不然是不会来的。可是那时代哪有圣帝明王？天下正乱纷纷的，麟来的真不是时候，所以让猎户打死；它算是倒了运了。

孔子这时已经年老，也常常觉着生的不是时候，不能行道；他为周朝伤心，也为自己伤心。看了这只死麟，一面同情它，一面也引起自己的无限感慨。他觉着生平说了许多教；当世的人君总不信他，可见空话不能打动人。他发愿修一部《春秋》，要让人从具体的事例里，得到善恶的教训，他相信这样得来的教训比抽象的议论深切著明得多。他觉得修成了这部《春秋》，虽然不能行道，也算不白活一辈子。这便动起手来，九个月书就成功了。书起于鲁隐公，终于获麟；因获麟有感而作，所以叙到获麟绝笔，是纪念的意思。但是《左传》里所载的《春秋经》，获麟后还有，而且在记了"孔子卒"的哀公十六年后还有：据说那却是他的弟子们续修的了。

这个故事虽然够感伤的，但我们从种种方面知道，它却不是真的。《春秋》只是鲁国史官的旧文，孔子不曾掺进手去。《春秋》可是一部信史，里面所记的鲁国日食，有三十次和西方科学家所推算的相合，这决不是偶然的。不过书中残阙、零乱和后人增改的地方，都很不少。书起于隐公元年，到哀公十四年止，共二百四十二年公元前七二二一四八一；后世称这二百四十二年为春秋时代。书中纪事按年月日，这叫做编年。编年在史学上是个大发明；这教历史系统化，并增加了它的确实性。《春秋》是我国现存的第一部编年史。书中虽用鲁国纪元，所记的却是各国的事，所以也是我们第一部通史。所记的齐桓公、晋文公的霸迹最多；后来说"尊王攘夷"是《春秋》大义，便是从这里着眼。

古代史官记事，有两种目的：一是徵实，二是劝惩。像晋国董狐不怕权势,记"赵盾弑其君"①,齐国太史记"崔杼弑其君"②,虽杀身不悔,都为的是徵实和惩恶,作后世的鉴戒。但是史文简略,劝惩的意思有时不容易看出来,因此便需要解说的人。《国语》记楚国申叔时论教太子的科目,有"春秋"一项,说"春秋"有奖善惩恶的作用,可以戒劝太子的心。孔子是第一个开门授徒,拿经典教给平民的人,《鲁春秋》也该是他的一种科目。关于劝惩的所在,他大约有许多口义传给弟子们。他死后,弟子们散在四方,就所能记忆的又教授开去。《左传》《公羊传》《穀梁传》,所谓《春秋》三传里,所引孔子解释和评论的话,大概就是拣的这一些。

三传特别注重《春秋》的劝惩作用;徵实与否,倒在其次。按三传的看法,《春秋》大义可以从两方面说:明辨是非,分别善恶,提倡德义,从成败里见教训,这是一;夸扬霸业,推尊周室,亲爱中国,排斥夷狄,实现民族大一统的理想,这是二。前者是人君的明鉴,后者是拨乱反正的程序。这都是王道。而敬天事鬼,也包括在王道里。《春秋》里记灾,表示天罚,记鬼,表示恩仇,也还是劝惩的意思。古代记事的书常夹杂着好多的迷信和理想,《春秋》也不免如此;三传的看法,大体上是对的。但在解释经文的时候,却往往一个字一个字地咬嚼;这一咬嚼,便不顾上下文穿凿傅会起来了。《公羊》《穀梁》,尤其如此。

这样咬嚼出来的意义就是所谓"书法",所谓"褒贬",

---

① 《左传》宣公二年。
② 《左传》襄公二十五年。

也就是所谓"微言"。后世最看重这个。他们说孔子修《春秋》，"笔则笔，削则削"①，"笔"是书，"削"不是书，都有大道理在内。又说一字之褒，比教你做王公还荣耀，一字之贬，比将你做罪人杀了还耻辱。本来孟子说过，"孔子成《春秋》而乱臣贼子惧"②，那似乎只指概括的劝惩作用而言。等到褒贬说发展，孟子这句话倒像更坐实了。而孔子和《春秋》的权威也就更大了。后世史家推尊孔子，也推尊《春秋》，承认这种书法是天经地义；但实际上他们却并不照三传所咬嚼出来的那么穿凿傅会地办。这正和后世诗人尽管推尊《毛诗》传、笺里比兴的解释，实际上却不那样穿凿傅会地作诗一样。三传，特别是《公羊传》和《穀梁传》，和《毛诗》传、笺，在穿凿解经这件事上是一致的。

三传之中，公羊、穀梁两家全以解经为主，左氏却以叙事为主。公、穀以解经为主，所以咬嚼得更利害些。战国末期，专门解释《春秋》的有许多家，公、穀较晚出而仅存。这两家固然有许多彼此相异之处，但渊源似乎是相同的；他们所引别家的解说也有些是一样的。这两种《春秋经传》经过秦火，多有残阙的地方；到汉景帝、武帝时候，才有经师重加整理，传授给人。公羊、穀梁只是家派的名称，仅存姓氏，名字已不可知。至于他们解经的宗旨，已见上文；《春秋》本是儒家传授的经典，解说的人，自然也离不了儒家，在这一点上，三传是大同小异的。

---

① 《史记·孔子世家》。
② 《孟子·滕文公》下。

《左传》这部书，汉代传为鲁国左丘明所作。这个左丘明，有的说是"鲁君子"，有的说是孔子的朋友；后世又有说是鲁国的史官的①。这部书历来讨论的最多。汉时有"五经"博士。凡解说"五经"自成一家之学的，都可立为博士。立了博士，便是官学；那派经师便可做官受禄。当时《春秋》立了公、穀二传的博士。《左传》流传得晚些，古文派经师也给它争立博士。今文派却说这部书不得孔子《春秋》的真传，不如公、穀两家。后来虽一度立了博士，可是不久还是废了。倒是民间传习的渐多，终于大行！原来公、穀不免空谈，《左传》却是一部仅存的古代编年通史（残缺又少），用处自然大得多。《左传》以外，还有一部分国记载的《国语》，汉代也认为左丘明所作，称为《春秋外传》。后世学者怀疑这一说的很多。据近人的研究，《国语》重在"语"，记事颇简略，大约出于另一著者的手，而为《左传》著者的重要史料之一。这书的说教，也不外尚德、尊天、敬神、爱民，和《左传》是很相近的，只不知著者是谁。其实《左传》著者我们也不知道。说是左丘明，但矛盾太多，不能教人相信。《左传》成书的时代大概在战国，比公、穀二传早些。

　　《左传》这部书大体依《春秋》而作；参考群籍，详述史事，徵引孔子和别的"君子"解经评史的言论，吟味书法，自成一家言。但迷信卜筮，所记祸福的预言，几乎无不应验；这却大大违背了徵实的精神，而和儒家的宗旨也不合了。晋范宁

---

　　① 《史记·十二诸侯年表序》说是"鲁君子"，《汉书·刘歆传》说"亲见夫子"，"好恶与圣人同"，杜预《春秋序》说是"身为国史"。

作《穀梁传序》说，"左氏艳而富，其失也巫"；"艳"是文章美，"富"是材料多，"巫"是多叙鬼神，预言祸福。这是句公平话。注《左传》的，汉代就不少，但那些许多已散失，现存的只有晋杜预注，算是最古了。

杜预作《春秋序》，论到《左传》，说"其文缓，其旨远"；"缓"是委婉，"远"是含蓄。这不但是好史笔，也是好文笔。所以《左传》不但是史学的权威，也是文学的权威。《左传》的文学本领，表现在记述辞令和描写战争上。春秋列国，盟会颇繁，使臣会说话不会说话，不但关系荣辱，并且关系利害，出入很大，所以极重辞令。《左传》所记当时君臣的话，从容委曲，意味深长。只是平心静气地说，紧要关头却不放松一步；真所谓恰到好处。这固然是当时风气如此，但不经《左传》著者的润饰工夫，也决不会那样在纸上活跃的。战争是个复杂的程序，叙得头头是道，已经不易，叙得有声有色，更难；这差不多全靠忙中有闲，透着优游不迫神儿，才成。这却正是《左传》著者所擅长的。

参考资料

洪业《春秋传引得序》

四书第七

"四书五经"到现在还是我们口头上一句熟语。"五经"是《易》《书》《诗》《礼》《春秋》；"四书"按照普通的顺序是《大学》《中庸》《论语》《孟子》，前二者又简称《学》《庸》，后二者又简称《论》《孟》；有了简称，可见这些书是用得很熟的。本来呢，从前私塾里，学生入学，是从"四书"读起的。这是那些时代的小学教科书，而且是统一的标准的小学教科书，因为没有不用的。那时先生不讲解，只让学生背诵，不但得背正文，而且得背朱熹的小注。只要囫囵吞枣地念，囫囵吞枣地背；不懂不要紧，将来用得着，自然会懂的。怎么说将来用得着？那些时候行科举制度。科举是一种竞争的考试制度，考试的主要科目是八股文，题目都出在"四书"里，而且是朱注的"四书"里。科举分几级，考中的得着种种出身或资格，凭着这种资格可以建功立业，也可以升官发财；作好作歹，都得先弄个资格到手。科举几乎是当时读书人唯一的出路。每个学生都先读"四书"，而且读的是朱注，便是这个缘故。

将朱注"四书"定为科举用书，是从元仁宗皇庆二年_{西元一三一三}起的。规定这四种书，自然因为这些书本身重要，有人人必读的价值；规定朱注，也因为朱注发明书义比旧注好些，切用些。这四种书原来并不在一起，《学》《庸》都在《礼记》里，《论》《孟》是单行的。这些书原来只算是诸子书，朱子原来也只称为"四子"；但《礼记》《论》《孟》在汉代都立过博士，已经都升到经里去了。后来唐代的"九经"里虽然只有《礼记》，宋代的"十三经"却又将《论》《孟》收了进去①。《中庸》很早就被人单独注意，汉代已有关于《中庸》的著作，六朝时也有，可惜都不传了②。关于《大学》的著作却直到司马光的《大学通义》才开始，这部书也不传了。这些著作并不曾教《学》《庸》普及，教《学》《庸》和《论》《孟》同样普及的是朱子的注，"四书"也是他编在一起的，"四书"的名字也因他而有。

但最初用力提倡这几种书的是程颢、程颐兄弟。他们说："《大学》是孔门的遗书，是初学者入德的门径。只有从这部书里，还可以知道古人做学问的程序。从《论》《孟》里

---

① "九经"：《易》，《书》，《诗》，"三礼"，《春秋》三传。"十三经"：《易》，《书》，《诗》，"三礼"，《春秋》三传，《论语》，《孝经》，《尔雅》，《孟子》。

② 《汉书·艺文志》有《中庸说》二篇，《隋书·经籍志》有戴颙《中庸传》二卷，梁武帝《中庸讲疏》一卷。

虽也可看出一些，但不如这部书的分明易晓。学者必须从这部书入手，才不会走错了路。"①这里没提到《中庸》。可是他们是很推尊《中庸》的。他们在另一处说："'不偏'叫做'中'，'不易'叫做'庸'；'中'是天下的正道，'庸'是天下的定理。《中庸》是孔门传授心法的书，是子思记下来传给孟子的。书中所述的人生哲理，意味深长；会读书的细加玩赏，自然能心领神悟终身受用不尽。"②这四种书到了朱子手里才打成一片。他接受二程的见解，加以系统的说明，四种书便贯串起来了。

他说，古来有小学大学。小学里教洒扫进退的规矩，和礼、乐、射、御、书、数，所谓"六艺"的。大学里教穷理、正心、修己、治人的道理。所教的都切于民生日用，都是实学。《大学》这部书便是古来大学里教学生的方法，规模大，节目详；而所谓"格物、致知、诚意、正心、修身、齐家、治国、平天下"，是循序渐进的。程子说是"初学者入德的门径"，就是为此。这部书里的道理，并不是为一时一事说的，是为天下后世说的。这是"垂世立教的大典"③，所以程子举为初学者的第一部书。《论》《孟》虽然也切实，却是"应机接物的微言"④，问的不是一个人，记的也不是一个人。浅深先后，次序既不分明，抑扬可否，用意也不一样，初学者领会较难。所以程子放在第二步。至于《中庸》，是孔门的心法，初学者领会更难，程了所以另论。

---

① 原文见《大学章句》卷头。
② 原文见《中庸章句》卷头。
③ 同前条。
④ 朱子《大学或问》卷一。

但朱子的意思，有了《大学》的提纲挈领，便能领会《论》《孟》里精微的分别去处；融贯了《论》《孟》的旨趣，也便能领会《中庸》里的心法。人有人心和道心；人心是私欲，道心是天理。人该修养道心，克制人心，这是心法。朱子的意思，不领会《中庸》里的心法，是不能从大处着眼，读天下的书，论天下的事的。他所以将《中庸》放在第三步，和《大学》《论》《孟》合为"四书"，作为初学者的基础教本。后来规定"四书"为科举用书，原也根据这番意思。不过朱子教人读"四书"，为的成人，后来人读"四书"，却重在猎取功名；这是不合于他提倡的本心的。至于顺序变为《学》《庸》《论》《孟》，那是书贾因为《学》《庸》篇页不多，合为一本的缘故；通行既久，居然约定俗成了。

　　《礼记》里的《大学》，本是一篇东西，朱子给分成经一章，传十章；传是解释经的。因为要使传合经，他又颠倒了原文的次序，并补上一段儿。他注《中庸》时，虽没有这样大的改变，可是所分的章节，也与郑玄注的不同。所以这两部书的注，称为《大学章句》《中庸章句》。《论》《孟》的注，却是融合各家而成，所以称为《论语集注》《孟子集注》。《大学》的经一章，朱子想着是曾子追述孔子的话；传十章，他相信是曾子的意思，由弟子们记下的。《中庸》的著者，朱子和程子一样，都接受《史记》的记载，认为是子思[①]。但关于书名的解释，他修正了一些。他说，"中"除"不偏"外，还有"无过无不及"的意思；"庸"解作"不易"，不如解作"平

_____

　　① 《孔子世家》。

常"的好①。照近人的研究，《大学》的思想和文字，很有和荀子相同的地方，大概是荀子学派的著作。《中庸》，首尾和中段思想不一贯，从前就有人疑心。照近来的看法，这部书的中段也许是子思原著的一部分，发扬孔子的学说，如"时中""忠恕""知仁勇""五伦"等。首尾呢，怕是另一关于《中庸》的著作，经后人混合起来的；这里发扬的是孟子的天人相通的哲理，所谓"至诚""尽性"，都是的。著者大约是一个孟子学派。

《论语》是孔子弟子们记的。这部书不但显示一个伟大的人格——孔子，并且让读者学习许多做学问做人的节目：如"君子""仁""忠恕"，如"时习""阙疑""好古""隅反""择善""困学"等，都是可以终身应用的。《孟子》据说是孟子本人和弟子公孙丑、万章等共同编定的。书中说"仁"兼说"义"，分辨"义""利"甚严；而辩"性善"，教人求"放心"，影响更大。又说到"养浩然之气"，那"至大至刚""配义与道"的"浩然之气"②，这是修养的最高境界，所谓天人相通的哲理。书中攻击杨朱、墨翟两派，辞锋咄咄逼人。这在儒家叫做攻异端，功劳是很大的。孟子生在战国时代，他不免"好辩"，他自己也觉得的③；他的话流露着"英气"，"有圭角"，和孔子的温润是不同的。所以儒家只称为"亚圣"，次于孔子一等④。《孟子》有东汉的赵岐注。《论语》有孔安国、马融、郑玄诸

---

① 《中庸或问》卷一。
② 《公孙丑》。
③ 《滕文公》。
④ 《孟子集注·序》说引程子说。

家注，却都已残佚，只零星地见于魏何晏的《集解》里。汉儒注经，多以训诂名物为重，但《论》《孟》词意显明，所以只解释文句，推阐义理而止。魏晋以来，玄谈大盛，孔子已经道家化；解《论语》的也多参入玄谈，参入当时的道家哲学。这些后来却都不流行了。到了朱子，给《论》《孟》作注，虽说融会各家，其实也用他自己的哲学作架子。他注《学》《庸》，更显然如此。他的哲学切于世用，所以一般人接受了，将他解释的孔子当作真的孔子。

他那一套"四书"注实在用尽了平生的力量，改定至再至三；直到临死的时候，他还在改定《大学·诚意章》的注。注以外又作了《四书或问》，发扬注义，并论述对于旧说的或取或舍的理由。他在"四书"上这样下工夫，一面固然为了诱导初学者，一面还有一个用意，便是排斥老、佛，建立道统。他在《中庸章句序》里论到诸圣道统的传承，末尾自谦说，"于道统之传，不敢妄议"；其实他是隐隐在以传道统自期呢。《中庸》传授心法，正是道统的根本。将它加在《大学》《论》《孟》之后而成"四书"，朱子自己虽然说是给初学者打基础，但一大半恐怕还是为了建立道统，不过他自己不好说出罢了。他注"四书"在宋孝宗淳熙年间西元二七四一二八九。他死后朝廷将他的"四书"注审定为官书，从此盛行起来。他果然成了传儒家道统的大师了。

《战国策》第八

　　春秋末年，列国大臣的势力渐渐膨胀起来。这些大臣都是世袭的，他们一代一代聚财养众，明争暗夺了君主的权力，建立起自己的特殊地位。等到机会成熟，便跳起来打倒君主自己干。那时候各国差不多都起了内乱。晋国让韩魏赵三家分了，姓姜的齐国也让姓田的大夫占了。这些，周天子只得承认了。这是封建制度崩坏的开始。那时候周室也经过了内乱，土地大半让邻国抢去，剩下的又分为东西周；东西周各有君王，彼此还争争吵吵的。这两位君王早已失去春秋时代"共主"的地位，而和列国诸侯相等了。后来列国纷纷称王，周室更不算回事；他们至多能和宋、鲁等小国君主等量齐观罢了。

　　秦楚两国也经过内乱，可是站住了。它们本是边远的国家，却渐渐伸张势力到中原来。内乱平后，大加整顿，努力图强，声威便更广了。还有极北的燕国，向来和中原国家少来往；这时候也有力量向南参加国际政治了。秦、楚、燕和新兴的韩、魏、赵、齐，是那时代的大国，称为"七雄"。那些小国呢，从前可以仰仗霸主的保护，作大国的附庸；现在可不成了，只好让人家吞的吞，并的并。算只留下宋、鲁等两三国，给七雄当缓冲地带。封建制度既然在崩坏中，七雄便各成一单位，各自争存，各自争强，国际政局比春秋时代紧张多了。战争也比从前严重多了。列国都在自己边界上修起长城来。这时候军器进步了；从前的兵器都用铜打成，现在有用铁打成的了。战术也进步了。攻守的方法都比从前精明；从前只用兵车和步卒，现在却发展了骑兵了。这时候还有以帮人家作战为职业的人。这时候的战争，杀伤是很多的。孟子说："争地以战，杀人盈野；争城以战，杀人盈城。"①可见那凶惨的情形。后人因此称这时代为战国时代。

在长期混乱之后，贵族有的做了国君，有的渐渐衰灭。这个阶级算是随着封建制度崩坏了。那时候的国君，没有了世袭的大臣，便集权专制起来。辅助他们的是一些出身贵贱不同的士人。那时候君主和大臣都竭力招揽有技能的人，甚至学鸡鸣学狗盗的也都收留着。这是所谓"好客""好士"的风气。其中最高的是说客，是游说之士。当时国际关系紧张，战争随时可起。战争到底是劳民伤财的，况且难得有把握；重要的还是作外交的工夫。外交办得好，只凭口舌排难解纷，可以免去战祸；就是不得不战，也可以多找一些与国，一些帮手。担负这

①《离娄》。

种外交的人，便是那些策士，那些游说之士。游说之士既然这般重要，所以立谈可以取卿相；只要有计谋，会辩说就成，出身的贵贱倒是不在乎的。

七雄中的秦，从孝公用商鞅变法以后，日渐强盛。到后来成了与六国对峙的局势。这时候的游说之士，有的劝六国联合起来抗秦，有的劝六国联合起来亲秦。前一派叫"合纵"，是联合南北各国的意思，后一派叫"连横"，是联合东西各国的意思——只有秦是西方的国家。合纵派的代表是苏秦，连横派的是张仪，他们可以代表所有的战国游说之士。后世提到游说的策士，总想到这两个人，提到纵横家，也总是想到这两个人。他们都是鬼谷先生的弟子。苏秦起初也是连横派。他游说秦惠王，秦惠王老不理他；穷得要死，只好回家。妻子、嫂嫂、父母，都瞧不起他。他恨极了，用心读书，用心揣摩；夜里倦了要睡，用锥子扎大腿，血流到脚上。这样整一年，他想着成了，便出来游说六国合纵。这回他果然成功了，佩了六国相印，又有势又有钱。打家里过的时候，父母郊迎三十里，妻子低头，嫂嫂爬在地下谢罪。他叹道："人生世上，势位富贵，真是少不得的！"张仪和楚相喝酒。楚相丢了一块璧。手下人说张仪穷而无行，一定是他偷的，绑起来打了几百下。张仪始终不认，只好放了他。回家，他妻子说："唉，要不是读书游说，那会受这场气！"他不理，只说："看我舌头还在罢？"妻子笑道："舌头是在的。"他说："那就成！"后来果然做了秦国的相；苏秦死后，他也大大得意了一番。

苏秦使锥子扎腿的时候，自己发狠道："哪有游说人主不能得金玉锦绣，不能取卿相之尊的道埋！"这止是战国策士的心思。他们凭他们的智谋和辩才，给人家画策，办外交；谁用他们就帮谁。他们是职业的，所图的是自己的功名富贵；帮你的时候帮你，不帮的时候也许害你。翻覆，在他们看来是没有什么的。本来呢，当时七雄分立，没有共主，没有盟主，各干各的，谁胜谁得势。国际间没有是非，爱帮谁就帮谁，反正都一样。苏秦说连横不成，就改说合纵，在策士看来，这正是当然。张仪说舌头在就行，说是说非，只要会说，这也正是职业的态度。他们自己没有理想，没有主张，只求揣摩主上的心理，拐弯儿抹角投其所好。这需要技巧，《韩非子·说难篇》专论这个。说得好固然可以取"金玉锦绣"和"卿相之尊"，说得不好也会招杀身之祸，利害所关如此之大，苏秦费一整年研究揣摩不算多。当时各国所重的是威势，策士所说原不外战争和诈谋；但要因人因地进言，广博的知识和微妙的机智都是不可少的。

记载那些说辞的书叫《战国策》，是汉代刘向编定的，书名也是他提议的。但在他以前，汉初著名的说客蒯通，大约已经加以整理和润饰，所以各篇如出一手。《汉书》本传里记着他"论战国时说士权变，亦自序其说，凡八十一篇，号曰《隽永》"，大约就是刘向所根据的底本了①。蒯通那枝笔是很有力量的。铺陈的伟丽，叱咤的雄豪，固然传达出来了；而那些曲折微妙的声口，也丝丝入扣，千载如生。读这部书，真是如闻其语，如见其人。汉以来批评这部书的都用儒家的眼光。刘向的序里说战国时代"捐礼让而贵战争，弃仁义而用诈谲，苟以

---

① 罗根泽《战国策作于蒯通考》及《补证》(《古史辨》第四册)。

取强而已矣"，可以代表。但他又说这些是"高才秀士"的"奇策异智"，"亦可喜，皆可观"。这便是文辞的作用了。宋代有个李文叔，也说这部书所记载的事"浅陋不足道"，但"人读之，则必乡其说之工，而忘其事之陋者，文辞之胜移之而已"。又道，说的还不算难，记的才真难得呢①。这部书除文辞之胜外，所记的事，上接春秋时代，下至楚汉兴起为止，共二百零二年_{西元前四〇三—二〇二}，也是一部重要的古史。所谓战国时代，便指这里的二百零二年；而战国的名称也是刘向在这部书的序里定出的。

参考资料
雷海宗《中国通史选读》第二册（清华大学讲义排印本）

---

① 李格非《书战国策后》。

《史记》《汉书》第九

　　说起中国的史书,《史记》《汉书》,真是无人不知, 无人不晓。这有两个原因。一则这两部书是最早的有系统的历史, 再早虽然还有《尚书》《鲁春秋》《国语》《春秋左氏传》《战国策》等, 但《尚书》《国语》《战国策》,都是记言的史, 不是记事的史。《春秋》和《左传》是记事的史了, 可是《春秋》太简短,《左氏传》虽够铺排的, 而跟着《春秋》编年的系统, 所记的事还不免散碎。《史记》创了"纪传体", 叙事自黄帝以来到著者当世, 就是汉武帝的时候, 首尾三千多年。《汉书》采用了《史记》的体制, 却以汉事为断, 从高祖到王莽, 只二百三十年。后来的史书全用《汉书》的体制, 断代成书; 二十四史里,《史记》《汉书》以外的二十二史都如此。这称为"正史"。《史记》《汉书》,可以说都是"正史"的源头。

二则，这两部书都成了文学的古典；两书有许多相同处，虽然也有许多相异处。大概东汉、魏、晋到唐，喜欢《汉书》的多，唐以后喜欢《史记》的多，而明、清两代尤然。这是两书文体各有所胜的缘故。但历来班、马并称，《史》《汉》连举，它们叙事写人的技术，毕竟是大同的。

《史记》，汉司马迁著。司马迁字子长，左冯翊夏阳今陕西韩城人，景帝中元五年西元前一四五生，卒年不详。他是太史令司马谈的儿子。小时候在本乡只帮人家耕耕田放放牛玩儿。司马谈做了太史令，才将他带到京师今西安读书。他十岁的时候，便认识"古文"的书了。二十岁以后，到处游历，真是足迹遍天下。他东边到过现在的河北、山东及江、浙沿海，南边到过湖南、江西、云南、贵州，西边到过陕、甘、西康等处，北边到过长城等处；当时的"大汉帝国"，除了朝鲜、河西今宁夏一带、岭南几个新开郡外，他都走到了。他的出游，相传是父亲命他搜求史料去的；但也有些处是因公去的。他搜得了多少写的史料，没有明文，不能知道。可是他却看到了好些古代的遗迹，听到了好些古代的轶闻；这些都是活史料，他用来印证并补充他所读的书。他作《史记》，叙述和描写往往特别亲切有味，便是为此。他的游历不但增扩了他的见闻，也增扩了他的胸襟；他能够综括三千多年的事，与成一部大书，而行文又极其抑扬变化之致，可见出他的胸襟是如何的阔大。

他二十几岁的时候，应试得高第，做了郎中。武帝元封元年西元前一一〇，大行封禅典礼，步骑十八万，旌旗千余里。司马谈是史官，本该从行；但是病得很重，留在洛阳小能去。

司马迁却跟去了。回来见父亲，父亲已经快死了，拉着他的手呜咽着道："我们先人从虞夏以来，世代做史官；周末弃职他去，从此我家便衰微了。我虽然恢复了世传的职务，可是不成；你看这回封禅大典，我竟不能从行，真是命该如此！再说孔子因为眼见王道缺、礼乐衰，才整理文献，论《诗》《书》，作《春秋》，他的功绩是不朽的。孔子到现在又四百多年了，各国只管争战，史籍都散失了，这得搜求整理；汉朝一统天下，明主、贤君、忠臣、死义之士，也得记载表彰。我做了太史令，却没能尽职，无所论著，真是惶恐万分。你若能继承先业，再做太史令，成就我的未竟之志，扬名于后世，那就是大孝了。你想着我的话罢。"①司马迁听了父亲这番遗命，低头流泪答道："儿子虽然不肖，定当将你老人家所搜集的材料，小心整理起来，不敢有所遗失。"②司马谈便在这年死了；司马迁这年三十六岁。父亲的遗命指示了他一条伟大的路。

父亲死的第三年，司马迁果然做了太史令。他有机会看到许多史籍和别的藏书，便开始作整理的工夫。那时史料都集中在太史令手里，特别是汉代各地方行政报告，他那里都有。他一面整理史料，一面却忙着改历的工作；直到太初元年西元前一〇四，太初历完成，才动手著他的书。天汉二年西元前九九，李陵奉了贰师将军李广利的命，领了五千兵，出塞打匈奴。匈奴八万人围着他们；他们杀伤了匈奴一万多，可是自己的人也死了一大半。箭完了，又没吃的，耗了八天，等贰师将军派救

---

① 原文见《史记·自序》。
② 原文见《史记·自序》。

兵。救兵竟没有影子。匈奴却派人来招降。李陵想着回去也没有脸，就降了。武帝听了这个消息，又急又气。朝廷里纷纷说李陵的坏话。武帝问司马迁，李陵到底是个怎样的人。李陵也做过郎中，和司马迁同过事，司马迁是知道他的。

他说李陵这个人秉性忠义，常想牺牲自己，报效国家。这回以少敌众，兵尽路穷，但还杀伤那么些人，功劳其实也不算小。他决不是怕死的人，他的降大概是假意的，也许在等机会给汉朝出力呢。武帝听了他的话，想着贰师将军是自己派的元帅，司马迁却将功劳归在投降的李陵身上，真是大不敬；便教将他抓起来，下在狱里。第二年，武帝杀了李陵全家，处司马迁宫刑。宫刑是个大辱，污及先人，见笑亲友。他灰心失望已极，只能发愤努力，在狱中专心致志写他的书，希图留个后世名。过了两年，武帝改元太始，大赦天下。他出了狱，不久却又做了宦者做的官，中书令，重被宠信。但他还继续写他的书。直到征和二年西元前九一，全书才得完成，共一百三十篇，五十二万六千五百字。他死后，这部书部分地流传；到宣帝时，他的外孙杨恽才将全书献上朝廷去，并传写公行于世。汉人称为《太史公书》《太史公》《太史公记》《太史记》。魏晋间才简称为《史记》，《史记》便成了定名。这部书流传时颇有缺佚，经后人补续改窜了不少；只有元帝、成帝间褚少孙补的有主名，其余都不容易考了。

司马迁是窃比孔子的。孔子是在周末官守散失时代第一个保存文献的人；司马迁是秦火以后第一个保存文献的人。他们保存的方法不同，但是用心一样。《史记·自序》里记着司马迁和上大夫壶遂讨论作史的一番话。司马迁引述他的父亲称扬孔子整理"六经"的丰功伟业，而特别着重《春秋》的著作。他们父子都是相信孔子作《春秋》的。他又引董仲舒所述孔子的话："我有种种觉民救世的理想，凭空发议论，恐怕人不理会；不如借历史上现成的事实来表现，可以深切著明些。"①这便是孔子作《春秋》的旨趣；他是要明王道、辨人事，分明是非善恶贤不肖，存亡继绝，补敝起废，作后世君臣龟鉴。《春秋》实在是礼义的大宗，司马迁相信礼治是胜于法治的。他相信《春秋》包罗万象，采善贬恶，并非以刺讥为主。像他父亲遗命所说的，汉兴以来，人主明圣盛德，和功臣、世家、贤大夫之业，是他父子职守所在，正该记载表彰。他的书记汉事较详，固然是史料多，也是他意主尊汉的缘故。他排斥暴秦，要将汉远承三代。这正和今文家说的《春秋》尊鲁一样，他的书实在是窃比《春秋》的。他虽自称只是"厥协'六经'异传，整齐百家杂语"②，述而不作，不敢与《春秋》比，那不过是谦词罢了。

他在《报任安书》里说他的书"欲以究天人之际，通古今之变，成一家之言"。《史记·自序》里说："罔网罗天下放佚旧闻，王迹所兴，原始察终，见盛观衰，论考之行事。""王迹所兴"，始终盛衰，便是"古今之变"，也便是"天人之际"。"天人之际"只是天道对于人事的影响；这和所谓"始终盛衰"都是阴阳家言。阴阳家倡"五德终始说"，以为金木水火土五行之德，互相克胜，终始运行，循环不息。当运者盛，王迹所

---

① 原文见《史记·自序》。
② 原文见《史记·自序》。

兴；运去则衰。西汉此说大行，与"今文经学"合而为一。司马迁是请教过董仲舒的，董就是今文派的大师；他也许受了董的影响。"五德终始说"原是一种历史哲学；实际的教训只是让人君顺时修德。

《史记》虽然窃比《春秋》，却并不用那咬文嚼字的书法，只据事实录，使善恶自见。书里也有议论，那不过是著者牢骚之辞，与大体是无关的。原来司马迁自遭李陵之祸，更加努力著书。他觉得自己已经身废名裂，要发抒意中的郁结，只有这一条通路。他在《报任安书》和《史记·自序》里引了文王以下到韩非诸贤圣，都是发愤才著书的。他自己也是个发愤著书的人。天道的无常，世变的无常，引起了他的慨叹；他悲天悯人，发为牢骚抑扬之辞。这增加了他的书的情韵。后世论文的人推尊《史记》，一个原因便在这里。

班彪论前史得失，却说他"论议浅而不笃。其论术学，则崇黄老而薄'五经'；序货殖，则轻仁义而羞贫穷；道游侠，则贱守节而贵俗功"，以为"大敝伤道"[1]；班固也说他"是非颇谬于圣人"[2]。其实推崇道家的是司马谈；司马迁时，儒学已成独尊之势，他也成了一个推崇的人了。至于《游侠》《货殖》两传，确有他的身世之感。那时候有钱可以赎罪，他遭了李陵之祸，刑重家贫，不能自赎，所以才有"羞贫穷"的话；他在穷窘之中，交游竟没有一个抱不平来救他的，所以才有称扬游侠的话。这和《伯夷传》里天道无常的疑问，都只是偶一借题

---

① 《后汉书·班彪传》。
② 《汉书·司马迁传赞》。

发挥，无关全书大旨。东汉王允死看"发愤"著书一语，加上咬文嚼字的成见，便说《史记》是"佞臣"的"谤书"①，那不但误解了《史记》，也太小看了司马迁了。

《史记》体例有五：十二本纪，记帝王政迹，是编年的。十表，以分年略记世代为主。八书，记典章制度的沿革。三十世家，记侯国世代存亡。七十列传，类记各方面人物。史家称为"纪传体"，因为"纪传"是最重要的部分。古史不是断片的杂记，便是顺案年月的纂录；自出机杼，创立规模，以驾驭去取各种史料的，从《史记》起始。司马迁的确能够贯穿经传，整齐百家杂语，成一家言。他明白"整齐"的必要，并知道怎样去"整齐"，这实在是创作，是以述为作。他这样将自有文化以来三千年间君臣士庶的行事，"合一炉而冶之"，却反映着秦汉大一统的局势。《春秋左氏传》虽也可算通史，但是规模完具的通史，还得推《史记》为第一部书。班固根据他父亲班彪的意见，说司马迁"善叙事理，辩而不华，质而不俚；其文直，其事核，不虚美，不隐恶，故谓之实录"②。"直"是"简省"的意思；简省而能明确，便见本领。《史记》共一百三十篇，列传占了全书的过半数；司马迁的史观是以人物为中心的。他最长于描写；靠了他的笔，古代许多重要人物的面形，至今还活现在纸上。

《汉书》，汉班固著。班固，字孟坚，扶风安陵_{今陕西咸阳}人，光武帝建武八年_{西元三二}生，和帝永元四年_{西元九二}卒。他

---

① 《后汉书·蔡邕传》。
② 《汉书·司马迁传赞》。

家和司马氏一样，也是个世家；《汉书》是子继父业，也和司马迁差不多。但班固的凭藉，比司马迁好多了。他曾祖班斿，博学有才气，成帝时，和刘向同校皇家藏书。成帝赐了他全套藏书的副本，《史记》也在其中。当时书籍流传很少，得来不易；班家得了这批赐书，真像大图书馆似的。他家又有钱，能够招待客人。后来有好些学者，老远地跑到他家来看书，扬雄便是一个。班斿的次孙班彪，既有书看，又得接触许多学者；于是尽心儒术，成了一个史学家。《史记》以后，续作很多，但不是偏私，就是鄙俗；班彪加以整理补充，著了六十五篇《后传》。他详论《史记》的得失，大体确当不移。他的书似乎只有本纪和列传；世家是并在列传里。这部书没有流传下来，但他的儿子班固的《汉书》是用它作底本的。

班固生在河西；那时班彪避乱在那里。班固有弟班超，妹班昭，后来都有功于《汉书》。他五岁时随父亲到那时的京师洛阳。九岁时能作文章，读诗赋。大概是十六岁罢，他入了洛阳的大学，博览群书。他治学不专守一家；只重大义，不沾沾在章句上；又善作辞赋。为人宽和容众，不以才能骄人。在大学里读了七年书，二十三岁上，父亲死了，他回到安陵去。明帝永平元年西元五八，他二十八岁，开始改撰父亲的书。他觉得《后传》不够详的，自己专心精究，想完成一部大书。过了三年，有人上书给明帝，告他私自改作旧史。当时天下新定，常有人假造预言，摇惑民心；私改旧史，更有机会造谣，罪名可以很大。

明帝当即诏令扶风郡逮捕班固，解到洛阳狱中，并调看他的稿子。他兄弟班超怕闹出大乱子，永平五年西元六二，带了全家赶到洛阳；他上书给明帝，陈明原委，请求召见。明帝果然召见。他陈明班固不敢私改旧史，只是续父所作。那时扶风郡也已将班固稿子送呈。明帝却很赏识那稿子，便命班固做校书郎，兰台令史，跟别的几个人同修世祖光武帝本纪。班家这时候很穷。班超也做了一名书记，帮助哥哥养家。后来班固等又述诸功臣的事迹，作列传载记二十八篇奏上。这些后来都成了刘珍等所撰的《东观汉记》的一部分，与《汉书》是无关的。

明帝这时候才命班固续完前稿。永平七年西元六四，班固三十三岁，在兰台重行写他的大著。兰台是皇家藏书之处，他取精用弘，比家中自然更好。次年，班超也做了兰台令史。虽然在官不久，就从军去了，但一定给班固帮助很多。章帝即位，好辞赋，更赏识班固了。他因此得常到宫中读书，往往连日带夜地读下去。大概在建初七年西元八二，他的书才大致完成。那年他是五十一岁了。和帝永元元年西元八九，车骑将军窦宪出征匈奴，用他做中护军，参议军机大事。这一回匈奴大败，逃得不知去向。窦宪在出塞三千多里外的燕然山上刻石纪功，教班固作铭。这是著名的大手笔。

次年他回到京师，就做窦宪的秘书。当时窦宪威势极盛；班固倒没有仗窦家的势欺压人，但他的儿子和奴仆却都无法无天的。这就得罪了许多地面上的官儿；他们都敢怒而不敢言。有一回他的奴子喝醉了，在街上骂了洛阳令种兢；种兢气恨极了，但也只能记在心里。永元四年西元九二，窦宪阴谋弑和帝；事败，自杀。他的党羽，或诛死，或免官。班固先只免了官，种兢却饶不过他，逮捕了他，下在狱里。他已经六十一岁了，受不得那种苦，便在狱里死了。和帝得知，很觉可惜，特地下诏申斥种兢，命他将主办的官员抵罪。班固死后，《汉书》的稿子很散乱。他的妹子班昭也是高才博学，嫁给曹世叔，世叔早死，她的节行并为人所重，当时称为曹大家。这时候她奉诏整理哥哥的书；并有高才郎官十人，从她研究这部书——经学大师扶风马融，就在这十人里。书中的八表和天文志那时还未完成，她和马融的哥哥马续参考皇家藏书，将这些篇写定，这也是奉诏办的。

《汉书》的名称从《尚书》来，是班固定的。他说唐虞三代当时都有记载，颂述功德；汉朝却到了第六代才有司马迁的《史记》。而《史记》是通史，将汉朝皇帝的本纪放在尽后头，并且将尧的后裔的汉和秦、项放在相等的地位，这实在不足以推尊本朝。况《史记》只到武帝而止，也没有成段落似的。他所以断代述史，起于高祖，终于平帝时王莽之诛，共十二世，二百三十年，作纪、表、志、传凡百篇，称为《汉书》[①]。班固著《汉书》，虽然根据父亲的评论，修正了《史记》的缺失，但断代的主张，却是他的创见。他这样一面保存了文献，一面贯彻了发扬本朝功德的趣旨。所以后来的正史都以他的书为范本，名称也多叫做"书"。他这个创见，影响是极大的。他的书所包举的，比《史记》更为广大；天地、鬼神、人事、政治、道德、艺术、文章，尽在其中。

书里没有世家一体，本于班彪《后传》。汉代封建制度，实际上已不存在；无所谓侯国，也就无所谓世家。这一体的并入列传，也是自然之势。至于改"书"为"志"，只是避免

---

① 《汉书·叙传》。

与《汉书》的"书"字相重，无关得失。但增加了《艺文志》，叙述古代学术源流，记载皇家藏书目录，所关却就大了。《艺文志》的底本是刘歆的《七略》。刘向刘歆父子都曾奉诏校读皇家藏书；他们开始分别源流，编订目录①，使那些"中秘书"渐得流传于世，功劳是很大的。他们的原著都已不存，但《艺文志》还保留着刘歆《七略》的大部分。这是后来目录学家的宝典。原来秦火之后，直到成帝时，书籍才渐渐出现；成帝诏求遗书于天下，这些书便多聚在皇家。刘氏父子所以能有那样大的贡献，班固所以想到在《汉书》里增立《艺文志》，都是时代使然。司马迁便没有这样好运气。

　　《史记》成于一人之手，《汉书》成于四人之手。表、志由曹大家和马续补成；纪、传从昭帝至平帝有班彪的《后传》作底本。而从高祖至武帝，更多用《史记》的文字。这样一看，班固自己作的似乎太少。因此有人说他的书是"剽窃"而成②，算不得著作。但那时的著作权的观念还不甚分明，不以抄袭为嫌；而史书也不能凭虚别构。班固删润旧文，正是所谓"述而不作"。他删润的地方，却颇有别裁，决非率尔下笔。史书叙汉事，有阙略的，有隐晦的，经他润色，便变得详明；这是他的独到处。汉代"明主、贤君、忠臣、死义之士"，他实在表彰得更为到家。书中收载别人整篇的文章甚多，有人因此说他是"浮华"之士③。这些文章大抵关系政治学术，多是经世有用之作。那时还没有文集，史书加以搜罗，不失保存文献之

---

① 刘向著有《别录》。
② 《通志·总序》。
③ 《通志·总序》。

旨。至于收录辞赋，却是当时的风气和他个人的嗜好；不过从现在看来，这些也正是文学史料，不能抹煞的。

班、马优劣论起于王充《论衡》。他说班氏父子"文义浃备，纪事详赡"，观者以为胜于《史记》①。王充论文，是主张"华实俱成"的②。汉代是个辞赋的时代，所谓"华"，便是辞赋化。《史记》当时还用散行文字；到了《汉书》，便弘丽精整，多用排偶，句子也长了。这正是辞赋的影响。自此以后，直到唐代，一般文士，大多偏爱《汉书》，专门传习，《史记》的传习者却甚少。这反映着那时期崇尚骈文的风气。唐以后，散文渐成正统，大家才提倡起《史记》来；明归有光及清桐城派更力加推尊，《史记》差不多要驾乎《汉书》之上了。这种优劣论起于二书散整不同，质文各异；其实是跟着时代的好尚而转变的。

晋代张辅，独不好《汉书》。他说："世人论司马迁班固才的优劣，多以固为胜，但是司马迁叙三千年事，只五十万言，班固叙二百年事，却有八十万言。烦省相差如此之远，班固哪里赶得上司马迁呢！"③刘知几《史通》却以为"《史记》虽叙三千年事，详备的也只汉兴七十多年，前省后烦，未能折中；若教他作《汉书》，恐怕比班固还要烦些"④。刘知几左袒班固，不无过甚其辞。平心而论，《汉书》确比《史记》繁些。《史记》是通史，虽然意在尊汉，不妨详近略远，但叙汉事到

---

① 《超奇篇》，这里据《史通·鉴识》原注引，和通行本文字略异。
② 《超奇篇》。
③ 原文见《晋书·张辅传》。
④ 原文见《史通·杂说》上。

底不能太详；司马迁是知道"折中"的。《汉书》断代为书，尽可充分利用史料，尽其颂述功德的职分：载事既多，文字自然繁了，这是一。《汉书》载别人文字也比《史记》多，这是二。《汉书》文字趋向骈体，句子比散体长，这是三。这都是"事有必至，理有固然"，不足为《汉书》病。范晔《后汉书·班固传赞》说班固叙事"不激诡，不抑抗，赡而不秽，详而有体，使读之者亹亹而不厌"，这是不错的。

宋代郑樵在《通志·总序》里抨击班固，几乎说得他不值一钱。刘知几论通史不如断代，以为通史年月悠长，史料亡佚太多，所可采录的大都陈陈相因，难得新异。《史记》已不免此失；后世仿作，贪多务得，又加上繁杂的毛病，简直教人懒得去看①。按他的说法，像《鲁春秋》等，怕也只能算是截取一个时代的一段儿，相当于《史记》的叙述汉事；不是无首无尾，就是有首无尾。这都不如断代史的首尾一贯好。像《汉书》那样，所记的只是班固的近代，史料丰富，搜求不难。只需破费工夫，总可一新耳目，"使读之者亹亹而不厌"的②。郑樵的意见恰相反。他注重会通，以为历史是联贯的，要明白因革损益的轨迹，非会通不可。通史好在能见其全，能见其大。他称赞《史记》，说是"'六经'之后，惟有此作"。他说班固断汉为书，古今间隔，因革不明，失了会通之道，真只算是片段罢了③。其实通古和断代，各有短长，刘、郑都不免一偏之见。

---

① 《史通·六家》。

② 《史通·六家》。

③ 《通志·总序》。

《史》《汉》可以说是各自成家。《史记》"文直而事核"，《汉书》"文赡而事详"①。司马迁感慨多，微情妙旨，时在文字蹊径之外；《汉书》却一览之余，情词俱尽。但是就史论史，班固也许比较客观些，比较合体些。明茅坤说"《汉书》以矩矱胜"②，清章学诚说"班氏守绳墨"，"班氏体方用智"③，都是这个意思。晋傅玄评班固，"论国体则饰主阙而折忠臣，叙世教则贵取容而贱直节"④。这些只关识见高低，不见性情偏正，和司马迁《游侠》《货殖》两传蕴含着无穷的身世之痛的不能相比，所以还无碍其为客观的。总之，《史》《汉》二书，文质和繁省虽然各不相同，而所采者博，所择者精，却是一样；组织的弘大，描写的曲达，也同工异曲。二书并称良史，决不是偶然的。

参考资料

郑鹤声《史汉研究》，《司马迁年谱》，《班固年谱》

---

① 《后汉书·班固传赞》。
② 《汉书评林·序》。
③ 《文史通义·诗教》下。
④ 《史通·书事》。

诸子第十

春秋末年，封建制度开始崩坏，贵族的统治权，渐渐维持不住。社会上的阶级，有了紊乱的现象。到了战国，更看见农奴解放，商人抬头。这时候一切政治的社会的经济的制度，都起了根本的变化。大家平等自由，形成了一个大解放的时代。在这个大变动当中，一些才智之士对于当前的情势，有种种的看法，有种种的主张；他们都想收拾那动乱的局面，让它稳定下来。有些倾向于守旧的，便起来拥护旧文化、旧制度，向当世的君主和一般人申述他们拥护的理由，给旧文化、旧制度找出理论上的根据。也有些人起来批评或反对旧文化、旧制度；又有些人要修正那些；还有人要建立新文化、新制度来代替旧的；还有人压根儿反对一切文化和制度。这些人也都根据他们自己的见解各说各的，都"持之有故，言之成理"。这便是诸子之学，大部分可以称为哲学。这是一个思想解放的时代，也是一个思想发达的时代，在中国学术史里是稀有的。

诸子都出于职业的"士"。"士"本是封建制度里贵族的末一级；但到了春秋、战国之际，"士"成了有才能的人的通称。在贵族政治未崩坏的时候，所有的知识、礼、乐等等，都在贵族手里，平民是没分的。那时有知识技能的专家，都由贵族专养专用，都是在官的。到了贵族政治崩坏以后，贵族有的失了势，穷了，养不起自用的专家。这些专家失了业，流落到民间，便卖他们的知识技能为生。凡有权有钱的都可以临时雇用他们；他们起初还是伺候贵族的时候多，不过不限于一家贵族罢了。这样发展了一些自由职业；靠这些自由职业为生的，渐渐形成了一个特殊阶级，便是"士农工商"的"士"。这些"士"，这些专家，后来居然开门授徒起来。徒弟多了，声势就大了，地位也高了。他们除掉执行自己的职业之外，不免根据他们专门的知识技能，研究起当时的文化和制度来了。这就有了种种看法和主张，各"思以其道易天下"①。诸子百家便是这样兴起的。

第一个开门授徒发扬光大那非农非工非商非官的"士"的阶级的，是孔子。孔子名丘，他家原是宋国的贵族，贫寒失势，才流落到鲁国去。他自己做了一个儒士；儒士是以教书和相礼为职业的，他却只是一个"老教书匠"。他的教书有一个特别的地方，就是"有教无类"②。他大招学生，不问身家，只要缴相当的学费就收；收来的学生，一律教他们读

---

① 语见章学诚《文史通义·言公》上。
② 《论语·卫灵公》。

《诗》《书》等名贵的古籍，并教他们《礼》《乐》等功课。这些从前是只有贵族才能够享受的，孔子是第一个将学术民众化的人。他又带着学生，周游列国，说当世的君主；这也是从前没有的。他一个人开了讲学和游说的风气，是"士"阶级的老祖宗。他是旧文化、旧制度的辩护人，以这种姿态创始了所谓儒家。所谓旧文化、旧制度，主要的是西周的文化和制度，孔子相信是文王、周公创造的。继续文王、周公的事业，便是他给他自己的使命。他自己说，"述而不作，信而好古"①；所述的，所信所好的，都是周代的文化和制度。《诗》《书》《礼》《乐》等是周文化的代表，所以他拿来作学生的必修科目。这些原是共同的遗产，但后来各家都讲自己的新学说，不讲这些；讲这些的始终只有"述而不作"的儒家，因此《诗》《书》《礼》《乐》等便成为儒家的专有品了。孔子是个博学多能的人，他的讲学是多方面的。他讲学的目的在于养成"人"，养成为国家服务的人，并不在于养成某一家的学者。他教学生读各种书、学各种功课之外，更注重人格的修养。他说为人要有真性情，要有同情心，能够推己及人，这所谓"直""仁""忠""恕"；一面还得合乎礼，就是遵守社会的规范。凡事只问该作不该作，不必问有用无用；只重义，不计利。这样人才配去干政治，为国家服务。孔子的政治学说，是"正名主义"。他想着当时制度的崩坏，阶级的紊乱，都是名不正的缘故。君没有君道，臣没有臣道，父没有父道，子没有子道，实和名不能符合起来，天下自然乱了。救时之

---

① 《论语·述而》。

道，便是"君君，臣臣，父父，子子"①；正名定分，社会的秩序、封建的阶级便会恢复的。他是给封建制度找了一个理论的根据。这个正名主义，又是从《春秋》和古史官的种种书法归纳得来的。他所谓"述而不作"，其实是以述为作，就是理论化旧文化、旧制度，要将那些维持下去。他对于中国文化的贡献，便在这里。

孔子以后，儒家还出了两位大师，孟子和荀子。孟子名轲，邹人；荀子名况，赵人。这两位大师代表儒家的两派。他们也都拥护周代的文化和制度，但更进一步的加以理论化和理想化。孟子说人性是善的。人都有恻隐心、羞恶心、辞让心、是非心；这便是仁义礼智等善端，只要能够加以扩充，便成善人。这些善端，又总称为"不忍人之心"。圣王本于"不忍人之心"，发为"不忍人之政"②，便是"仁政""王政"。一切政治的经济的制度都是为民设的，君也是为民设的——这却已经不是封建制度的精神了。和王政相对的是霸政。霸主的种种制作设施，有时也似乎为民，其实不过是达到好名好利好尊荣的手段罢了。荀子说人性是恶的。性是生之本然，里面不但没有善端，还有争夺放纵等恶端。但是人有相当聪明才力，可以渐渐改善学好；积久了，习惯自然，再加上专一的工夫，可以到圣人的地步。所以善是人为的。孟子反对功利，他却注重它。他论王霸的分别，也从功利着眼。孟子注重圣王的道德，他却注重圣王的威权。他说生民之初，纵欲相争，乱得一团糟；圣

---

① 《论语·颜渊》。
② 《孟子·公孙丑》。

王建立社会国家，是为明分息争的。礼是社会的秩序和规范，作用便在明分；乐是调和情感的，作用便在息争。他这样从功利主义出发，给一切文化和制度找到了理论的根据。

儒士多半是上层社会的失业流民；儒家所拥护的制度，所讲所行的道德也是上层社会所讲所行的。还有原业农工的下层失业流民，却多半成为武士。武士是以帮人打仗为职业的专家。墨翟便出于武士。墨家的创始者墨翟，鲁国人，后来做到宋国的大夫，但出身大概是很微贱的。"墨"原是作苦工的犯人的意思，大概是个浑名；"翟"是名字。墨家本是贱者，也就不辞用那个浑名自称他们的学派。墨家是有团体组织的，他们的首领叫做"巨子"；墨子大约就是第一任"巨子"。他们不但是打仗的专家，并且是制造战争器械的专家。

但墨家和别的武士不同，他们是有主义的。他们虽以帮人打仗为生，却反对侵略的打仗；他们只帮被侵略的弱小国家做防卫的工作。《墨子》里只讲守的器械和方法，攻的方面，特意不讲。这是他们的"非攻"主义。他们说天下大害，在于人的互争；天下人都该视人如己，互相帮助，不但利他，而且利己。这是"兼爱"主义。墨家注重功利，凡与国家人民有利的事物，才认为有价值。国家人民，利在富庶；凡能使人民富庶的事物是有用的，别的都是无益或有害。他们是平民的代言人，所以反对贵族的周代的文化和制度。他们主张"节葬""短丧""节用""非乐"，都和儒家相反。他们说他们是以节俭勤苦的夏禹为法的。他们又相信有上帝和鬼神，能够赏善罚恶；这也是下层社会的旧信仰。儒家和墨家其实都是守旧的；不过一个守原来上层社会的旧，一个守原来下层社会的旧罢了。

压根儿反对一切文化和制度的是道家。道家出于隐士。孔子一生曾遇到好些"避世"之士；他们着实讥评孔子。这些人都是有知识学问的。他们看见时世太乱，难以挽救，便消极起来，对于世事，取一种不闻不问的态度。他们讥评孔子"知其不可而为之"①，费力不讨好；他们自己便是知其不可而不为的，独善其身的聪明人。后来有个杨朱，也是这一流人，他却将这种态度理论化了，建立"为我"的学说。他主张"全生保真，不以物累形"②；将天下给他，换他小腿上一根汗毛，他是不干的。天下虽大，是外物；一根毛虽小，却是自己的一部分。所谓"真"，便是自然。杨朱所说的只是教人因生命的自然，不加伤害；"避世"便是"全生保真"的路。不过世事变化无穷，避世未必就能避害，杨朱的教义到这里却穷了。老子、庄子的学说似乎便是从这里出发，加以扩充的。杨朱实在是道家的先锋。

老子相传姓李名耳，楚国隐士。楚人是南方新兴的民族，受周文化的影响很少；他们往往有极新的思想。孔子遇到那些隐士，也都在楚国；这似乎不是偶然的。庄子名周，宋国人，他的思想却接近楚人。老学以为宇宙间事物的变化，都遵循一定的公律，在天然界如此，在人事界也如此，这叫做"常"。顺应这些公律，便不须避害，自然能避害，所以说，"知常曰明"③。事物变化的最大公律是物极则反。处世接物，最好先从

---

① 《论语·宪问》。

② 《淮南子·氾论训》。

③ 《老子》十六章。

反面下手。"将欲翕之，必固张之；将欲弱之，必固强之；将欲废之，必固兴之；将欲夺之，必固与之。"①"大直若屈，大巧若拙，大辩若讷。"②这样以退为进，便不至于有什么冲突了。因为物极则反，所以社会上政治上种种制度，推行起来，结果往往和原来目的相反。"法令滋彰，盗贼多有。"③治天下本求有所作为，但这是费力不讨好的，不如排除一切制度，顺应自然，无为而为，不治而治。那就无不为，无不治了。自然就是"道"，就是天地万物所以生的总原理。物得道而生，是道的具体表现。一物所以生的原理叫做"德"，"德"是"得"的意思。所以宇宙万物都是自然的。这是老学的根本思想；也是庄学的根本思想。但庄学比老学更进一步。他们主张绝对的自由，绝对的平等。天地万物，无时不在变化之中，不齐是自然的。一切但须顺其自然，所有的分别，所有的标准，都是不必要的。社会上政治上的制度，硬教不齐的齐起来，只徒然伤害人性罢了。所以圣人是要不得的；儒墨是"不知耻"的④。按庄学说，凡天下之物，都无不好；凡天下的意见，都无不对；无所谓物我，无所谓是非；甚至死和生也都是自然的变化，都是可喜的。明白这些个，便能与自然打成一片，成为"无入而不自得"的至人了。老庄两派，汉代总称为道家。

庄学排除是非，是当时"辩者"的影响。"辩者"汉代称为名家，出于讼师。辩者的一个首领郑国邓析，便是春秋末

---

① 《老子》三十六章。
② 《老子》四十五章。
③ 《老子》五十七章。
④ 《庄子·在宥》《天运》。

年著名的讼师。另一个首领梁相惠施，也是法律行家。邓析的本事在对于法令能够咬文嚼字地取巧，"以是为非，以非为是"①。语言文字往往是多义的；他能够分析语言文字的意义，利用来作种种不同甚至相反的解释。这样发展了辩者的学说。当时的辩者有惠施和公孙龙两派。惠施派说，世间各个体的物，各有许多性质；但这些性质，都因比较而显，所以不是绝对的。各物都有相同之处，也都有相异之处。从同的一方面看，可以说万物无不相同；从异的一方面看，可以说万物无不相异。同异都是相对的：这叫做"合同异"②。

公孙龙，赵人。他这一派不重个体而重根本，他说概念有独立分离的存在。譬如一块坚而白的石头，看的时候只见白，没有坚；摸的时候只觉坚，不见白。所以白性与坚性两者是分离的。况且天下白的东西很多，坚的东西也很多，有白而不坚的，也有坚而不白的。也可见白性与坚性是分离的，白性使物白，坚性使物坚；这些虽然必须因具体的物而见，但实在有着独立的存在，不过是潜存罢了。这叫做"离坚白"③。这种讨论与一般人感觉和常识相反，所以当时以为"怪说""琦辞"，"辩而无用"④。但这种纯理论的兴趣，在哲学上是有它的价值的。至于辩者对于社会政治的主张，却近于墨家。

儒、墨、道各家有一个共通的态度，就是托古立言；他们都假托古圣贤之言以自重。孔子托于文王、周公，墨子托

---

① 《吕氏春秋·审应览·离谓篇》。
② 语见《庄子·秋水》。
③ 《荀子·非十二子篇》。
④ 语见《韩非子·孤愤》。

于禹，孟子托于尧、舜，老、庄托于传说中尧、舜以前的人物；一个比一个古，一个压一个。不托古而变古的只有法家。法家出于"法术之士"①，法术之士是以政治为职业的专家。贵族政治崩坏的结果，一方面是平民的解放，一方面是君主的集权。这时候国家的范围，一天一天扩大，社会的组织也一天一天复杂。人治、礼治，都不适用了。法术之士便创一种新的政治方法帮助当时的君主整理国政，做他们的参谋。这就是法治。当时现实政治和各方面的趋势是变古——尊君权、禁私学、重富豪。法术之士便拥护这种趋势，加以理论化。

他们中间有重势、重术、重法三派，而韩非子集其大成。他本是韩国的贵族，学于荀子。他采取荀学、老学和辩者的理论，创立他的一家言；他说势、术、法三者都是"帝王之具"②，缺一不可。势的表现是赏罚：赏罚严，才可以推行法和术。因为人性究竟是恶的。术是君主驾驭臣下的技巧。综核名实是一个例。譬如教人做某官，按那官的名位，该能作出某些成绩来；君主就可以照着去考核，看他名实能相副否。又如臣下有所建议，君主便叫他去做，看他能照所说的做到否。名实相副的赏；否则罚。法是规矩准绳，明主制下了法，庸主只要守着，也就可以治了。君主能够兼用法、术、势，就可以一驭万，以静制动，无为而治。诸子都讲政治，但都是非职业的，多偏于理想。只有法家的学说，从实际政治出来，切于实用。

---

① 《韩非子·定法》。
② 《韩非子·定法》。

中国后来的政治，大部分是受法家的学说支配的。

古代贵族养着礼、乐专家，也养着巫祝、术数专家。礼、乐原来的最大的用处在丧、祭。丧、祭用礼、乐专家，也用巫祝；这两种人是常在一处的同事。巫祝固然是迷信的；礼、乐里原先也是有迷信成分的。礼、乐专家后来沦为儒士；巫祝、术数专家便沦为方士。他们关系极密切，所注意的事有些是相同的。汉代所称的阴阳家便出于方士。古代术数注意于所谓"天人之际"，以为天道人事互相影响。战国末年有些人更将这种思想推行起来，并加以理论化，使它成为一贯的学说。这就是阴阳家。

当时阴阳家的首领是齐人驺衍。他研究"阴阳消息"[①]，创为"五德终始"说[②]。"五德"就是五行之德。五行是古代的信仰。驺衍以为五行是五种天然势力，所谓"德"。每一德，各有盛衰的循环。在它当运的时候，天道人事，都受它支配。等到它运尽而衰，为别一德所胜所克，别一德就继起当运。木胜土，金胜木，火胜金，水胜火，土胜水，这样"终始"不息。历史上的事变都是这些天然势力的表现。每一朝代，代表一德；朝代是常变的，不是一家一姓可以永保的。阴阳家也讲仁义名分，却是受儒家的影响。那时候儒家也在开始受他们的影响，讲《周易》，作《易传》。到了秦汉间，儒家更几乎与他们混和为一；西汉今文家的经学大部便建立在阴阳家的基础上。后来"古文经学"虽然扫除了一些"非常""可怪"之

---

① 《史记·孟子荀卿列传》。

② 《吕氏春秋·有始览·名类篇》及《文选·左思〈魏都赋〉》李善注引《七略》。

论①，但阴阳家的思想已深入人心，牢不可拔了。

战国末期，一般人渐渐感着统一思想的需要，秦相吕不韦便是作这种尝试的第一个人。他教许多门客合撰了一部《吕氏春秋》。现在所传的诸子书，大概都是汉人整理编定的；他们大概是将同一学派的各篇编辑起来，题为某子，所以都不是有系统的著作。《吕氏春秋》却不然；它是第一部完整的书。吕不韦所以编这部书，就是想化零为整，集合众长，统一思想。他的基调却是道家。秦始皇统一天下，李斯为相，实行统一思想。他烧书，禁天下藏"《诗》《书》百家语"②。但时机到底还未成熟，而秦不久也就亡了，李斯是失败了。所以汉初诸子学依然很盛。

到了汉武帝的时候，淮南王刘安仿效吕不韦的故智，教门客编了一部《淮南子》，也以道家为基调，也想来统一思想。但成功的不是他，是董仲舒。董仲舒向武帝建议："'六经'和孔子的学说以外，各家一概禁止。邪说息了，秩序才可统一，标准才可分明，人民才知道他们应走的路。"③武帝采纳了他的话。从此，帝王用功名利禄提倡他们所定的儒学，儒学统于一尊；春秋战国时代言论思想极端自由的空气便消灭了。这时候政治上既开了从来未有的大局面，社会和经济各方面的变动也渐渐凝成了新秩序，思想渐归于统一，也是自然的趋势。在这新秩序里，农民还占着大多数，宗法社会还保留着，旧时的礼教与制度一部分还可适用，不过民众化了罢了。另一

---

① 何休《春秋公羊经传解诂·序》说《春秋》中"多非常异议可怪之论"。
② 《史记·秦始皇本纪》。
③ 原文见《汉书·董仲舒传》。

方面，要创立政治上社会上各种新制度，也得参考旧的。这里便非用儒者不可了。儒者通晓以前的典籍，熟悉以前的制度，而又能够加以理想化、理论化，使那些东西秩然有序，粲然可观。别家虽也有政治社会学说，却无具体的办法，就是有，也不完备，赶不上儒家；在这建设时代，自然不能和儒学争胜。儒学的独尊，也是当然的。

参考资料

冯友兰《中国哲学史》第一篇

辞赋第十一

屈原是我国历史里永被纪念着的一个人。旧历五月五日端午节，相传便是他的忌日；他是投水死的，竞渡据说原来是表示救他的，粽子原来是祭他的。现在定五月五日为诗人节，也是为了纪念的缘故。他是个忠臣，而且是个缠绵悱恻的忠臣；他是个节士，而且是个浮游尘外、清白不污的节士。"举世皆浊而我独清，众人皆醉而我独醒"①，他的身世是一出悲剧。可是他永生在我们的敬意尤其是我们的同情里。"原"是他的号，"平"是他的名字。他是楚国的贵族，怀王时候，做"左徒"的官。左徒好像现在的秘书。他很有学问，熟悉历史和政治，口才又好。一方面参赞国事，一方面给怀王见客，办

① 《楚辞·渔父》。

外交，头头是道。怀王很信任他。

当时楚国有亲秦亲齐两派；屈原是亲齐派。秦国看见屈原得势，便派张仪买通了楚国的贵臣上官大夫、靳尚等，在怀王面前说他的坏话。怀王果然被他们所惑，将屈原放逐到汉北去。张仪便劝怀王和齐国绝交，说秦国答应割地六百里。楚和齐绝了交，张仪却说答应的是六里。怀王大怒，便举兵伐秦，不料大败而归。这时候想起屈原来了，将他召回，教他出使齐国。亲齐派暂时抬头。但是亲秦派不久又得势。怀王终于让秦国骗了去，拘留着，就死在那里。这件事是楚人最痛心的，屈原更不用说了。可是怀王的儿子顷襄王，却还是听亲秦派的话，将他二次放逐到江南去。他流浪了九年，秦国的侵略一天紧似一天；他不忍亲见亡国的惨象，又想以一死来感悟顷襄王，便自沉在汩罗江里。

《楚辞》中《离骚》和《九章》的各篇，都是他放逐时候所作。《离骚》尤其是千古流传的杰构。这一篇大概是二次被放时作的。他感念怀王的信任，却恨他糊涂，让一群小人蒙蔽着，播弄着。而顷襄王又不能觉悟；以致国土日削，国势日危。他自己呢，"信而见疑，忠而被谤"①，简直走投无路；满腔委屈，千端万绪的，没人可以诉说。终于只能告诉自己的一支笔，《离骚》便是这样写成的。"离骚"是"别愁"或"遭忧"的意思②。他是个富于感情的人，那一腔遏抑不住的悲愤，随着他的笔奔进出来，"东一句，西一句，天上一句，地下一

---

① 《史记·屈原传》。

② 王逸《离骚经序》，班固《离骚赞序》。

句"①，只是一片一段的，没有篇章可言。这和人在疲倦或苦痛的时候，叫"妈呀！""天哪！"一样；心里乱极了，闷极了，叫叫透一口气，自然是顾不到甚么组织的。

篇中陈说唐虞三代的治，桀、纣、羿、浇的乱，善恶因果，历历分明；用来讽刺当世，感悟君王。他又用了许多神话里的譬喻和动植物的譬喻，委曲地表达出他对于怀王的忠爱，对于贤人君子的向往，对于群小的深恶痛疾。他将怀王比作美人，他是"求之不得"，"辗转反侧"；情辞凄切，缠绵不已。他又将贤臣比作香草。"美人香草"从此便成为政治的譬喻，影响后来解诗作诗的人很大。汉淮南王刘安作《离骚传》说："《国风》好色而不淫，《小雅》怨诽而不乱，若《离骚》者可谓兼之矣。"②"好色而不淫"似乎就指美人香草用作政治的譬喻而言；"怨诽而不乱"是怨而不怒的意思。虽然我们相信《国风》的男女之辞并非政治的譬喻，但断章取义，淮南王的话却是《离骚》的确切评语。

《九章》的各篇原是分立的，大约汉人才合在一起，给了"九章"的名字。这里面有些是屈原初次被放时作的，有些是二次被放时作的，差不多都是"上以讽谏，下以自慰"③；引史事，用譬喻，也和《离骚》一样。《离骚》里记着屈原的世系和生辰，这几篇里也记着他放逐的时期和地域；这些都可以算是他的自叙传。他还作了《九歌》《天问》《远游》《招魂》等，却不能算自叙传，也"不皆是怨

---

① 刘熙载《艺概》中《赋概》。
② 《史记·屈原传》。
③ 王逸《楚辞章句·序》。

君"①；后世都说成怨君，便埋没了他的别一面的出世观了。他其实也是一"子"，也是一家之学。这可以说是神仙家，出于巫。《离骚》里说到周游上下四方，驾车的动物，驱使的役夫，都是神话里的。《远游》更全是说的周游上下四方的乐处。这种游仙的境界，便是神仙家的理想。

《远游》开篇说，"悲时俗之迫厄兮，愿轻举而远游"，篇中又说，"临不死之旧乡"。人间世太狭窄了，也太短促了，人是太不自由自在了。神仙家要无穷大的空间，所以要周行无碍；要无穷久的时间，所以要长生不老。他们要打破现实的有限的世界，用幻想创出一个无限的世界来。在这无限的世界里，所有的都是神话里的人物；有些是美丽的，也有些是丑怪的。《九歌》里的神大都可爱；《招魂》里一半是上下四方的怪物，说得顶怕人的，可是一方面也奇诡可喜。因为注意空间的扩大，所以对于天地山川日月星辰，在在都有兴味。《天问》里许多关于天文地理的疑问，便是这样来的。一面惊奇天地之广大，一面也惊奇人事之诡异——善恶因果，往往有不相应的；《天问》里许多关于历史的疑问，便从这里着眼。这却又是他的入世观了。

要达到游仙的境界，须要"虚静以恬愉"，"无为而自得"，还须导引养生的修炼工夫，这在《远游》里都说了。屈原受庄学的影响极大。这些都是庄学；周行无碍，长生不老，以及神话里的人物，也都是庄学。但庄学只到"我"与自然打成一片而止，并不想创造一个无限的世界；神仙家似乎比庄学更进

①《朱子语类》一四〇。

了一步。神仙家也受阴阳家的影响；阴阳家原也讲天地广大，讲禽兽异物的。阴阳家是齐学。齐国滨海，多有怪诞的思想。屈原常常出使到那里，所以也沾了齐气。还有齐人好"隐"。"隐"是"遁词以隐意，谲譬以指事"①，是用一种滑稽的态度来讽谏。淳于髡可为代表。楚人也好"隐"。屈原是楚人，而他的思想又受齐国的影响，他爱用种种政治的譬喻，大约也不免沾点齐气。但是他不取滑稽的态度，他是用一副悲剧面孔说话的。《诗大序》所谓"讽谏"，所谓"言之者无罪，闻之者足以戒"，倒是合式的说明。至于像《招魂》里的铺张排比，也许是纵横家的风气。

《离骚》各篇多用"兮"字足句，句逗以参差不齐为主。"兮"字足句，三百篇中已经不少；句逗参差，也许是"南音"的发展。"南"本是南乐的名称；三百篇中的二南，本该与风、雅、颂分立为四。二南是楚诗，乐调虽已不能知道，但和风、雅、颂必有异处。从二南到《离骚》，现在只能看出句逗由短而长、由齐而畸的一个趋势；这中间变迁的轨迹，我们还能找到一些，总之，决不是突如其来的。这句逗的发展，大概有多少音乐的影响。从《汉书·王褒传》，可以知道楚辞的诵读是有特别的调子的②，这正是音乐的影响。屈原诸作奠定了这种体制，模拟的日见其多。就中最出色的是宋玉，他作了《九辩》。宋玉传说是屈原的弟子；《九辩》的题材和体制都模拟《离骚》和《九章》，算是代屈原说话，不过没有屈原那样激

---

① 《文心雕龙·谐隐篇》。
② 《汉书·王褒传》："宣帝时徵能为《楚辞》。九江被公召见诵读。"

切罢了。宋玉自己可也加上一些新思想；他是第一个描写"悲秋"的人。还有个景差，据说是《大招》的作者；《大招》是模拟《招魂》的。

到了汉代，模拟《离骚》的更多，东方朔、王褒、刘向、王逸都走着宋玉的路。大概武帝时候最盛，以后就渐渐地差了。汉人称这种体制为"辞"，又称为"楚辞"。刘向将这些东西编辑起来，成为《楚辞》一书。东汉王逸给作注，并加进自己的拟作，叫做《楚辞章句》。北宋洪兴祖又作《楚辞补注》；《章句》和《补注》合为《楚辞》标准的注本。但汉人又称《离骚》等为"赋"。《史记·屈原传》说他"作《怀沙》之赋"；《怀沙》是《九章》之一，本无"赋"名。《传》尾又说："宋玉、唐勒、景差之徒，皆好辞而以赋见称。"《汉书·艺文志·诗赋略》列"屈原赋二十五篇"，就是《离骚》等。大概"辞"是后来的名字，专指屈、宋一类作品；赋虽从辞出，却是先起的名字，在未采用"辞"的名字以前，本包括"辞"而言。所以浑言称"赋"，称"辞赋"，分言称"辞"和"赋"。后世引述屈、宋诸家，只通称"楚辞"，没有单称"辞"的。但却有称"骚""骚体""骚赋"的，这自然是《离骚》的影响。

荀子的《赋篇》最早称"赋"。篇中分咏"礼""知""云""蚕""箴"（针）五件事物，像是谜语；其中颇有讽世的话，可以说是"隐"的支流馀裔。荀子久居齐国的稷下，又在楚国做过县令，死在那里。他的好"隐"，也是自然的。《赋篇》总题分咏，自然和后来的赋不同，但是安排客主，问答成篇，却开了后来赋家的风气。荀赋和屈辞原来似乎各是各的；这两体的合一，也许是在贾谊手里。贾谊是荀卿的再传弟子，他的境遇却近于屈原，又久居屈原的故乡，很可能的，他模拟屈原的体制，却袭用了荀卿的"赋"的名字。这种赋日渐发展，屈原诸作也便被称为"赋"；"辞"的名字许是后来因为拟作多了，才分化出来，作为此体的专称的。"辞"本是"辩解的言语"的意思，用来称屈、宋诸家所作，倒也并无不合之处。

《汉书·艺文志·诗赋略》分赋为四类。"杂赋"十二家是总集，可以不论。屈原以下二十家，是言情之作。陆贾以下二十一家，已佚，大概近于纵横家言。就中"陆贾赋三篇"，在贾谊之先；但作品既不可见，是他自题为赋，还是后人追题，不能知道，只好存疑了。荀卿以下二十五家，大概是叙物明理之作。这三类里，贾谊以后各家，多少免不了屈原的影响，但已渐有散文化的趋势；第一类中的司马相如便是创始的人。——托为屈原作的《卜居》《渔父》，通篇散文化，只有几处用韵，似乎是《庄子》和荀赋的混合体制，又当别论。——散文化更容易铺张些。"赋"本是"铺"的意思，铺张倒是本来面目。可是铺张的作用原在讽谏；这时候却为铺张而铺张，所谓"劝百而讽一"①。当时汉武帝好辞赋，作者极众，争相竞胜，所以致此。扬雄说，"诗人之赋丽以则，辞人之赋丽以淫"②；"诗人之赋"便是前者，"辞人之赋"便是后者。甚至有诙谐嫚戏，毫无主旨的。难怪辞赋家会被人鄙视为倡优了。

东汉以来，班固作《两都赋》，"概众人之所眩曜，折以今之法度"③；张衡仿他作《二京赋》。晋左思又仿作《三都

---

① 《汉书·司马相如传赞》引扬雄语。
② 《法言·吾子篇》。
③ 《两都赋序》。

赋》。这种赋铺叙历史地理，近于后世的类书；是陆贾、荀卿两派的混合，是散文的更进一步。这和屈、贾言情之作却迥不相同了。此后赋体渐渐缩短，字句却整炼起来。那时期一般诗文都趋向排偶化，赋先是领着走，后来是跟着走；作赋专重写景述情，务求精巧，不再用来讽谏。这种赋发展到齐、梁、唐初为极盛，称为“俳体”的赋①。“俳”是“游戏”的意思，对讽谏而言；其实这种作品倒也并非滑稽嫚戏之作。唐代古文运动起来，宋代加以发挥光大，诗文不再重排偶而趋向散文化，赋体也变了。像欧阳修的《秋声赋》，苏轼的前、后《赤壁赋》，虽然有韵而全篇散行，排偶极少，比《卜居》《渔父》更其散文的。这称为“文体”的赋②。唐宋两代，以诗赋取士，规定程式。那种赋定为八韵，调平仄，讲对仗；制题新巧，限韵险难。这只是一种技艺罢了。这称为“律赋”。对“律赋”而言；“俳体”和“文体”的赋都是“古赋”；这“古赋”的名字和“古文”的名字差不多，真正“古”的如屈、宋的辞，汉人的赋，倒是不包括在内的。赋似乎是我国特有的体制；虽然有韵，而就它全部的发展看，却与文近些，不算是诗。

参考资料

游国恩《读骚论微初集》

---

① “俳体”的名称，见元祝尧《古赋辨体》。
② “文体”的名称，见元祝尧《古赋辨体》。

诗第十二

汉武帝立乐府，采集代、赵、秦、楚的歌谣和乐谱；教李延年做协律都尉，负责整理那些歌辞和谱子，以备传习唱奏。当时乐府里养着各地的乐工好几百人，大约便是演奏这些乐歌的。歌谣采来以后，他们先审查一下。没有谱子的，便给制谱；有谱子的，也得看看合式不合式，不合式的地方，便给改动一些。这就是"协律"的工作。歌谣的"本辞"合乐时，有的保存原来的样子，有的删节，有的加进些复沓的甚至不相干的章句。"协律"以乐为主，只要合调；歌辞通不通，他们是不大在乎的。他们有时还在歌辞里夹进些泛声；"辞"写大字，"声"写小字。但流传久了，声辞混杂起来，后世便不容易看懂了。这种种乐歌，后来称为"乐府诗"，简称就叫"乐府"。北宋太原郭茂倩收集汉乐府以下历代合乐的和不合乐的歌谣，以及模拟之作，成为一书，题作《乐府诗集》；他所谓"乐府诗"，范围是很广的。就中汉乐府，沈约《宋书·乐志》特称为"古辞"。

汉乐府的声调和当时称为"雅乐"的三百篇不同，所采取的是新调子。这种新调子有两种："楚声"和"新声"。屈原的辞可为楚声的代表。汉高祖是楚人，喜欢楚声；楚声比雅乐好听。一般人不用说也是喜欢楚声的。楚声便成了风气。武帝时乐府所采的歌谣，楚以外虽然还有代、赵、秦各地的，但声调也许差不很多。那时却又输入了新声；新声出于西域和北狄的军歌。李延年多采取这种调子唱奏歌谣，从此大行，楚声便让压下去了。楚声的句调比较雅乐参差得多，新声的更比楚声参差得多。可是楚声里也有整齐的五言，楚调曲里各篇更全然如此，像著名的《白头吟》《梁甫吟》《怨歌行》都是的①。这就是五言诗的源头。

汉乐府以叙事为主。所叙的社会故事和风俗最多，历史及游仙的故事也占一部分。此外便是男女相思和离别之作，格言式的教训，人生的慨叹等等。这些都是一般人所喜欢的题材。用一般人所喜欢的调子，歌咏一般人所喜欢的题材，自然可以风靡一世。哀帝即位，却以为这些都是不正经的乐歌；他废了乐府，裁了多一半乐工——共四百四十一人，——大概都是唱奏各地乐歌的。当时颇想恢复雅乐，但没人懂得，只好罢了。不过一般人还是爱好那些乐歌。这风气直到汉末不变。东汉时候，这些乐歌已经普遍化，文人仿作的渐多；就中也有仿作整

---

① 以上参用朱希祖《汉三大乐府调辨》(《清华学报》四卷二期) 说。

齐的五言的，像班固的《咏史》。但这种五言的拟作极少；而班固那一首也未成熟，钟嵘在《诗品·序》里评为"质木无文"，是不错的。直到汉末，一般文体都走向整炼一路，试验这五言体的便多起来；而最高的成就是《文选》所录的《古诗十九首》。

旧传最早的五言诗，是《古诗十九首》和苏武、李陵诗；说"十九首"里有七首是枚乘作的，和苏、李诗都出现于汉武帝时代。但据近来的研究，这十九首古诗实在都是汉末的作品；苏、李诗虽题了苏、李的名字，却不合于他们的事迹；从风格上看，大约也和"十九首"出现在差不多的时候。这十九首古诗并非一人之作，也非一时之作，但都模拟言情的乐府。歌咏的多是相思离别，以及人生无常当及时行乐的意思；也有对于邪臣当道、贤人放逐、朋友富贵相忘、知音难得等事的慨叹。这些都算是普遍的题材；但后一类是所谓"失志"之作，自然兼受了《楚辞》的影响。钟嵘评古诗，"可谓几乎一字千金"；因为所咏的几乎是人人心中所要说的，却不是人人口中笔下所能说的，而又能够那样平平说出，曲曲说出，所以是好。"十九首"只像对朋友说家常话，并不在字面上用工夫，而自然达意，委婉尽情，合于所谓"温柔敦厚"的诗教①。到唐为止，这是五言诗的标准。

汉献帝建安年间西元一九六—二一九，文学极盛，曹操和他的儿子曹丕曹植两兄弟是文坛的主持人；而曹植更是个大诗家。这时乐府声调已多失传，他们却用乐府旧题，改作新

①　"诗教"见《礼记·经解》。

词；曹丕曹植兄弟尤其努力在五言体上。他们一班人也作独立的五言诗。叙游宴，述恩荣，开后来应酬一派。但只求明白诚恳，还是歌谣本色。就中曹植在曹丕做了皇帝之后，颇受猜忌，忧患的情感，时时流露在他的作品里。诗中有了"我"，所以独成大家。这时候五言作者既多，开始有了工拙的评论；曹丕说刘桢"五言诗之善者，妙绝时人"①，便是例子。但真正奠定了五言诗的基础的是魏代的阮籍，他是第一个用全力作五言诗的人。

阮籍是老、庄和屈原的信徒。他生在魏晋交替的时代，眼见司马氏三代专权，欺负曹家，压迫名士，一肚皮牢骚只得发泄在酒和诗里。他作了《咏怀诗》八十多首，述神话，引史事，叙艳情，托于鸟兽草木之名，主旨不外说富贵不能常保，祸患随时可至，年岁有限，一般人钻在利禄的圈子里，不知放怀远大，真是可怜之极。他的诗充满了这种悲悯的情感，"忧思独伤心"②一句可以表见。这里《楚辞》的影响很大；钟嵘说他"源出于《小雅》"，似乎是皮相之谈。本来五言诗自始就脱不了《楚辞》的影响，不过他尤其如此。他还没有用心琢句；但语既浑括，譬喻又多，旨趣更往往难详。这许是当时的不得已，即因此增加了五言诗文人化的程度。他是这样扩大了诗的范围，正式成立了抒情的五言诗。

晋代诗渐渐排偶化、典故化。就中左思的《咏史诗》，郭璞的《游仙诗》，也取法《楚辞》，借古人及神仙抒写自己的

① 《与吴质书》。
② 《咏怀》第一首。

怀抱，为后世所宗。郭璞是东晋初的人。跟着就流行了一派玄言诗，孙绰、许询是领袖。他们作诗，只是融化老、庄的文句，抽象说理，所以钟嵘说像"道德论"①。这种诗千篇一律，没有"我"；《兰亭集诗》各人所作四言五言各一首，都是一个味儿，正是好例。但在这种影响下，却孕育了陶渊明和谢灵运两个大诗人。陶渊明，浔阳柴桑人，做了几回小官，觉得做官不自由，终于回到田园，躬耕自活。他也是老、庄的信徒，从躬耕里领略到自然的恬美和人生的道理。他是第一个人将田园生活描写在诗里。他的躬耕免祸的哲学也许不是新的，可都是他从实际生活里体验得来的，与口头的玄理不同，所以亲切有味。诗也不妨说理，但须有理趣，他的诗能够作到这一步。他作诗也只求明白诚恳，不排不典；他的诗是散文化的。这违反了当时的趋势，所以《诗品》只将他放在中品里。但他后来却成了千古"隐逸诗人之宗"②。

谢灵运，宋时做到临川太守。他是有政治野心的，可是不得志。他不但是老、庄的信徒，也是佛的信徒。他最爱游山玩水，常常领了一群人到处探奇访胜；他的自然的哲学和出世的哲学教他沉溺在山水的清幽里。他是第一个在诗里用全力刻划山水的人；他也可以说是第一个用全力雕琢字句的人。他用排偶，用典故，却能创造新鲜的句子；不过描写有时不免太繁重罢了。他在赏玩山水的时候，也常悟到一些隐遁的超旷的人生哲理；但写到诗里，不能和那精巧的描写打成一片，像硬装

---

① 《诗品·序》。
② 《诗品》论陶语。

进去似的。这便不如陶渊明的理趣足，但比那些"道德论"自然高妙得多。陶诗教给人怎样赏味田园，谢诗教给人怎样赏味山水；他们都是发现自然的诗人。陶是写意，谢是工笔。谢诗从制题到造句，无一不是工笔。他开了后世诗人着意描写的路子；他所以成为大家，一半也在这里。

　　齐武帝永明年间（西元四八三—四九三），"声律说"大盛。四声的分别、平仄的性质、双声叠韵的作用，都有人指出，让诗文作家注意。从前只着重句末的韵，这时更着重句中的"和"；"和"就是念起来顺口，听起来顺耳。从此诗文都力求谐调，远于语言的自然。这时的诗，一面讲究用典，一面讲究声律，不免侧重技巧的毛病。到了梁简文帝，又加新变，专咏艳情，称为"宫体"，诗的境界更狭窄了。这种形式与题材的新变，一直影响到唐初的诗。这时候七言的乐歌渐渐发展。汉、魏文士仿作乐府，已经有七言的，但只零星偶见，后来舞曲里常有七言之作。到了宋代，鲍照有《行路难》十八首，人生的感慨颇多，和舞曲描写声容的不一样，影响唐代的李白、杜甫很大。但是梁以来七言的发展，却还跟着舞曲的路子，不跟着鲍照的路子。这些都是宫体的谐调。

　　唐代谐调发展，成立了律诗绝句，称为近体；不是谐调的诗，称为古体；又成立了古近体的七言诗。古体的五言诗也变了格调。这些都是划时代的。初唐时候，大体上还继续着南朝的风气，辗转在艳情的圈子里。但是就在这时候，沈佺期、宋之问奠定了律诗的体制。南朝论声律，只就一联两句说，沈、宋却能看出谐调有四种句式。两联四句才是谐调的单位，可以称为周期。这单位后来写成"仄仄平平仄　平平仄仄平　平平

平仄仄　仄仄仄平平"的谱。沈、宋在一首诗里用两个周期，就是重叠一次；这样，声调便谐和富厚，又不致单调。这就是八句的律诗。律有"声律""法律"两义。律诗体制短小，组织必须经济，才能发挥它的效力，"法律"便是这个意思。但沈、宋的成就只在声律上，"法律"上的进展，还等待后来的作家。

宫体诗渐渐有人觉得腻味了；陈子昂、李白等说这种诗颓靡浅薄，没有价值。他们不但否定了当时古体诗的题材，也否定了那些诗的形式。他们的五言古体，模拟阮籍的《咏怀》，但是失败了。一般作家却只大量地仿作七言的乐府歌行，带着多少的排偶与谐调。——当时往往就这种歌行里截取谐调的四句入乐奏唱。——可是李白更撇开了排偶和谐调，作他的七言乐府。李白，蜀人，明皇时做供奉翰林；触犯了杨贵妃，不能得志。他是个放浪不羁的人，便辞了职，游山水，喝酒，作诗。他的乐府很多，取材很广；他是借着乐府旧题来抒写自己生活的。他的生活态度是出世的；他作诗也全任自然。人家称他为"天上谪仙人"①；这说明了他的人和他的诗。他的歌行增进了七言诗的价值；但他的绝句更代表着新制。绝句是五言或七言的四句，大多数是谐调。南北朝民歌中，五言四句的谐调最多，影响了唐人；南朝乐府里也有七言四句的，但不太多。李白和别的诗家纷纷制作，大约因为当时输入的西域乐调宜于这体制，作来可供宫廷及贵人家奏唱。绝句最短小，贵含蓄，忌说尽。李白所作，自然而不觉费力，并且暗示着超远的

---

① 原是贺知章语，见《旧唐书·李白传》。

境界；他给这新体诗立下了一个标准。

　　但是真正继往开来的诗人是杜甫。他是河南巩县人。安禄山陷长安，肃宗在灵武即位，他从长安逃到灵武，做了"左拾遗"的官，因为谏救房琯，被放了出去。那时很乱，又是荒年，他辗转流落到成都，依靠故人严武，做到"检校工部员外郎"，所以后来称为杜工部。他在蜀中住了很久。严武死后，他避难到湖南，就死在那里。他是儒家的信徒；"致君尧舜上，再使风俗淳"是他的素志①。又身经乱离，亲见了民间疾苦。他的诗努力描写当时的情形，发抒自己的感想。唐代以诗取士，诗原是应试的玩意儿；诗又是供给乐工歌妓唱了去伺候宫廷及贵人的玩意儿。李白用来抒写自己的生活，杜甫用来抒写那个大时代，诗的领域扩大了，价值也增高了。而杜甫写"民间的实在痛苦，社会的实在问题，国家的实在状况，人生的实在希望与恐惧"②，更给诗开辟了新世界。

　　他不大仿作乐府，可是他描写社会生活正是乐府的精神；他的写实的态度也是从乐府来的。他常在诗里发议论，并且引证经史百家；但这些议论和典故都是通过了他的满腔热情奔进出来的，所以还是诗。他这样将诗历史化和散文化；他这样给诗创造了新语言。古体的七言诗到他手里正式成立；古体的五言诗到他手里变了格调。从此"温柔敦厚"之外，又开了"沈着痛快"一派③。五言律诗，王维、孟浩然已经不用来写艳

---

　　① 杜甫《奉赠韦左丞丈二十二韵》。

　　② 胡适《白话文学史》。

　　③ 《沧浪诗话》说诗的"大概有二：曰优游不迫，曰沈着痛快"。"优游不迫"就是"温柔敦厚"。

情而用来写山水；杜甫却更用来表现广大的实在的人生。他的七言律诗，也是如此。他作律诗很用心在组织上。他的五言律诗最多，差不多穷尽了这体制的变化。他的绝句直述胸怀，嫌没有余味；但那些描写片段的生活印象的，却也不缺少暗示的力量。他也能欣赏自然，晚年所作，颇有清新的刻划的句子。他又是个有谐趣的人，他的诗往往透着滑稽的风味。但这种滑稽的风味和他的严肃的态度调和得那样恰到好处，一点也不至于减损他和他的诗的身份。

杜甫的影响直贯到两宋时代，没有一个诗人不直接间接学他的，没有一个诗人不发扬光大他的。古文家韩愈，跟着他将诗进一步散文化，而又造奇喻，押险韵，铺张描写，像汉赋似的。他的诗逞才使气，不怕说尽，是"沈着痛快"的诗。后来有元稹、白居易二人在政治上都升沉了一番；他们却继承杜甫写实的表现人生的态度。他们开始将这种态度理论化；主张诗要"上以补察时政，下以泄导人情"，"嘲风雪，弄花草"是没有意义的①。他们反对雕琢字句，主张诚实自然。他们将自己的诗分为"讽谕"的和"非讽谕"的两类。他们的诗却容易懂，又能道出人人心中的话，所以雅俗共赏，一时风行。当时最流传的是他们新创的谐调的七言叙事诗，所谓"长庆体"的，还有社会问题诗。

晚唐诗向来推李商隐、杜牧为大家。李一生辗转在党争的影响中。他和温庭筠并称；他们的诗又走回艳情一路。他们集中力量在律诗上，用典精巧，对偶整切。但李学杜、韩，器局

---

① 白居易《与元九（稹）书》。

较大；他的艳情诗有些实在是政治的譬喻，实在是感时伤事之作，所以地位在温之上。杜牧做了些小官儿，放荡不羁，而很负盛名，人家称为小杜——老杜是杜甫。他的诗词采华艳，却富有纵横气，又和温、李不同，然而都可以归为绮丽一派。这时候别的诗家也集中力量在律诗上。一些人专学张籍、贾岛的五言律，这两家都重苦吟，总琢磨着将平常的题材写得出奇，所以思深语精，别出蹊径。但是这种诗写景有时不免琐屑，写情有时不免偏僻，便觉不大方。这是僻涩一派。另一派出于元、白，作诗如说话，嬉笑怒骂，兼而有之，又时时杂用俗语。这是粗豪一派①。这些其实都是杜甫的鳞爪，也都是宋诗的先驱；绮丽一派只影响宋初的诗，僻涩、粗豪两派却影响了宋一代的诗。

宋初的诗专学李商隐；末流只知道典故对偶，真成了诗玩意儿。王禹偁独学杜甫，开了新风气。欧阳修、梅尧臣接着发现了韩愈，起始了宋诗的散文化。欧阳修曾遭贬谪；他是古文家。梅尧臣一生不得志。欧诗虽学韩，却平易疏畅，没有奇险的地方。梅诗幽深淡远，欧评他"譬如妖韶女，老自有余态"，"初如食橄榄，其味久愈在"②。宋诗散文化，到苏轼而极。他是眉州眉山今四川眉山人，因为攻击王安石的新法，一辈子升沉在党争中。他将禅理大量地放进诗里，开了一个新境界。他的诗气象洪阔，铺叙宛转，又长于譬喻，真到用笔如舌的地步，但不免"掉书袋"的毛病。他门下出了一个黄庭坚，是

---

① 以上参用胡小石《中国文学史》（上海人文社版）说。
② 《水谷夜行寄子羡圣俞》。

第一个有意地讲究诗的技巧的人。他是洪州分宁今江西修水人，也因党争的影响，屡遭贬谪，终于死在贬所。他作诗着重锻炼，着重句律；句律就是篇章字句的组织与变化。他开了江西诗派。

刘克庄《江西诗派小序》说他"会萃百家句律之长，究极历代体制之变，搜猎奇书，穿穴异闻，作为古律，自成一家；虽只字半句不轻出"。他不但讲究句律，并且讲究运用经史以至奇书异闻，来增富他的诗。这些都是杜甫传统的发扬光大。王安石已经提倡杜诗，但到黄庭坚，这风气才昌盛。黄还是继续将诗散文化，但组织得更经济些；他还是在创造那阔大的气象，但要使它更富厚些。他所求的是新变。他研究历代诗的利病，将作诗的规矩得失，指示给后学，教他们知道路子，自己去创造，展到变化不测的地步。所以能够独开一派。他不但创新，还主张点化陈腐以为新；创新需要大才，点化陈腐，中才都可勉力作去。他不但能够"以故为新"，并且能够"以俗为雅"。其实宋诗都可以说是如此，不过他开始有意地运用这两个原则罢了。他的成就尤其在七言律上；组织固然更精密，音调也谐中有拗，使每个字都斩绝地站在纸面上，不至于随口滑过去。

南宋的三大诗家都是从江西派变化出来的。杨万里为人有气节；他的诗常常变格调。写景最工；新鲜活泼的譬喻，层见叠出，而且不碎不僻，能从大处下手。写人的情意，也能铺叙纤悉，曲尽其妙；所谓"笔端有口，句中有眼"①。他作诗只是

_____

① 周必大跋杨诚斋诗语。

自然流出，可是一句一转，一转一意；所以只觉得熟，不觉得滑。不过就全诗而论，范围究竟狭窄些。范成大是个达官。他是个自然诗人，清新中兼有拗峭。陆游是个爱君爱国的诗人。吴之振《宋诗钞》说他学杜而能得杜的心。他的诗有两种：一种是感激豪宕，沉郁深婉之作；一种是流连光景，清新刻露之作。他作诗也重真率，轻"藻绘"，所谓"文章本天成，妙手偶得之"①。他活到八十五岁，诗有万首；最熟于诗律，七言律尤为擅长。——宋人的七言律实在比唐人进步。

向来论诗的对于唐以前的五言古诗，大概推尊，以为是诗的正宗；唐以后的五言古诗，却说是变格，价值差些，可还是诗。诗以"吟咏情性"②，该是"温柔敦厚"的。按这个界说，齐、梁、陈、隋的五言古诗其实也不够格，因为题材太小，声调太软，算不得"敦厚"。七言歌行及近体成立于唐代，却只能以唐代为正宗。宋诗议论多，又一味刻划，多用俗语，拗折声调。他们说这只是押韵的文，不是诗。但是推尊宋诗的却以为天下事物穷则变，变则通，诗也是如此。变是创新，是增扩，也就是进步。若不容许变，那就只有模拟，甚至只有钞袭；那种"优孟衣冠"，甚至土偶木人，又有什么意义可言！即如模拟所谓盛唐诗的，末流往往只剩了空廓的架格和浮滑的声调；要是再不变，诗道岂不真穷了？所以诗的界说应该随时扩展；"吟咏情性""温柔敦厚"诸语，也当因历代的诗辞而调整原语的意义。诗毕竟是诗，无论如何地扩展与调整，总不会

---

① 陆游《文章诗》。
② 《诗大序》。

与文混合为一的。诗体正变说起于宋代，唐、宋分界说起于明代；其实历代诗各有胜场也各有短处，只要知道新、变，便是进步，这些争论是都不成问题的。

文第十三

　　现存的中国最早的文，是商代的卜辞。这只算是些句子，很少有一章一节的。后来《周易》卦爻辞和《鲁春秋》也是如此，不过经卜官和史官按着卦爻与年月的顺序编纂起来，比卜辞显得整齐些罢了。便是这样，王安石还说《鲁春秋》是"断烂朝报"①。所谓"断"，正是不成片段，不成章节的意思。卜辞的简略大概是工具的缘故；在脆而狭的甲骨上用刀笔刻字，自然不得不如此。卦爻辞和《鲁春秋》似乎没有能够跳出卜辞的氛围去；虽然写在竹木简上，自由比较多，却依然只跟着卜辞走。《尚书》就不同了。《虞、夏书》大概是后人追记，而且大部分是战国末年的追记，可以不论；但那几篇《商书》，即

使有些是追记，也总在商周之间。那不但有章节，并且成了篇，足以代表当时史的发展，就是叙述文的发展。而议论文也在这里面见了源头。卜辞是"辞"，《尚书》里大部分也是"辞"。这些都是官文书。

记言记事的辞之外，还有讼辞。打官司的时候，原被告的口供都叫做"辞"；辞原是"讼"的意思①，是辩解的言语。这种辞关系两造的利害很大，两造都得用心陈说；审判官也得用心听，他得公平地听两面儿的。这种辞也兼有叙述和议论；两造自己办不了，可以请教讼师。这至少是周代的情形。春秋时候，列国交际频繁，外交的言语关系国体和国家的利害更大，不用说更需慎重了。这也称为"辞"，又称为"命"，又合称为"辞命"或"辞令"。郑子产便是个善于辞命的人。郑是个小国，他办外交，却能教大国折服，便靠他的辞命。他的辞引古为证，宛转而有理，他的态度却坚强不屈。孔子赞美他的辞，更赞美他的"慎辞"②。孔子说当时郑国的辞命，子产先教裨谌创意起草，交给世叔审查，再教行人子羽修改，末了儿他再加润色③。他的确是很慎重的。辞命得"顺"，就是宛转而有理；还得"文"，就是引古为证。

孔子很注意辞命，他觉得这不是件易事，所以自己谦虚地说是办不了。但教学生却有这一科；他称赞宰我、子贡，擅长言语④，"言语"就是"辞命"。那时候言文似乎是合一的。辞

---

① 《说文·辛部》。
② 均见《左传》襄公二十五年。
③ 《论语·宪问》。
④ 《论语·先进》。

多指说出的言语，命多指写出的言语；但也可以兼指。各国派使臣，有时只口头指示策略，有时预备下稿子让他带着走。这都是命。使臣受了命，到时候总还得随机应变，自己想说话；因为许多情形是没法预料的。——当时言语，方言之外有"雅言"。"雅言"就是"夏言"，是当时的京话或官话。孔子讲学似乎就用雅言，不用鲁语[1]。卜、《尚书》和辞命，大概都是历代的雅言。讼辞也许不同些。雅言用的既多，所以每字都能写出，而写出的和说出的雅言，大体上是一致的。孔子说"辞"只要"达"就成[2]。辞是辞命，"达"是明白，辞多了像背书，少了说不明白，多少要恰如其分[3]。辞命的重要，代表议论文的发展。

战国时代，游说之风大盛。游士立谈可以取卿相，所以最重说辞。他们的说辞却不像春秋的辞命那样从容宛转了。他们铺张局势，滔滔不绝，真像背书似的；他们的话，像天花乱坠，有时夸饰，有时诡曲，不问是非，只图激动人主的心。那时最重辩。墨子是第一个注意辩论方法的人，他主张"言必有三表"。"三表"是"上本之于古者圣王之事"，"下原察百姓耳目之实"，"废（发）以为刑政，观其中国家百姓人民之利"[4]；便是三个标准。不过他究竟是个注重功利的人，不大喜欢文饰，"恐人怀其文，忘其'用'"，所以楚王说他

---

① 《论语·述而》："子所雅言：《诗》《书》、执礼，皆雅言也。"这里用刘宝楠《论语正义》的解释。

② 《论语·卫灵公》："子曰：'辞达而已矣。'"

③ 《仪礼·聘礼》："辞多则史，少则不达，辞苟足以达，义之至也。"

④ 《非命》上。

"言多不辩"①。——后来有了专以辩论为事的"辩者"，墨家这才更发展了他们的辩论方法，所谓《墨经》便成于那班墨家的手里。——儒家的孟、荀也重辩。孟子说："予岂好辩哉？予不得已也！"②荀子也说："君子必辩。"③这些都是游士的影响。但道家的老、庄，法家的韩非，却不重辩。《老子》里说，"信言不美，美言不信"④，"老学"所重的是自然。《庄子》里说，"大辩不言"⑤，"庄学"所要的是神秘。韩非也注重功利，主张以法禁辩，说辩"生于上之不明"⑥。后来儒家作《易·文言传》，也道："君子进德修业。忠信，所以进德也；修辞立其诚，所以居业也。"这不但是在暗暗地批评着游士好辩的风气，恐怕还在暗暗地批评着后来称为名家的"辩者"呢。《文言传》旧传是孔子所作，不足信；但这几句话和"辞达"论倒是合拍的。

孔子开了私人讲学的风气，从此也便有了私家的著作。第一种私家著作是《论语》，却不是孔子自作而是他的弟子们记的他的说话。诸子书大概多是弟子们及后学者所记，自作的极少。《论语》以记言为主，所记的多是很简单的。孔子主张"慎言"，痛恨"巧言"和"利口"；他向弟子们说话，大概是很质直的，弟子们体念他的意思，也只简单地记出。到了墨子和孟子，可就铺排得多。《墨子》大约也是弟子们所记。《孟

① 《韩非子·外储说》左上。
② 《滕文公》下。
③ 《非相篇》。
④ 八十一章。
⑤ 《齐物论》。
⑥ 《问辩》。

子》据说是孟子晚年和他的弟子公孙丑、万章等编定的，可也是弟子们记言的体制。那时是个"好辩"的时代。墨子虽不好辩，却也脱不了时代影响。孟子本是个好辩的人。记言体制的恢张，也是自然的趋势。这种记言是直接的对话。由对话而发展为独白，便是"论"。初期的论，言意浑括，《老子》可为代表；后来的《墨经》，《韩非子·储说》的经，《管子》的《经言》，都是这体制。再进一步，便是恢张的论，《庄子·齐物论》等篇以及《荀子》《韩非子》《管子》的一部分，都是的。——群经诸子书里常常夹着一些韵句，大概是为了强调。后世的文也偶尔有这种例子。中国的有韵文和无韵文的界限，是并不怎样严格的。

还有一种"寓言"，藉着神话或历史故事来抒论。《庄子》多用神话，《韩非子》多用历史故事：《庄子》有些神仙家言，《韩非子》是继承《庄子》的寓言而加以变化。战国游士的说辞也好用譬喻。譬喻成了风气；这开了后来辞赋的路。论是进步的体制，但还只以篇为单位，"书"的观念还没有。直到《吕氏春秋》，才成了第一部有系统的书①。这部书成于吕不韦的门客之手，有十二纪、八览、六论，共三十多万字。十二代表十二月，八是卦数，六是秦代的圣数；这些数目是本书的间架，是外在的系统，并非逻辑的秩序，汉代刘安主编《淮南子》，才按照逻辑的秩序，结构就严密多了。自从有了私家著作，学术日渐平民化。著作越过越多，流传也越过越广。"雅

---

① 上节及本节参用傅斯年《战国文籍中之篇式书体》(《中央研究院语言历史研究所集刊》第一本第二分卷）说。

言"便成了凝定的文体了。后世大体采用，言文渐渐分离。战国末期，"雅言"之外原还有齐语、楚语两种有势力的方言①。但是齐语只在《春秋公羊传》里留下一些，楚语只在屈原的"辞"里留下几个助词如"羌""些"等；这些都让"雅言"压倒了。

伴随着议论文的发展，记事文也有了长足的进步。这里《春秋左氏传》是一座里程碑。在前有分国记言的《国语》，《左传》从它里面取材很多。那是铺排的记言，一面以《尚书》为范本，一面让当时记言体的恢张的趋势推动着，成了这部书。其中自然免不了记事的文字；《左传》便从这里出发，将那恢张的趋势表现在记事文里。那时游士的说辞也有人分国记载，也是铺排的记言，后来成为《战国策》那部书。《左传》是说明《春秋》的，是中国第一部编年史。它最长于战争的记载；它能够将千头万绪的战事叙得层次分明，它的描写更是栩栩如生。它的记言也异曲同工，不过不算独创罢了。它可还算不得一部有自己的系统的书；它的顺序是依着《春秋》的。《春秋》的编年并不是自觉的系统，而且"断如复断"，也不成一部"书"。

汉代司马迁的《史记》才是第一部有自己的系统的史书。他创造了"纪传"的体制。他的书包括十二本纪、十表、八书、三十世家、七十列传，共五十多万字。十二是十二月，是地支；十是天干；八是卦数；三十取《老子》"三十辐共一

① 《孟子·滕文公》："有楚大夫于此，欲其子之齐语也，则使齐人傅诸。"楚人要学齐语，可见齐语流行很广。又《韩诗外传》四："然则楚之狂者楚言，齐之狂者齐言，习使然也。""楚言"和"齐言"并举，可见楚言也是很有势力的。

毂"的意思，表示那些"辅弼股肱之臣""忠信行道以奉主上"①；七十表示人寿之大齐，因为列传是记载人物的。这也是用数目的哲学作系统，并非逻辑的秩序，和《吕氏春秋》一样。这部书"厥协'六经'异传，整齐百家杂语"，以剪裁与组织见长。但是它的文字最大的贡献，还在描写人物。左氏只是描写事，司马迁进一步描写人；写人更需要精细的观察和选择，比较的更难些。班彪论《史记》"善叙事理，辨而不华，质而不野，文质相称"②，这是说司马迁行文委曲自然。他写人也是如此。他又往往即事寓情，低徊不尽；他的悲愤的襟怀，常流露在字里行间。明代茅坤称他"出《风》入《骚》"③，是不错的。

汉武帝时候，盛行辞赋；后世说"楚辞汉赋"，真的，汉代简直可以说是赋的时代。所有的作家几乎都是赋的作家。赋既有这样压倒的势力，一切的文体，自然都受它的影响。赋的特色是铺张、排偶、用典故。西汉记事记言，都还用散行的文字，语意大抵简明；东汉就在散行里夹排偶，汉魏之际，排偶更甚。西汉的赋，虽用排偶，却还重自然，并不力求工整；东汉到魏，越来越工整，典故也越用越多。西汉普通文字，句子很短，最短有两个字的。东汉的句子，便长起来，最短的是四个字；魏代更长，往往用上四下六或上六下四的两句以完一意。所谓"骈文"或"骈体"，便这样开始发展。骈体出于辞赋，夹带着不少的抒情的成分；而句读整齐，对偶工丽，可以悦目，声调和谐，又可悦耳，也都助人情韵。因此能够投人所

---

① 《史记·自序》。
② 《后汉书·班彪传》。
③ 《史记评林》总评。

好，成功了不废的体制。

梁昭明太子在《文选》里第一次提出"文"的标准，可以说是骈体发展的指路牌。他不选经子史，也不选"辞"。经太尊，不可选；史"褒贬是非，纪别异同"，不算"文"；子"以立意为宗，不以能文为本"；"辞"是子史的支流，也都不算"文"。他所选的只是"事出于沈思，义归乎翰藻"之作。"事"是"事类"，就是典故；"翰藻"兼指典故和譬喻。典故用得好的，譬喻用得好的，他才选在他的书里。这种作品好像各种乐器，"并为入耳之娱"，好像各种绣衣，"俱为悦目之玩"。这是"文"，和经子史及"辞"的作用不同，性质自异。后来梁元帝又说："吟咏风谣，流连哀思者谓之文"；"文者，惟须绮縠纷披，宫征靡曼，唇吻遒会，情灵摇荡。"①这是说，用典故、有对偶、谐声调的抒情作品才叫做"文"呢。这种"文"大体上专指诗赋和骈体而言；但应用的骈体如章奏等，却不算在里头。汉代本已称诗赋为"文"，而以"文辞"或"文章"称记言、记事之作。骈体原也是些记言、记事之作，这时候却被提出一部分来，与诗赋并列在"文"的尊称之下，真是"附庸蔚为大国"了。

这时有两种新文体发展。一是佛典的翻译，一是群经的义疏。佛典翻译从前不是太直，便是太华；太直的不好懂，太华的简直是魏、晋人讲老、庄之学的文字，不见新义。这些译笔都不能做到"达"的地步。东晋时候，后秦主姚兴聘龟兹僧鸠摩罗什为国师，主持译事。他兼通华语及西域语；所译诸书，

---

① 《金楼子·立言篇》。

一面曲从华语，一面不失本旨。他的译笔可也不完全华化，往往有"天然西域之语趣"①；他介绍的"西域之语趣"是华语所能容纳的，所以觉得"天然"。新文体这样成立在他的手里。但他的翻译虽能"达"，却还不能尽"信"，他对原文是不太忠实的。到了唐代的玄奘，更求精确，才能"信""达"兼尽，集佛典翻译的大成。这种新文体一面增扩了国语的词汇，也增扩了国语的句式。词汇的增扩，影响最大而易见，如现在口语里还用着的"因果""忏悔""刹那"等词，便都是佛典的译语。句式的增扩，直接的影响比较小些，但像文言里常用的"所以者何""何以故"等也都是佛典的译语。另一面，这种文体是"组织的，解剖的"②。这直接影响了佛教徒的注疏和"科分"之学③，间接影响了一般解经和讲学的人。

演释古人的话的有"故""解""传""注"等。用故事来说明或补充原文，叫做"故"。演释原来辞意，叫做"解"。但后来解释字句，也叫做"故"或"解"。"传"，转也，兼有"故""解"的各种意义。如《春秋左氏传》补充故事，兼阐明《春秋》辞意。《公羊传》《穀梁传》只阐明《春秋》辞意——用的是问答式的记言。《易传》推演卦爻辞的意旨，也是铺排的记言。《诗毛氏传》解释字句，并给每篇诗作小序，阐明辞意。"注"原只解释字句，但后来也有推演辞意、补充故事的。用故事来说明或补充原文，以及一般地解释辞意，大抵明白易晓。《春秋》三传和《诗毛氏传》阐明辞意，却是断章取义，

①　宋赞宁论罗什所译《法华经》语，见《宋高僧传》卷三。
②　梁启超《翻译文学与佛典》六之二。
③　佛教徒注释经典，分析经义的章段，称为"科分"。

甚至断句取义，所以支离破碎，无中生有。注字句的本不该有大出入，但因对于辞意的见解不同，去取字义，也有各别的标准。注辞意的出入更大。像王弼注《周易》，实在是发挥老、庄的哲学；郭象注《庄子》，更是借了《庄子》发挥他自己的哲学。南北朝人作群经"义疏"，一面便是王弼等人的影响，一面也是翻译文体的间接影响。这称为"义疏"之学。

汉晋人作群经的注，注文简括，时代久了，有些便不容易通晓。南北朝人给这些注作解释，也是补充材料，或推演辞意。"义疏"便是这个。无论补充或推演，都得先解剖文义；这种解剖必然地比注文解剖经文更精细一层。这种精细的却不算是破坏的解剖，似乎是佛典翻译的影响。就中推演辞意的有些也只发挥老、庄之学，虽然也是无中生有，却能自成片段，便比汉人的支离破碎进步。这是王弼等人的衣钵，也是魏晋以来哲学发展的表现。这是又一种新文体的分化。到了唐修《五经正义》，削去玄谈，力求切实，只以疏明注义为重。解剖字句的工夫，至此而极详。宋人所谓"注疏"的文体，便成立在这时代。后来清代的精详的考证文，就是从这里变化出来的。

不过佛典只是佛典，义疏只是义疏，当时没有人将这些当作"文"的。"文"只用来称"沈思翰藻"的作品。但"沈思翰藻"的"文"，渐渐有人嫌"浮""艳"了。"浮"是不直说，不简截说的意思。"艳"正是隋代李谔《上文帝书》中所指斥的："连篇累牍，不出月露之形；积案盈箱，唯是风云之状。"那时北周的苏绰是首先提倡复古的人，李谔等纷纷响应。但是他们都没有找到路子，死板地模仿古人到底是行不通的。

唐初，陈子昂提倡改革文体，和者尚少。到了中叶，才有一班人"宪章六艺，能探古人述作之旨"①，而元结、独孤及、梁肃最著。他们作文，主于教化，力避排偶，辞取朴拙。但教化的观念，广泛难以动众，而关于文体，他们不曾积极宣扬，因此未成宗派。开宗派的是韩愈。

韩愈，邓州南阳今河南南阳人。唐宪宗时，他做刑部侍郎，因谏迎佛骨被贬；后来官至吏部侍郎，所以称为韩吏部。他很称赞陈子昂、元结复古的功劳，又曾请教过梁肃、独孤及。他的脾气很坏，但提携后进，最是热肠。当时人不愿为师，以避标榜之名；他却不在乎，大收其弟子。他可不愿做章句师，他说师是"传道授业解惑"的②。他实在是以文辞为教的创始者。他所谓"传道"，便是传尧、舜、禹、汤、文、武、周公、孔子、孟子的道；所谓"解惑"，便是排斥佛、老。他是以继承孟子自命的；他排佛、老，正和孔子的距杨、墨一样。当时佛、老的势力极大，他敢公然排斥，而且因此触犯了皇帝③。这自然足以惊动一世。他并没有传了甚么新的道，却指示了道统，给宋儒开了先路。他的重要的贡献，还在他所提倡的"古文"上。

他说他作文取法《尚书》《春秋》《左传》《周易》《诗经》以及《庄子》《楚辞》《史记》、扬雄、司马相如等。《文选》所不收的经子史，他都排进"文"里去。这是一个大改革、人解放。他这样建立起文统来。但他并不死板地复古，而以变古

---

① 李舟《独孤常州集序》。

② 《师说》。

③ 《谏佛骨表》触怒宪宗，被贬为潮州刺史。

为复古。他说，"惟古于辞必己出，降而不能乃剽贼"①，又说，"惟陈言之务去，戛戛乎其难哉"②；他是在创造新语。他力求以散行的句子换去排偶的句子，句逗总弄得参参差差的。但他有他的标准，那就是"气"。他说，"气盛则言之短长与声之高下者皆宜"③；"气"就是自然的语气，也就是自然的音节。他还不能跳出那定体"雅言"的圈子而采用当时的白话；但有意地将白话的自然音节引到文里去，他是第一个人。在这一点上，所谓"古文"也是不"古"的；不过他提出"语气流畅"气盛这个标准，却给后进指点了一条明路。他的弟子本就不少，再加上私淑的，都往这条路上走，文体于是乎大变。这实在是新体的"古文"，宋代又称为"散文"——算成立在他的手里。

柳宗元与韩愈，宋代并称；他们是好朋友。柳作文取法《书》《诗》《礼》《春秋》《易》、以及《穀梁》《孟》《荀》《庄》《老》《国语》《离骚》《史记》，也将经子史排在"文"里，和韩的文统大同小异。但他不敢为师，"摧陷廓清"的劳绩，比韩差得多。他的学问见解，却在韩之上，并不墨守儒言。他的文深幽精洁，最工游记；他创造了描写景物的新语。韩愈的门下有难易两派。爱易派主张新而不失自然，李翱是代表。爱难派主张新就不妨奇怪，皇甫湜是代表。当时爱难派的流传盛些。他们矫枉过正，语艰意奥，扭曲了自然的语气、自然的音节，僻涩诡异，不易读诵。所以唐末宋初，骈体文又回光反照

---

① 樊绍述《墓志铭》。
② 《答李翊书》。
③ 《答李翊书》。

了一下。雕琢的骈体文和僻涩的古文先后盘踞着宋初的文坛。直到欧阳修出来，才又回到韩愈与李翱，走上平正通达的古文的路。

韩愈抗颜为人师而提倡古文，形势比较难；欧阳修居高位而提倡古文，形势比较容易。明代所称唐宋八大家①，韩、柳之外，六家都是宋人。欧阳修为首；以下是曾巩、王安石、苏洵和他的儿子苏轼、苏辙。曾巩、苏轼是欧阳修的门生；别的三个也都是他提拔的。他真是当时文坛的盟主。韩愈虽然开了宗派，却不曾有意地立宗派；欧、苏是有意地立宗派。他们虽也提倡道，但只促进了并且扩大了古文的发展。欧文主自然。他所作纡徐曲折，而能条达疏畅，无艰难劳苦之态；最以言情见长，评者说是从《史记》脱化而出。曾学问有根柢，他的文确实而谨严；王是政治家，所作以精悍胜人。三苏长于议论，得力于《战国策》《孟子》；而苏轼才气纵横，并得力于《庄子》。他说他的文"随物赋形"，"常行于所当行，常止于不可不止"②；又说他意到笔随，无不尽之处③。这真是自然的极致了。他的文，学的人最多。南宋有"苏文熟，秀才足"的俗谚④，可见影响之大。

欧、苏以后，古文成了正宗。辞赋虽还算在古文里头，可是从辞赋出来的骈体却只拿来作应用文了。骈体声调铿锵，便于宣读，又可铺张词藻不着边际，便于酬酢，作应用文是很

---

① 茅坤有《唐宋八大家文钞》，从此"唐宋八大家"成为定论。
② 《文说》。
③ 何薳《春渚纪闻》中东坡事实。
④ 陆游《老学庵笔记》。

相宜的。所以流传到现在，还没有完全死去。但中间却经过了散文化，自从唐代中叶的陆贽开始。他的奏议切实恳挚，绝不浮夸，而且明白晓畅，用笔如舌。唐末骈体的应用文专称"四六"，却更趋雕琢；宋初还是如此。转移风气的也是欧阳修。他多用虚字和长句，使骈体稍稍近于语气之自然。嗣后群起仿效，散文化的骈文竟成了定体了。这也是古文运动的大收获。

唐代又有两种新文体发展。一是语录，一是"传奇"，都是佛家的影响。语录起于禅宗。禅宗是革命的宗派，他们只说法而不著书。他们大胆地将师父们的话参用当时的口语记下来。后来称这种体制为语录。他们不但用这种体制纪录演讲，还用来通信和讨论。这是新的记言的体制，里面夹杂着"雅言"和译语。宋儒讲学，也采用这种记言的体制，不过不大夹杂译语。宋儒的影响究竟比禅宗大得多，语录体从此便成立了，盛行了。传奇是有结构的小说。从前只有杂录或琐记的小说，有结构的从传奇起头。传奇记述艳情，也记述神怪；但将神怪人情化。这里面描写的人生，并非全是设想，大抵还是以亲切的观察作底子。这开了后来佳人才子和鬼狐仙侠等小说的先路。它的来源一方面是俳谐的辞赋，一方面是翻译的佛典故事；佛典里长短的寓言所给予的暗示最多。当时文士作传奇，原来只是向科举的主考官介绍自己的一种门路。当时应举的人在考试之前，得请达官将自己姓名介绍给主考官；自己再将文章呈给主考官看。先呈正经文章，过些时再呈杂文如传奇等，传奇可以见史才、诗、笔、议论，人又爱看，是科举的很好媒介。这样，作者便日见其多了。

到了宋代，又有"话本"。这是白话小说的老祖宗。话本是"说话"的底本；"说话"略同后来的"说书"，也是佛家的影响。唐代佛家向民众宣讲佛典故事，连说带唱，本子夹杂"雅言"和口语，叫做"变文"；"变文"后来也有说唱历史故事及社会故事的。"变文"便是"说话"的源头；"说话"里也还有演说佛典这一派。"说话"是平民的艺术；宋仁宗很爱听，以后便变为专业，大流行起来了。这里面有说历史故事的，有说神怪故事的，有说社会故事的。"说话"渐渐发展，本来由一个或几个同类而不相关联的短故事，引出一个同类而不相关联的长故事的，后来却能将许多关联的故事组织起来，分为"章回"了。这是体制上一个大进步。

话本留存到现在的已经很少，但还足以见出后世的几部小说名著，如元罗贯中的《三国志演义》，明施耐庵的《水浒传》，吴承恩的《西游记》，都是从话本演化出来的；不过这些已是文人的作品，而不是话本了。就中《三国志演义》还夹杂着"雅言"，《水浒传》和《西游记》便都是白话了。这里除《西游记》以设想为主外，别的都可以说是写实的。这种写实的作风在清代曹雪芹的《红楼梦》里得着充分的发展。《三国志演义》等书里的故事虽然是关联的，却不是联贯的。到了《红楼梦》，组织才更严密了；全书只是一个家庭的故事。虽然包罗万有，而能"一以贯之"。这不但是章回小说，而且是近代所谓"长篇小说"了。白话小说到此大成。

明代用八股文取士，一般文人都镂心刻骨地去简炼揣摩，所以极一代之盛。"股"是排偶的意思，这种体制，中间有八排文字互为对偶，所以有此称。——自然也有变化，不过"八股"可以说是一般的标准。　　又称为"'四书'文"，因为考试里最重要的文字、题目都出在"四书"里。又称为"制艺",因为这是朝廷法定的体制。又称为"时文",是对古文而言。八股文也是推演经典辞意的;它的来源,往远处说,可以说是南北朝义疏之学,往近处说,便是宋元两代的经义。但它的格律,却是从"四六"演化的。宋代定经义为考试科目,是王安石的创制;当时限用他的群经"新义",用别说的不录;元代考试,限于"四书",规定用朱子的章句和集注。明代制度,主要的部分也是如此。

经义的格式,宋末似乎已有规定的标准,元明两代大体上递相承袭。但明代有两种大变化:一是排偶,一是代古人语气。因为排偶,所以讲究声调。因为代古人语气,便要描写口吻;圣贤要像圣贤口吻,小人要像小人的。这是八股文的仅有的本领,大概是小说和戏曲的不自觉的影响。八股文格律定得那样严,所以得简炼揣摩,一心用在技巧上。除了口吻、技巧和声调之外,八股文里是空洞无物的。而因为那样难,一般作者大都只能套套滥调,那真是"每下愈况"了。这原是君主牢笼士人的玩艺儿,但它的影响极大;明清两代的古文大家几乎没有一个不是八股文出身的。

清代中叶,古文有桐城派,便是八股文的影响。诗文作家自己标榜宗派,在前只有江西诗派,在后只有桐城文派。桐城派的势力,绵延了二百多年,直到民国初期还残留着;这是江西派比不上的。桐城派的开山祖师是方苞,而姚鼐集其大成。他们都是安徽桐城人,当时有"天下文章在桐城"的话[1],所

---

[1] 周书昌语,见姚鼐《刘海峰先生八十寿序》。

以称为桐城派。方苞是八股文大家。他提倡归有光的文章，归也是明代八股文兼古文大家。方是第一个提倡"义法"的人。他论古文以为"六经"和《论语》《孟子》是根源，得其枝流而义法最精的是《左传》《史记》；其次是《公羊传》《穀梁传》《国语》《国策》，两汉的书和疏，唐宋八家文①——再下怕就要数到归有光了。这是他的，也是桐城派的，文统论。"义"是用意，是层次；"法"是求雅、求洁的条目。雅是纯正不杂，如不可用语录中语、骈文中丽语，汉赋中板重字法、诗歌中俊语，《南、北史》中佻巧语以及佛家语。后来姚鼐又加上注疏语和尺牍语。洁是简省字句。这些"法"其实都是从八股文的格律引伸出来的。方苞论文，也讲"阐道"②；他是信程、朱之学的，不过所入不深罢了。

方苞受八股文的束缚太甚，他学得的只是《史记》、欧、曾、归的一部分，只是严整而不雄浑，又缺乏情韵。姚鼐所取法的还是这几家，虽然也不雄浑，却能"迂回荡漾，余味曲包"③，这是他的新境界。《史记》本多含情不尽之处，所谓远神的。欧文颇得此味，归更向这方面发展——最善述哀，姚简直用全力揣摩。他的老师刘大櫆指出作文当讲究音节，音节是神气的迹象，可以从字句下手④。姚鼐得了这点启示，便从音节上用力，去求得那绵邈的情韵。他的文真是所谓"阴与

---

① 《古文约选·序例》。
② 见《雷铉卜书》。
③ 吕璜纂《吴德旋初月楼古文绪论》。
④ 刘大櫆《论文偶记》。

柔之美"①。他最主张诵读，又最讲究虚助字，都是为此。但这分明是八股文讲究声调的转变。刘是雍正副榜，姚是乾隆进士，都是用功八股文的。当时汉学家提倡考据，不免繁琐的毛病。姚鼐因此主张义理、考据、词章三端相济，偏废的就是"陋"儒②。但他的义理不深，考据多误，所有的还只是词章本领。他选了《古文辞类纂》；序里虽提到"道"，书却只成为古文的典范。书中也不选经子史；经也因为太尊，子史却因为太多。书中也选辞赋。这部选本是桐城派的经典，学文的必由于此，也只须由于此。方苞评归有光的文庶几"有序"，但"有物之言"太少③，曾国藩评姚鼐也说一样的话，其实桐城派都是如此。攻击桐城派的人说他们空疏浮浅，说他们范围太窄，全不错；但他们组织的技巧，言情的技巧，也是不可抹杀的。

姚鼐以后，桐城派因为路太窄，渐有中衰之势。这时候仪征阮元提倡骈文正统论。他以《文选序》和南北朝"文""笔"的分别为根据，又扯上传为孔子作的《易·文言传》。他说用韵用偶的才是文，散行的只是笔，或是"直言"的"言"，"论难"的"语"④。古文以立意、记事为宗，是子史正流，终究与文章有别。《文言传》多韵语、偶语，所以孔子才题为"文"言。阮元所谓韵，兼指句末的韵与句中的"和"而言⑤。原来南北朝所谓"文""笔"，本有两义："有韵为文，无韵为笔"，

① 姚鼐《复鲁絜非书》。
② 《述庵文钞序》，又《复秦小岘书》。
③ 《书震川文集后》。
④ 根据《说文·言部》。
⑤ 阮元《文言说》及《与友人论古文书》。

是当时的常言①。——韵只是句末韵。阮元根据此语，却将"和"也算是韵，这是曲解一。梁元帝说有对偶、谐声调的抒情作品是文，骈体的章奏与散体的著述都是笔②。阮元却只以散体为笔，这是曲解二。至于《文言传》，固然称"文"，却也称"言"，况且也非孔子所作——这更是傅会了。他的主张虽然也有一些响应的人，但是不成宗派。

曾国藩出来，中兴了桐城派。那时候一般士人，只知作八股文；另一面汉学宋学的门户之争，却越来越利害，各走偏锋。曾国藩为补偏救弊起见，便就姚鼐义理、考据、词章三端相济之说加以发扬光大。他反对当时一般考证文的芜杂琐碎，也反对当时崇道贬文的议论，以为要明先王之道，非精研文字不可；各家著述的见道多寡，也当以他们的文为衡量的标准。桐城文的病在弱在窄，他却能以深博的学问、弘通的见识、雄直的气势，使它起死回生。他才真回到韩愈，而且胜过韩愈。他选了《经史百家杂钞》，将经史子也收入选本里，让学者知道古文的源流，文统的一贯，眼光便比姚鼐远大得多。他的幕僚和弟子极众，真是登高一呼，群山四应。这样延长了桐城派的寿命几十年。

但"古文不宜说理"③，从韩愈就如此。曾国藩的力量究竟也没有能够补救这个缺陷于一千年之后。而海通以来，世变日亟，事理的繁复，有些决非古文所能表现。因此聪明才智之士渐渐打破古文的格律，放手作去。到了清末，梁启超先生的

---

① 《文心雕龙·总术》。

② 《金楼子·立言篇》。

③ 曾国藩《复吴南屏书》："仆尝谓古文之道，无施不可，但不宜说理耳。"

"新文体"可算登峰造极。他的文"时杂以俚语、韵语及外国语法，纵笔所至不检束，学者竞效之"。而"条理明晰，笔锋常带情感，对于读者，别有一种魔力"①。但这种"魔力"也不能持久；中国的变化实在太快，这种"新文体"又不够用了。胡适之先生和他的朋友们这才起来提倡白话文，经过五四运动，白话文是畅行了。这似乎又回到古代言文合一的路，然而不然，这时代是第二回翻译的大时代，白话文不但不全跟着国语的口语走，也不全跟着传统的白话走，却有意地跟着翻译的白话走。这是白话文的现代化，也就是国语的现代化。中国一切都在现代化的过程中，语言的现代化也是自然的趋势，并不足怪的。

---

① 梁启超《清代学术概论》。

文艺常谈

这一部分为中华书局的徐卫东先生将朱先生散见于各书的有关诗歌、文学、语文教育等方面的文字，精选为一册，取名为《文艺常谈》。其中的篇目选取及编排均由徐卫东先生拟定。

《文艺常谈》最早于 2012 年由中华书局出版，为《跟大师学国学》系列之一，出版以来深受好评。此次将《经典常谈》《文艺常谈》合为一册，以飨读者。

什么是文学

　　什么是文学？大家愿意知道，大家愿意回答，答案很多，却都不能成为定论。也许根本就不会有定论，因为文学的定义得根据文学作品，而作品是随时代演变随时代堆积的。因演变而质有不同，因堆积而量有不同，这种种不同都影响到什么是文学这一问题上。比方我们说文学是抒情的，但是像宋代说理的诗，十八世纪英国说理的诗，似乎也不得不算是文学。又如我们说文学是文学，跟别的文章不一样，然而就像在中国的传统里，经史子集都可以算是文学。经史子集堆积得那么多，义士们都钻在里面生活，我们不得不认这些为文学。当然，集部的文学性也许更大些。现在除经史子集外，我们又认为元明以来的小说戏剧是文学。这固然受了西方的文学意念的影响，但是作品的堆积也多少在逼迫着我们给它们地位。明白了这种种情形，就知道什么是文学这问题大概不会有什么定论，得看作品看时代说话。

新文学运动初期，运动的领导人胡适之先生曾答覆别人的问，写了短短的一篇《什么是文学》。这不是他用力的文章，说的也很简单，一向不会引起多少注意。他说文字的作用不外达意表情，达意达得好，表情表得妙就是文学。他说文学有三种性：一是懂得性，就是要明白。二是逼人性，要动人。三是美，上面两种性联合起来就是美。这里并不特别强调文学的表情作用，却将达意和表情并列，将文学看作和一般文章一样，文学只是"好"的文章、"妙"的文章、"美"的文章罢了。而所谓"美"就是明白与动人，所谓三种性其实只是两种性。"明白"大概是条理清楚，不故意卖关子；"动人"大概就是胡先生在《谈新诗》里说的"具体的写法"。当时大家写作固然用了白话，可是都求其曲，求其含蓄。他们注重求暗示，觉得太明白了没有余味。至于"具体的写法"，大家倒是同意的。只是在《什么是文学》这一篇里，"逼人""动人"等语究竟太泛了，不像《谈新诗》里说的"具体的写法"那么"具体"，所以还是不能引人注意。

再说当时注重文学的型类，强调白话诗和小说的地位。白话新诗在传统里没有地位，小说在传统里也只占到很低的地位。这儿需要斗争，需要和只重古近体诗与骈散文的传统斗争。这是工商业发展之下新兴的知识分子跟农业的封建社会的士人的斗争，也可以说是民主的斗争。胡先生的不分型类的文学观，在当时看来不免历史癖太重，不免笼统，而不能鲜明自己的旗帜，因此注意他这一篇短文的也就少。文学型类的发展从新诗和小说到了散文—就是所谓美的散文，又叫做小品文的。虽然这种小品文以抒情为主，是外来的影响，但是跟传统的骈散文的一部分却有接近之处。而文学包括这种小说以外的散文在内，也就跟传统的文的意念包括骈散文的有了接近之处。小品文之后有杂文。杂文可以说是继承"随感录"的，但从它的短小的篇幅看，也可以说是小品文的演变。小品散文因应时代的需要从抒情转到批评和说明上，但一般还认为是文学，和长篇议论文、说明文不一样。这种文学观就更跟那传统的文的意念接近了。而胡先生说的什么是文学也就值得我们注意了。

传统的文的意念也经过几番演变。南朝所谓"文笔"的文，以有韵的诗赋为主，加上些典故用得好，比喻用得妙的文章，《昭明文选》里就选的是这些。这种文多少带着诗的成分，到这时可以说是诗的时代。宋以来所谓"诗文"的文，却以散文就是所谓古文为主，而将骈文和辞赋附在其中。这可以说是到了散文时代。现代中国文学的发展，虽只短短的三十年，却似乎也是从诗的时代走到了散文时代。初期的文学意念近于南朝的文的意念，而与当时还在流行的传统的文的意念，就是古文的文的意念，大不相同。但是到了现在，小说和杂文似乎占了文坛的首位，这些都是散文，这正是散文时代。特别是杂文的发展，使我们的文学意念近于宋以来的古文家而远于南朝。胡先生的文学意念，我们现在大概可以同意了。

英国德来登早就有知的文学和力的文学的分别，似乎是日本人根据了他的说法而仿造了"纯文学"和"杂文学"的名目。好像胡先生在什么文章里不赞成这种不必要的分目。

但这种分类虽然好像将表情和达意分而为二，却也有方便处。比方我们说现在杂文学是在和纯文学争着发展。这就可以见出这时代文学的又一面。杂文固然是杂文学，其他如报纸上的通讯，特写，现在也多数用语体而带有文学意味了。书信有些也如此。甚至宣言，有些也注重文学意味了。这种情形一方面见出一般人要求着文学意味，一方面又意味着文学在报章化。清末古文报章化而有了"新文体"，达成了开通民智的使命。现代文学的报章化，该是德先生和赛先生的吹鼓手罢。这里的文学意味就是"好"，就是"妙"，也就是"美"，却决不是卖关子，而正是胡先生说的"明白""动人"。报章化要的是来去分明，不躲躲闪闪的。杂文和小品文的不同处就在它的明快，不大绕弯儿，甚至简直不绕弯儿。具体倒不一定。叙事写景要具体，不错。说理呢，举例子固然要得，但是要言不烦，或简截了当也就是干脆，也能够动人。使人威固然是动人，使人信也未尝不是动人。不过这样解释着胡先生的用语，他也许未必同意罢？

（北平《新生报》，三十五年）

古文学的欣赏

新文学运动开始的时候，胡适之先生宣布"古文"是"死文学"，给它撞丧钟，发讣闻。所谓"古文"，包括正宗的古文学。他是教人不必再做古文，却显然没有教人不必阅读和欣赏古文学。可是那时提倡新文化运动的人如吴稚晖、钱玄同两位先生，却教人将线装书丢在毛厕里。后来有过一回"骸骨的迷恋"的诗，也是反对做旧诗，不是反对读旧诗。但是两回反对读经运动却是反对"读"的。反对读经，其实是反对礼教，反对封建思想，因为主张读经的人是主张传道给青年人，而他们心目中的道大概不离乎礼教，不离乎封建思想。强迫中小学生读经没有成为事实，却改了选读古书，为的了解"固有文化"。为了解固有文化而选读古书，似乎是国民分内的事，所以大家没有说话。可是后来有了"本位文化"论，引起许多人的反感，本位文化论跟早年的保存国粹论同而不同，这不是残余的而是新兴的反动势力。这激起许多人，特别是青年人，反对读古书。

可是另一方面，在本位文化论之前有过一段关于"文学遗产"的讨论。讨论的主旨是如何接受文学遗产，倒不是扬弃它，自然，讨论到"如何"接受，也不免有所分别扬弃的。讨论似乎没有多少具体的结果，但是"批判的接受"这个广泛的原则，大家好像都承认。接着还有一回范围较小，性质相近的讨论。那是关于《庄子》和《文选》的。说《庄子》和《文选》的词汇可以帮助语体文的写作，的确有些不切实际。接受文学遗产若从"做"的一面看，似乎只有写作的态度可以直接供我们参考，至于篇章字句，文言语体各有标准，我们尽可以比较研究，却不能直接学习。因此许多大中学生厌弃教本里的文言，认为无益于写作，他们反对读古书，这也是主要的原因之一。但是流行的《作文法》，《修辞学》，《文学概论》这些书，举例说明，往往古今中外兼容并包，青年人对这些书里的"古文今解"倒是津津有味的读着，并不厌弃似的。从这里可以看出青年人虽然不愿信古，不愿学古，可是给予适当的帮助，他们却愿意也能够欣赏古文学，这也就是接受文学遗产了。

说到古今中外，我们自然想到翻译的外国文学。从新文学运动以来，语体翻译的外国作品数目不少，其中近代作品占多数，这几年更集中于现代作品，尤其是苏联的。但是希腊罗马的古典，也有人译，有人读，直到最近都如此。莎士比亚至少也有两种译本。可见一般读者自然是青年人多，对外国的古典也在爱好着。可见只要能够让他们接近，他们似乎是愿意接受文学遗产的，不论中外。而事实上外国的古典倒容易接近些。有些青年人以为古书古文学里的生活跟现代隔得太远，远得渺渺茫茫的，所以他们不能也不愿接受那些。但是外国古典该隔得更远了，怎么事实上倒反容易接受些呢？我想从头来说起，古人所谓"人情不相远"是有道理的。尽管社会组织不一样，尽管意识形态不一样，人情总还有不相远的地方。喜怒哀乐爱恶欲总还是喜怒哀乐爱恶欲，虽然对象不尽同，表现也不尽同。对象和表现的不同，由于风俗习惯的不同，风俗习惯的不同，由于地理环境和社会组织的不同。使我们跟古代跟外国隔得远的，就是这种种风俗习惯，而使我们跟古文学跟外国文学隔得远的尤其是可以算做风俗习惯的一环的语言文字。语体翻译的外国文学打通了这一关，所以倒比古文学容易接受些。

　　人情或人性不相远，而历史是连续的，这才说得上接受古文学。但是这是现代，我们有我们的立场。得弄清楚自己的立场，再弄清楚古文学的立场，所谓"知己知彼"，然后才能分别出那些是该扬弃的，那些是该保留的。弄清楚立场就是清算，也就是批判，"批判的接受"就是一面接受着，一面批判着。自己有立场，却并不妨碍了解或认识古文学，因为一面可以设身处地为古人着想，一面还是可以回到自己立场上批判的。这"设身处地"是欣赏的重要的关键，也就是所谓"感情移入"。个人生活在群体中，多少能够体会别人，多少能够为别人着想。关心朋友，关心大众，恕道和同情，都由于设身处地为别人着想，甚至"替古人担忧"也由于此。演戏，看戏，一是设身处地的演出，一是设身处地的看入。做人不要做坏人，做戏有时候却得做坏人。看戏恨坏人，有的人竟会丢石子甚至动手去打那戏台上的坏人。打起来确是过了分，然而不能不算是欣赏那坏人做得好，好得教这种看戏的忘了"我"。这种忘了"我"的人显然没有在批判着。有批判力的就不至如此，他们欣赏着，一面常常回到自己，自己的立场。欣赏跟行动分得开，欣赏有时可以影响行动，有时可以不影响，自己有分寸，做得主，就不至于糊涂了。读了武侠小说就结伴上峨眉山，的确是糊涂。所以培养欣赏力同时得培养批判力，不然，"有毒的"东西就太多了。然而青年人不愿意接受有些古书和古文学，倒不一定是怕那"毒"，他们的第一难关还是语言文字。

打通了语言文字这一关，欣赏古文学的就不会少，虽然不会赶上欣赏现代文学的多。语体翻译的外国古典可以为证。语体的旧小说如《水浒传》《西游记》《红楼梦》《儒林外史》，现在的读者大概比二三十年前要减少了，但是还拥有相当广大的读众。这些人欣赏打虎的武松，焚稿的林黛玉，却一般的未必崇拜武松，尤其未必崇拜林黛玉。他们欣赏武松的勇气和林黛玉的痴情，却嫌武松无知识，林黛玉不健康。欣赏跟崇拜也是分得开的。欣赏是情感的操练，可以增加情感的广度、深度，也可以增加高度。欣赏的对象或古或今，或中或外，影响行动或浅或深，但是那影响总是间接的，直接的影响是在情感上。有些行动固然可以直接影响情感，但是欣赏的机会似乎更容易得到些。要培养情感，欣赏的机会越多越好，就文学而论，古今中外越多能欣赏越好。这其间古文和外国文学都有一道难关，语言文字。外国文学可用语体翻译，古文学的难关该也不难打通的。

我们得承认古文确是"死文字"，死语言，跟现在的语体或白话不是一种语言。这样看，打通这一关也可以用语体翻译。这办法早就有人用过，现代也还有人用着。记得清末有一部《古文析义》，每篇古文后边有一篇白话的解释，其实就是逐句的翻译。那些翻译够清楚的，虽然啰嗦些。但是那只是一部不登大雅之堂的启蒙书，不会引起人们注意。五四运动以后，整理国故引起了古书今译。顾颉刚先生的《盘庚篇今译》见《古史辨》，最先引起我们的注意。他是要打破古书奥妙的气氛，所以将《尚书》里诘屈聱牙的这《盘庚》三篇用语体译出来，让大家看出那"鬼治主义"的把戏。他的翻译很谨严，也够确切，最难得的，又是三篇简洁明畅的白话散文，独立起来看，也有意思。近来郭沫若先生在《由周代农事诗论到周代社会》一文见《青铜时代》里翻译了《诗经》的十篇诗，风雅颂都有。他是用来论周代社会的，译文可也都是明畅的素朴的白话散文诗。此外还有将《诗经》《楚辞》和《论语》作为文学来今译的，都是有意义的尝试。这种翻译的难处在乎译者的修养，他要能够了解古文学，批判古文学，还要能够照他所了解与批判的译成艺术性的或有风格的白话。

翻译之外，还有讲解，当然也是用白话。讲解是分析原文的意义并加以批判，跟翻译不同的是以原文为主。笔者在《国文月刊》里写的《古诗十九首集释》，叶绍钧先生和笔者合作的《精读指导举隅》其中也有语体文的讲解，浦江清先生在《国文月刊》里写的《词的讲解》，都是这种尝试。有些读者嫌讲得太琐碎，有些却愿意细心读下去。还有就是白话注释，更是以读原文为主。这虽然有人试过，如《论语白话注》之类，可只是敷衍旧注，毫无新义，那注文又啰里啰嗦的。现在得从头做起，最难的是注文用的白话；现行的语体文里没有这一体，得创作，要简明朴实。选出该注释的词句也不易，有新义更不易。此外还有一条路，可以叫做拟作。谢灵运有《拟魏太子邺中集》，综合的拟写建安诗人，用他们的口气作诗。江淹有《杂拟诗》三十首，也是综合而扼要的分别拟写历代无名的五言诗人，也用他们自己的口气。这是用诗来拟诗。英国麦克士·比罗姆著《圣诞花环》，却以圣诞节为题用散文来综合的扼要的拟写当代各个作家。他写照了各个作家，也写照了自己。我们不妨如法泡制，用白话来尝试。以上四条路都通到古文学的欣赏，我们要接受古代作家文学遗产，就可以从这些路子走近去。

文学的标准和尺度

我们说"标准"，有两个意思。一是不自觉的，一是自觉的。不自觉的是我们接受的传统的种种标准。我们应用这些标准衡量种种事物种种人，但是对这些标准本身并不怀疑，并不衡量，只照样接受下来，作为生活的方便。自觉的是我们修正了的传统的种种标准，以及采用的外来的种种标准。这种种自觉的标准，在开始出现的时候大概多少经过我们的衡量，而这种衡量是配合着生活的需要的。本文只称不自觉的种种标准为"标准"，改称种种自觉的标准为"尺度"，来显示这两者的分别。"标准"原也离不了尺度，但尺度似乎不像标准那样固定，近来常说"放宽尺度"，既然可以"放宽"，就不是固定的了。这种"标准"和"尺度"的分别，在一个变得快的时代最容易觉得出，在道德方面在学术方面如此，在文学方面也如此。

中国传统的文学以诗文为正宗，大多数出于士大夫之手。士大夫配合君主掌握着政权。做了官是大夫，没有做官是士，士是候补的大夫。君主士大夫合为一个封建集团，他们的利害是共同的。这个集团的传统的文学标准，大概可用"儒雅风流"一语来代表。载道或言志的文学以"儒雅"为标准，缘情与隐逸的文学以"风流"为标准。有的人"达则兼济天下，穷则独善其身"，表现这种情志的是载道或言志。这个得有"正其谊不谋其利，明其道不计其功"的抱负，得有"怨而不怒""温柔敦厚"的涵养，得用"镕经铸史""含英咀华"的语言。这就是"儒雅"的标准。有的人纵情于醇酒妇人，或寄情于田园山水，表现这种种情志的是缘情或隐逸之风。这个得有"妙赏""深情"和"玄心"，也得用"含英咀华"的语言。这就是"风流"的标准。关于"风流"的解释，用冯友兰先生语，见《论风流》一文中。

　　在现阶段看整个的传统的文学，我们可以说"儒雅风流"是标准。但是看历代文学的发展，中间还有许多变化。即如诗本是"言志"的，陆机却说"诗缘情而绮靡"。"言志"其实就是"载道"，与"缘情"大不相同。陆机实在是用了新的尺度。"诗言志"这一个语在开始出现的时候，原也是一种尺度，后来得到公认而流传，就成为一种标准。说陆机用了新的尺度，是对"诗言志"那个旧尺度而言。这个新尺度后来也得到公认而流传，成为又一种标准。又如南朝文学的求新，后来文学的复古，其实都是在变化，在变化的时候也都是用着新的尺度。固然这种新尺度大致只伸缩于"儒雅"和"风流"两种标准之间，但是每回伸缩的长短不同，疏密不同，各有各的特色。文学史的扩展从这种种尺度里见出。

这种尺度表现在文论和选集里，也就是表现在文学批评里。中国的文学批评以各种形式出现。魏文帝的《论文》是在一般学术的批评的《典论》里，陆机《文赋》也许可以说是独立的文学批评的创始，他将文作为一个独立的课题来讨论。此后有了选集，这里面分别体类，叙述源流，指点得失，都是批评的工作。又有了《文心雕龙》和《诗品》两部批评专著。还有史书的文学传论，别集的序跋和别集中的书信。这些都是比较有系统的文学批评，各有各的尺度。这些尺度有的依据着"儒雅"那个标准，结果就是复古的文学；有的依据着"风流"那个标准，结果就是标准的文学。但是所谓复古，其实也还是求变化求新异，韩愈提倡古文，却主张务去陈言，戛戛独造，是最显著的例子。古文运动从独造新语上最见出成绩来。胡适之先生说文学革命都从文字或文体的解放开始，是有道理的，因为这里最容易见出改变了的尺度。现代语体文学是标新的，不是复古的，却也可以说是从文字或文体的解放开始，就从这语体上，分明的看出我们的新尺度。

这种语体文学的尺度，如一般人所公认，大部分是受了外国的影响，就是依据着种种外国的标准。但是我们的文学史中原也有这样一股支流，和那正宗的或主流的文学由分而合的相配而行。明代的公安派和竟陵派自然是这支流的一段，但这支流的渊源很古久，截取这一段来说是不正确的。汉以前我们的言和文比较接近，即使不能说是一致。从孔子"有教无类"起，教育渐渐开放给平民，受教育的渐渐多起来。这种受了教育的人也称为"士"，可是跟从前世族的士不同，这些只是些"读书人"。士的增多影响了语言和文体，话要说的明白，说的详细，当时的著述是说话的纪录，自然也是这样。这里面该有平民语调的参入，虽然我们不能确切的指出。汉代辞赋发达，主要的作为宫廷文学，后来变为远于说话的骈俪的体制，士大夫就通用这种体制。可是另一方面，游历了通都大邑名山大川的司马迁，却还用那近乎说话的文体作《史记》，古里古怪的扬雄跟"问孔""刺孟"的王充，也还用这种文体作《法言》和《论衡》，而乐府诗来自民间，不用问更近于说话。可见这种文体是废不掉的。就是骈俪文盛行的时代，也还有《世说新语》，记录那时代的说话。到了唐代的韩愈，提倡"气盛言宜"的古文，"气盛言宜"就是说话的调子，至少是近于说话的调子；还有语录和笔记，起于唐而盛于宋，还有来自民间的词，这些也都用着说话或近于说话的调子。东汉以来逐渐建立起来的门阀，到了唐代中叶垮了台，"寻常百姓"的士又增多起来，加上宋代印刷和教育的发达，所以那种详明如话的文体就大大的发达了。到了元明两代，又有了戏曲和小说，更是以说话体就是语体为主。公安派竟陵派接受了这股支流，努力想将它变成主流，但是这一个尝试失败了。直到现代，一个新的尝试才完成了语体文学，新文学，也就是现代文学。

从以上一段语体文学发展的简史里可以看出种种伸缩的尺度。这些尺度大体上固然不出乎"儒雅"和"风流"那两个标准，可是像语录和笔记，有些恐怕只够"儒"而不够"雅"，有些恐怕既不够"儒"也不够"雅"，不够"雅"因为用俗语或近乎俗语，不够"儒"因为只是一些细事，无关德教，也与风流不相干。汉乐府跟《世说新语》也用俗语，虽然现在已将那些俗语看作了古典。戏曲和小说有的别忠奸，寓劝惩，叙风流，固然够得上标准，有的却不够儒雅，不算风流。在过去的文学传统里，这两种本没地位，所谓不在话下。不过我们现在得给这些不够格的分别来个交代。我们说戏曲和小说可以见人情物理，这可以叫做"观风"的尺度。《礼记》里说诗可以"观民风"，可以观风，也就拐了弯儿达到了"儒雅"那个标准。戏曲和小说不但可以观民风，还可以观士风，而观风就是写实，就是反映社会，反映时代。这是社会的描写，时代的纪录。在我们看来，用不着再绕到"儒雅"那个标准之下，就足够存在的理由了。那些无关政教也不算风流的笔记，也可以这么看。这个"人情物理"或"观风"的尺度原是依据了"儒雅"那个标准定出来的，可是唐代中叶以后，这个尺度似乎已经暗地里独立运用，这已经不是上德化下的尺度而是下情上达的尺度了。人民参加着定了这个尺度，而俗语的参入文学，正与这个尺度配合着。

说是人民参加着订定文学的尺度，如上文所提到的，该起于春秋末年贵族渐渐没落平民渐渐兴起的时候。这些受了教育的平民加入了统治集团，多少还带着他们的情感和语言。这种新的士流日渐增加，自然就影响了文化的面目乃至精神。汉乐府的搜集与流行，就在这样氛围之中。《韩诗》解《伐木》一篇说到"饥者歌其食，劳者歌其事"。"饥者歌其食，劳者歌其事"正是"人情物理"，正是"观风"，这说明了三百篇诗的一些诗，也说明了乐府里的一些诗。"饥者歌其食，劳者歌其事"，自然周代的贵族也会如此的，可是这两句话带着浓重的平民的色彩；配合着语言的通俗，尤其可以见出。这就是前面说的"参加"，这参加倒是不自觉的。但那"人情物理"或"观风"的尺度的订定却是自觉的。汉以来的社会是士民对立，同时也是士民流通。《世说新语》里纪录一些俗语，取其自然。在"风流"的标准下，一般的固然以"含英咀华"的语言为主，但是到了这时代稍加改变，取了"自然"这个尺度，也不足为怪的。

唐代中叶以后，士民间的流通更自由了，士人是更多了。于是乎"人情物理"的著作也更多。元代蒙古人压迫汉人，士大夫的地位降低下去。真正领导文坛的是一些吏人以及"书会先生"。他们依据了"人情物理"的尺度作了许多戏曲。明代士大夫的地位高了些，但是还在暴君压制之下。他们这时却恢复了文坛的领导权，他们可也在作戏曲，并且在提倡小说，作小说了。公安派竟陵派就是受了这种风气的影响而形成的。清代士大夫的地位又高了些，但是又在外族统治之下，还不能恢复元代以前的地位。他们也在作戏曲和小说，可是戏曲和小说始终还是小道，不能跟诗文并列为正宗。"人情物理"还是一种尺度，不能成为标准。但是平民对文学的影响确乎渐渐在扩大。原来士民的对立并不是严格的。尤其在文学上，平民所表现的生活还是以他们所"不能至而心向往之"的士大夫生活为标准。他们受自己的生活折磨够了，只羡慕着士大夫的生活，可又只能耐着苦羡慕着，不知道怎样用行动去争取，至多是表现在他们的文学就是民间文学里，低级趣味是免不了的，但那时他们的理想是爬上高处去。这样，士大夫的文学接受他们的影响，也算是个顺势。虽然"人情物理"和"通俗"到清代还没有成为标准，可是"自然"这尺度从晋代以来已经渐渐成为一种标准。这究竟显出了人民的力量。

大清帝国改了中华民国，新文化运动新文学运动配合着五四运动画出了一个新时代。大家拥戴的是"德先生"和"赛先生"，就是民主与科学。但是实际上做到的是打倒礼教也就是反封建的工作。反封建解放了个人，也发现了民众，于是乎有了个人主义和人道主义，前者是实践，后者还是理论。这里得指出在那个阶段上，我们是接受了种种外国标准，而向现代化进行着。这时的社会已经不是士民的对立，而是封建的军阀官僚和人民的对立。从清末开设学校，受教育的人大量增多。士或读书人渐渐变了质，到这时一部分成为军阀和官僚的帮闲，大部分却成了游离的知识阶级。知识阶级从军阀和官僚独立，却还不能跟民众联合起来，所以是游离着。这里面大部分是青年学生。这时候的文学是语体文学，开始似乎是应用着"人情物理""通俗"那两个尺度以及"自然"那个标准。然而"人情物理"变了质成为"打倒礼教"就是"反封建"也就是"个人主义"这个标准，"通俗"和"自然"也让步给那"欧化"的新尺度，这"欧化"的尺度后来并且也成了标准。用欧化的语言表现个人主义，顺带着人道主义，是这时期知识阶级向着现代化的路。

五卅运动接着国民革命，发展了反帝国主义运动，于是"反帝国主义"也成了文学的一种尺度。抗战起来了，"抗战"立即成了一切的标准，文学自然也在其中。胜利却带来了一个动乱时代，民主运动发展，"民主"成了广大应用的尺度，文学也在其中。这时候知识阶级渐渐走近了民众，"人道主义"那个尺度变质成为"社会主义"的尺度，"自然"又调剂着"欧化",这样与"民主"配合起来。但是实际上做到的还只是暴露丑恶和斗争丑恶。这是向着新社会发脚的路。受教育的越来越多,这条路上的人也将越来越多,文学终于要配合上那新的"民主"的尺度向前迈进的。大概文学的标准和尺度的变换,都与生活配合着,采用外国的标准也如此。表面上好像只是求新,其实求新是为了生活的高度、深度或广度。社会上存在着特权阶级的时候,他们只见到高度和深度,特权阶级垮台以后,才能见到广度。从前有所谓雅俗之分,现在也还有低级趣味,就是从高度、深度来比较的。可是现在渐渐强调广度,去配合着高度、深度,普及同时也提高,这才是新的"民主"的尺度。要使这新尺度成为文学的新标准,还有待于我们自觉的努力。

(《大公报》,三十六年)

文言白话杂论

有一两位朋友谈起现在读文言的人要比读白话的多。他们的估计是这样的：大学生中学生，还有小市民，都能读白话和文言，虽然他们所能读的白话和文言，性质程度未必一样。而在实际生活里，他们是两种文体都得读的。另有一班老先生，却只读文言，不需，不愿或竟不能读白话。这么看，读文言的人岂不就多了？

又有朋友说，现在的白话是美术文，文言却是应用文，正如从前古文是应用文，骈文是美术文一般。——这几位朋友却都是写白话的。这原是些旧话；近来所谓中小学文言运动，教我想起了这些。我觉得这两说都还有可商之处。主张第一说的，似乎没有将那数目不小的，只能读白话的小学生估计进去。这个数目怕比那班老先生多；况且老先生一天比一天少，小学生却日出不穷。就凭这一点说，白话的势力一定会将文言压下去。自然，所谓中小学文言运动若真个成功，就不一定能这么说，不过那么一来，中小学生可太苦了，浪费了许多精力在本可不学的东西上。这层别人已经说得很多，兹不论。

至于文言文是应用文，也是这回文言运动的二大理由之一。——另一个理由是经书为做人根本，不可不读，这一层论者也很多，不赘。——许多人看重这件事，因为是实在情形。不过现在社会上应用的文言，如书札，电报，法令，宣言，报纸等，却并不是所谓古文；念了《论语》《孟子》固然未必写得合式，就念了韩愈、柳宗元、曾国藩不指他的家书、张裕钊，也还未必写得好。这种东西贵在当行；只要懂得虚字用法，多看多练就成，用不着"取法乎上"。不过小学初中的学生也不必着忙；高中或职业学校可在国文科里带着讲讲练练，练比讲还要紧。

白话文是否只是美术文呢？林语堂先生他并不是中小学文言运动中人在《论语录体之用》《论语》二十六期里说：

> 文言不合写小说，实有此事。然在说理，论辩，作书信，开字条，语录体皆胜于白话。

似乎也只以白话为美术文。但是作书信，开字条，与普通文言也不同，已见上节。语录体自成一格，原是由文言到白话的过渡。白话既已流行，似乎该用不着它了；而林先生却主张再往回走，似乎可以不必。现在且说作书信，写字条，林先生以为：

> 一人修书，不曰"示悉"，而曰"你的芳函接到了"，不曰"至感"、"歉甚"，而曰"很感谢你"、"非常惭愧"，便是噜哩噜嗦，文章不经济。

这里有两点可以注意：一则林先生是直翻文言，看来自然觉得可笑而不经济。但事实上怕很少那样说的。"示悉"在白话信里，也可当作成语用；要不然，说"来信悉""来信收到"都成。"至感"可说"感谢""多谢"。"歉甚"可当成语，换说"对不起"也未尝不可。新文学运动初期，林先生所说那种浮夸的句子或许有人用，那时还有"亲爱的某先生""你的朋友"等等格式，是从外国文翻来的。但现在却少了。现在朋友写信，无论白话文言，上下的称呼如"某某先生""弟某某"等，虽还不脱从前的格式，可简单利落多了。信里的套话也少了。这不是文言白话的分别，而是噜嗦与经济的分别。现在可以说第二点了。经济不经济其实应该分文体论，不该只看字数多少。一种文体有一种经济的标准，文言的字句组织和白话不同，论繁简当以各自的组织为依据。若将一句文言，硬翻成白话，那当然是噜嗦；不过这种硬翻成的白话并不是真白话。至于成语，更不能也不必翻。其实就白话说也一样，如"揩油""敲竹杠"，便没有适当文言可翻；若写文言信，也只好说，"大揩其油"，"此系敲竹杠性质"。书信文条的经济标准又与文言白话不一样。文言书信体因为年代久了，所以有一定的格调，看起容易顺眼；白话书信应用的时间长起来，也会有一定的格调的。

至于说理，论辩，古文实不相宜，曾国藩就说过这样话

《与吴南屏书》，语录体比古文得用些，但还不及白话复杂细密。林先生似乎只承认白话表情表得妙，而不承认白话达意达得好；其实白话之所以盛行，正因为达意达得好。新文学运动起来，大半靠《新青年》里那些白话论文文言的很少，那些达意的文字；新文化运动更靠着达意的文字，这是白话宜于说理论辩的实据。

从梁任公先生以来，文言早已渐渐改了样子。他那时是不求汉魏的凝练，不守桐城的义法，名词杂，篇幅长。但还用典故，还搬弄虚字。近来的文言却连典故也少用了，虚字也少用了，只朴质地说理纪事。这么着文言白话的分别其实就很少。请看下一节文言：

> 日内瓦中国国际图书馆为沟通中西文化起见，特（地）举行世界图书展览会。在沪举行，成绩甚佳（很好）。现（在）应华北各方请求，由今日起至七日止在北平图书馆展览一周（星期），每日展览时间自晨（早）九时起，至下午五时止。（十一月一日《大公报》）

若将括弧里的字分别加入，换入，岂不就是现行的白话？请再看一节白话：

> 文官制度譬如吾人的（之）生理机构，不特大脑发有意识的命令，即可依照常理进行呼吸，消化，走动等本能的或习惯的功用。所以我们（吾人）甚至不妨说（谓）事务官比政务官还（删去此字）更重要。（同前）

若照括弧改一下，岂不就是现行的文言？自然，现行的文言白话并不全如此相近，但在应用文方面，二者相差的确不怎样远；所举二例，只从同日同报上随手捡出，可见同类的例甚易见，并非巧合。这可以说是文言的白话化。文言白话相差既这样少，将来识字的人多了，能读白话的人多了，报纸和别的应用文自然渐渐改成白话。那时文言只供少数人用，若干年之后，便会变成真正的"死文字"，象周诰殷盘，只能学者去研究了。再说，现在对于文言里的成语往往滥用，又多忽略文法，如王了一先生《今日的白话文言之争》《独立评论》一一二号里所举的有趣的例子（如"难保不无障碍"等，因为老句法太短，不易引人注意，所以才用续凫胫的办法；这其实也是文言的白话化）。这可见一般人已经没有耐心去研究那难学的文言了。拥护文言的人也许叹息文言的退化，但这是免不了的；人事日繁，难学的文言，总有一天会崩坏，让白话取而代之。

白话照现行的样子，也还不能做应用的利器，因为欧化过甚。近年来大家渐渐觉悟，反对欧化，议论纷纷。所谓欧化，最重要的是连串的形容词副词，被动句法，还有复牒形容句日本句调"如何如何的我"之类归入此种等。姑借用林先生《怎样洗炼白话入文》《人间世》十三期中的所举的例子：

女人最可畏的物质贪欲和虚荣心她渐渐的都被培植养成。

这是一个极端的例子，但可以看出欧化的流弊所及。以后应用的白话该是国语，而且要以最近于口语为标准；那些太曲太长的句子，教人永远念不顺口的，都用不着。至于大众语，在形式上，这样限制也就够了。这种白话，只要能识字，想来总容易懂的；文字与语言无论如何不能完全一致_{如助词，差异就很多}。识字的从识字的过程里学习了种种方便，可以懂得那虽不完全与语言一致的文字。若不识字，那就困难，大概只有用罗马字拼方音教给他们，象内地许多教会曾经办过的；再有，就是用方音念给他们听。

（《清华周刊》）

语文学常谈

文字学从前称为"小学"。只是教给少年人如何识字，如何写字，所以称为"小学"。这原是实用的技术。后来才发展成为独立的学科，研究字形字音字义的演变。研究的人对这种演变这种历史的本身发生了兴趣，不再注重实用。这种文字学是语言学的一部分。语言学里又包括文法学。中国从前没有文学法，文法学是从西洋输入的。可是实用的文法技术我们也有。做文章讲虚实字，做诗讲对偶，都是的。直到前清末年，少年人学习做文做诗还是从使用虚字和对对子入手。"小学"起头早，诗文作法的讲究却远在其后，这由于时代的演变和进展，但起于实际的需要是相同的。所谓实际的需要固然是应试求官，识字的和会做诗文的能以应试求官，但从这里可以看出文字语言确是支配我们生活的要素之一，文字语言确是我们生活的一部分。从学术方面说，诗文作法没有地位，算不得学术，文法学也只是刚起头，文字学却已有了深厚的传统和广大的发展。但明白了语言文字作用，就知道文法学是该有将来的。

现在文字学又分为形义和语音两支，各成一科，而关于义的研究又有独立为训诂学的趋势。文字形态部分经过甲骨文字和钟鼎文字的研究，比起专守许慎《说文解字》的时代有了长足的进步。语音部分发展更大，汉语之外，又研究非汉语的泰语和缅藏语，这样比较同系和近系的语言，不但广博，也可以更精确。这种用来比较的非汉语，都是调查得来的现代语。而汉语的研究也开了现代各地方言调查的一条大路。这种注重活的现代语，表示我们学术的兴趣伸展到了现代，虽然未必有关实用，可是跟现代的我们总近些了。其实也未必全然无关实用，非汉语的研究对边疆研究是有用处的。一方面研究活的现代语就不由的会注意到语法，这也促成了文法学的进步。训诂学更是刚起头。训字有顺文说解的意思，诂字是用现代语解说古代语的意思。按照"训诂"的字义和历来训诂的方法，训诂学虽然从字义的历史下手，也得注意到文法和现代语的，但是形态也罢，语音也罢，训诂也罢，文法也罢，都是从历史的兴趣开场，或早或迟渐渐伸展到现代，从现代的兴趣开场伸展到历史的，似乎只有所谓意义学。

"意义学"这个名字是李安宅先生新创的，他用来表示英国人瑞恰慈和奥格登一派的学说。他们说语言文字是多义的。每句话有几层意思，叫做多义。唐代的皎然的《诗式》里说诗有几重旨，几重旨就是几层意思。宋代朱熹也说看诗文不但要识得文义，还要识得意思好处。这也就是"文外的意思"或"字里行间的意思"，都可以叫做多义。瑞恰慈也正是从研究现代诗而悟到多义的作用。他说语言文字的意义有四层：一是文义，就是字面的意思。二是情感，就是梁启超先生说的"笔锋常带情感"的情感。三是口气，好比公文里上行平行下行的口气。四是用意，一是一，二是二是一种用意，指桑骂槐，言在此而意在彼，又是一种用意。他从现代诗下手，是因为现代诗号称难懂，而难懂的缘故就因为一般读者不能辨别这四层意义，不明白语言文字是多义的。他却不限于说诗，而扩展到一般语言文字的作用。

他说听话读书如不能分辨这四层意义，就会不了解，甚至误解。不了解诗或误解诗，固然对自己的享受与修养有亏；不了解或误解某一些语言文字，往往更会误了大事，害了社会。即如关于一些抽象名词的争辨如"自由""民主"等就往往因为彼此不了解或误解而起，结果常是很严重的。他以为除科学的说明书乃一是一，二是二以外，一般的语言大都是多义的。因此他觉得兹事体大。瑞恰慈被认为科学的文学批评家，他的学说的根据是心理学。他说的语言文字的作用也许过分些，但他从活的现代语里认识了语言文字支配生活的力量，语言文字不是无灵的。他们这一派并没有立"意义学"的名目，所根据的心理学也未必是定论，意义学独立成为一科大概还早，但单刀直入的从现代生活下手研究文字，确是值得我们注意的。

（北平《新生报》，三十五年）

了解与欣赏[1]

——这里讨论的是关于了解与欣赏能力的训练

了解与欣赏为中学国文课程中重要的训练过程。儿童从小就能对于语言渐渐的了解，不过对于文字的了解必须加以强制学习的训练。成年人平时读书阅报大都是采取一种"不求甚解"的态度。这是一般综合的实用的态度。但在国文教学，教师准备时，必须字字查清楚，弄明白。学生呢，在学习时也必须字字求了解。这与一般不求甚解的态度刚好相反，然而不求甚解的那分能力正是经过分章析句的学习过程而得到的，必须有了咬文嚼字的教学培养后，才能真正达到那种不求甚解的境界；没有经过一番文字分析的训练，欲不求甚解，也不易得

---

[1] 本篇原载一九四三年《国文月刊》二十期，署"朱自清先生讲，叶金根整理"。

呢。通常教授国文的，大都很注重字义。实在除掉注重字义的办法以外，还应当顾及下面的几种分析的方法。

一、句子的形式（句式）

某种特殊句子的形式，不仅是作者在技巧方面的表现，也是作者别有用心处。讲解国文时必须加以说明。例如鲁迅先生的《秋夜》的开端：

> 在我的后园，可以看见墙外有两株树，一株是枣树，还有一株也是枣树。

这不是普通的叙说，句子的形式很特殊，给人一种幽默感。作者存心要表现某种特殊的情感。这儿开始就显示出一个太平凡的境界，因为鲁迅先生所见到的窗外，除掉两株枣树，便一无所见。更使人厌倦的是人坐在屋里，一抬头望窗外，立刻映入眼帘的东西，就只是两株枣树，爱看也是这些，不爱看也是这些，引起人腻烦的感觉。一种太平凡的境界，用不平凡的句式来显示，是修辞上的技巧。明白了这两句的意思与作用，就兼有了了解与欣赏。又如同篇：

> 这上面的夜的天空，奇怪而高……

这是作者在文字排列上用功夫，两句都不是普通的说法。上半句表现两层意思：（一）枣树上的天空，（二）夜的天空。

两层意思而用同一音位表示，是修辞上的经济办法。文字的经济便是一种文字的技巧。平常的语言，可有两式：

> 夜间这上面的天空……
> 上面的天空在夜间……

读起来便都有了停顿，时间上显得十分不经济，意也没有原句透露。下半句"奇怪而高"，口语中常说"高而奇怪"，单词习惯大多数在前面。现在说"奇怪而高"，句法就显得别致，作者在这里便用来表示秋夜天空的特殊。

二、段落

写段落大意是中学国文课上常用的方法。但通常只把各段的大意写出，而于全文分段的作用与关系，往往缺少综合的说明。教师指导学生写段落大意，每段大意，常只用一二句话表示。这里便应当注意语句间的联络，要能显出原文的组织和发展的次序。

三、主旨

教师必须提醒学生注意一篇文章中足以代表全文主旨的重要语句，和指导学生研究全文主旨如何发展。古文称文章中重要的语句为"警句"。警句往往是全篇的线索。读一篇文章最要紧的事便是要能找到线索。文章的线索作者往往把它隐寓在文中的一二句重要的语句里面，例如龚自珍《说居庸关》，"疑若可守然"五字是全文的主旨所在，教师便须注意此主旨的发展。

四、组织

文章组织的变化，也是作者在技巧上用的功夫，说明这种文章组织的变化，是了解与欣赏范围内极重要的事。例如上举《说居庸关》，"疑若可守然"五字，一段中连用五次；又"自入南口"连用六次。这是叠句法，亦是关键语，在组织上增加一种节奏。最后三小段文章最堪注意，在整齐的组织中寓有变化。末两段一写蒙古人，一写漏税，指出间道，均逼出居庸关之不足守，与前文相应答。这是组织上的一种变化，读者容易忽略过去的，教时应当加以说明。中间写遇到蒙古人，说了一大段，表示清朝的威严，作者是用赞叹的口气。

五、词语

在一篇文章中应当注意作者惯用的词语和词语的特殊意义。例如上举《说居庸关》中"蒙古"一词指的是蒙古人。

六、比喻、典故、例证

先讲比喻。

康白情的《朝气》，内容是描写农家种植的生活，题目何以称为"朝气"呢？农家生活的描写与朝气究竟有何关系呢？这些问题教师是要暗示学生提出来详细讨论的。农家生活的描写实在是一个比喻，作者是别有寄托的。文学作品中的具体故事，往往带上一些抽象性。大概一个比喻的应用，包含三方面的意义。如"朝气"：

（一）喻依——农家的生活。

（二）喻体——劳工的趣味。

（三）意旨——由趣味的工作得到美满的结果，显示出生活中朝气的景象。这是文学上表达技巧很重要的一条原则，应当让学生区分得很清楚。又如谢冰心的《笑》，用重复的组织，对于雨，月夜，花连说出三个笑容，表示爱的调和。"如登仙界，如归故乡"，是极普通的比喻，但能显示出纯洁快乐的意味。

次讲典故。

古文中的用典是学生最感觉麻烦的事情。讲解古文时说明古典出处也是极占时间的。但是教师往往只说明古典本身的意义，而常忽略了这个典故在本文里的作用。这样使读者只记古典出处，便感觉乏味了，更谈不到欣赏。原来用典的使用，也是使文字经济的一种办法，作者因为要表达心中的事或情，不必完全直说，借用过去的一桩熟悉的而且与当下相关的事物来显示。大凡文学上的典故都经过许多作家的手改造过，而成为很好的形式。因此用典的作用，一方面是使文字经济，一方面也是避免直说，增加读者的联想，使内容丰富。现代语体文中典故也是常见的。如冰心的《笑》里用"安琪儿"一词，教时也应当说明其出处。

再讲例证。

在说明文和议论文中有些时候往往遇到抽象的概念，教师在说解时必须要设法用一两个较具体的例证加以说明。如蔡元培的《雕刻》里面许多美术上的概念，教师应当设法举出浅显的实例，加以说明。又如东坡说，"画中有诗，诗中有画"，也应当举出实例，说明诗与画两者之间所以沟通的道理。

总结起来说，关于了解与欣赏应当特别注意的有三点：

一是语言的经济。注意句读顿停多少与力量是否集中。

一是比较的方法。讲散文时可用诗句作比较，讲诗时可用散文作比较。文中的语句可与口中的说话比较。读鲁迅先生的《秋夜》，便可与叶绍钧先生的《没有秋虫的地方》比较。比较的方法对于了解与欣赏是极有帮助的。

一是文字的新变。一个作家必须要能深得用字的妙趣，古人称为"炼字"，便是指作家用字时打破习惯而变新的地方，教师就也要在这方面求原文作者的用心。

训练的方法，除教师讲解外，在学生方面，熟读的功夫是不可少的。吟诵与了解极有关系，是欣赏必经的步骤。吟诵时对于写在纸上死的语言可以从声音里得其意味，变成活的语气。不过在朗诵时，要能分辨语气的轻重，要使声调有缓急，合于原文意思发展的节奏。注意本文的意思，不要被声音掩盖了，滑过去。默读是不出声的，偏于用眼，但也不要让意思跟了眼睛滑过去。

最后，问题的研究，在读文章时是常有的事。但是问题的提出要有分量，要有意义。最好教师只居于被动地位，用暗示方法，帮助学生发现问题，解决问题。

论中国文学选本与专籍

有一位朋友在大学里教词史，他的学生问他，读词是那几种选本好。他和我们谈起这件事，当作一个笑话：大学生只晓得读选本！他论的是大学生，自然不错。但对于大学生以外的人，譬如说中学生罢，这个意见就很值得讨论了。近世中国学人有一个传统，就是看不起选本。他们觉得读书若只读选本，只算是陋人而不是学人。这也有时代背景的。明朝以来，读书人全靠八股文猎取功名；他们用不着多读书，只消拿几种选本加意揣摩，便什么都有了。所以选本风行一时；大家脑子里有的是文章，而切实地做学问的却少。八股文选本风行以后，别种文体的选本也多起来；取材的标准以至评语圈点，大都受八股文的影响。空疏俗滥，辗转流传。选本为人诟病的主要原因在此。这种风气诚然是陋，是要不得，但因此便抹杀一切选本和选家，却是不公道的。

近代兴办学校以后，大学中学国文课程的标准共有三变：一是以专籍为课本，二是用选本，三还是用选本，但加上课外参考书。一是清光绪中《钦定学堂章程》中所规定，二是自然的转变。转变的原因，据我想，是因为学校中科目太多了，不能在文字上费很多的精力。三是胡适之先生的提倡；他在《中学国文的教授》一文中，力主教学生多读参考书。后来人便纷纷开书目，又分出精读泛读等名目。中学如此，大学自然更该如此。但实际上学生读那些课外参考书的，截至现在为止，似乎还不多。道尔顿制流行的时候，照实施该制的学校的表册看，应该有些学生真正读过些参考书；可惜未及知其详，该制就渐渐不大有人提起了。结果，大体还是以选本为主，只不过让学生另外多知道些书名而已。选本势力之大，由此可见；虽反对选本的人也不能否认。

大学生姑且不谈；就中学生说，我并不反对他们读选本，无论教授及自修。但单读选本是不够的，还得辅以相当分量的参考书胡先生所拟议的太多了，中学生即使是文科的，怕也来不及和严格的督促。我想中学生念国文的目的，不外乎获得文学的常识，培养鉴赏的能力，和练习表现的技术。无论读文言白话，俱是如此。我主张大家都用白话作文，但文言必须要读；词汇与成语，风格与技巧，白话都还有借助于文言的地方。这三种目的里，三是作文方面，现在不论。论前两种，则读选本实为最经济最有效的办法。旧说选本的毛病共有三件：一是太熟太狭，如上所言。这是取材关系，补救极易。曾国藩《经史百家杂钞》已见及此；近年的选本更多推陈出新，自经史至于笔记，译文，诗，词，曲等，都可入选，只可惜又太零碎了。二是偏而不全，读者往往以一二篇概其余，养成不正确的观念。这是分量关系，也可矫正，详在下节。三是读者易为选者成见所囿，不能选用自家的思考力。但在中学生，常识还不够作判断的根据，只要指给他不至太偏的选本，于他正是适宜的引导。若让他读几本专书，他于这几本书即使能有自己意见，而对于相关的材料知道太少，那样意见也不会正确。若要他将相关的重要专籍都读过，又是时间所不许。——其实真正编得有道理的选本，也还有它的价值。读过专籍的人，可以拿它来印证自己的意见，增进对于原书的了解，不过这已不是中学生的事了。我说的选本是指用心选出来的，有目的有意义的而言；至于随手检阅而得，只要是著名的人著名的篇，便印为讲义，今日预备明日之用，这是碰本，不是选本。这种也许可以叫做"模范文"，但文之可以为"模范"者甚多，碰着的便是"模范"，碰不着的便不是，是什么道理？

选本的标准不同：或以时代，或以体制，或以事类，或以派别，或以人，或以地；也有兼用两种标准的。为中学生起见，我主张初中用分体办法；体不必多，叙事，写景，议论三种便够。因为初中学生对于文字的效用还未了然；这样做，意在给他打好鉴赏力和表现力的基础。类目标明与否，无甚关系，但文应以类相从。材料取近人白话作品及译文为主，辅以古今浅近的文言；不必采录古白话，古白话小说可另作参考之用。去取看表现艺术，思想也当注意。高中用分代分家办法，全选文言。分代只须包括周秦、汉魏、晋南北朝、唐宋的文和诗，加上宋词，元曲。每种只选最重要的几个大家，家数少，每家作品便多，不致有上文所说以一二篇概全体的弊病。每家不能专选一方面，大品与小品都要有。我主张只选这几个时代，并非看轻以后作品，只因最脍炙人口的东西，也就是一般人应有的中国文学常识，都在这几个时代内。中学生是不必求备的，这样尽够了，求备怕反浮而不切的。这种选本分量不至很多，再有简明的注，毋须逐字逐句地讲解或检查，便是理科的学生也可相当采取的。文明书局有分代的诗文读本，有注，但还嫌家数太多，方面也太多。分人是进一步的专精的读法。专籍往往太多，且瑕瑜互见，徒乱初学心目；故我也主张用选本。旧有的如《十八家诗钞》，颇合用，《四史菁华录》虽选而且删，却仍然好；——新的各种"精华"^{中华、商务都有}，当分别地看。这种宜用作参考书。此外可多读小说，古今作译，只要著名的都行；小说增加人的经验，提示种种生活的样式，又有趣味，最是文学入门的捷径。杂剧，传奇也可读，文字也许困难些。最后，各种关于中国文学的通论或导言，也是好的参考书；本刊①编者夏先生②曾说要编辑中学生丛书，其中必有一部分是关于中国文学的。这种书应以精实为贵，但单读这种书，还不免是戏论，非与前说各种选本及参考书印证不可；因为那些是第一原料。

九月二十八夜，北平。

---

① 《中学生》杂志。
② 夏丏尊先生。

论教本与写作

叶圣陶先生在《国文教学的两种基本观念》里说：

> 其实国文所包的范围很宽广，文学只是其中一个较小的范围，文学之外，同样包在国文的大范围里头的还有非文学的文字，就是普通文。这包括书信、宣言、报告书、说明书等等应用文，以及平正地写状一件东西载录一件事情的记叙文，条畅地阐明一个原理发挥一个意见的论说文。中学生要应付生活，阅读与写作的训练就不能不在文学之外，同时以这种普通文为对象。

这是对于现阶段的国文教学的最切要的意见，值得大家详细讨论。本篇想就叶先生的话加以引伸，特别着重在写作的训练上。

　　还得从阅读说起。现在许多中学生乃至大学生对于国文教学有一种共同的不满意，就是教材和作文好象是不相关联的，在各走各的路。他们可只觉得文言教材如此。爱作白话文的，觉得文言文不能帮助他们的写作，原在意中。就是愿意学些应用的文言的，也觉得教材的文言五花八门的，样样有一点儿，样样也只有一点儿，没法依据。一般中学生对于教材的白话文，兴趣似乎好些。第一，容易懂；第二，可以学，他们的爱好却偏重在文学，就是教材的白话记叙文包括描写文、抒情文的部分。欣赏文学和写作文学似乎是一种骄傲，即使不足夸耀于人，也可以教自己满意。至于说明文和议论文，他们觉得干燥无味，多半忽略过去。再有，白话说明文和议论文适于选作教材的也不多；现在所选的往往只是凑数。这大概也是引不起学生兴趣的一个原因。

　　文言的教材，目的不外两个：一是给学生做写作的榜样或范本，二是使学生了解本国固有文化。这后一种也可以叫做古典的训练。我主张现在中等学校里已经无须教学生练习文言的写作，但古典的训练却是必要的。不过在现行课程标准未变更以前，中学生还得练习文言的写作，要练习文言的写作，一面得按浦江清先生的提议，初中时代从单句起手；一面文言教材也当着重在榜样或范本上，将古典的训练放在其次，不该象现在的这样五花八门的，不该像现在这样只顾课程标准的表面，将那些深的僻的文字都选进去。浦先生还主张将白话文和文言文分为两个课程，各有教本，各有教师。这个我也赞成。我赞成，为的这样办可以教人容易明白文言是另一种语言，而且是快死的语言。不管我的意见如何，这办法训练学生写作文言，不致象现在这样毫无效果，白费教学者的工夫，是无疑的。而施行起来，只须注意教师的分配，并不要增加员额，似乎也没有多少困难。——无论怎样，文言教材总得简单化，文字要经济，条理要清楚；除诗歌专为培养文学的兴趣应该另论外，初高中都该选这种文言作教材，决不能样样都来一点儿。这样才容易学习，学会了才可以应用。

　　浦先生主张将《古文观止》作为高中的文言教本，是很有道理的。清末民初的家庭里训练子弟写作文言，就还用《古文观止》或同性质的古文选本作教本。这些子弟同时也读《四书》《五经》，那却纯然是古典的训练。他们读了《古文观止》，多数可以写通文言，拿来应用。一方面固然因为他们花的工夫多，教本的关系似乎也很大。不过《古文观止》现在却不大适用了，或者说不大够用了。清末民初一般应用的文言还跟《古文观止》的主要部分——唐至明，所选的文一贯的是唐宋八家的作风——差不多。那时候报纸杂志上的文字都还打起调子，可以为证。现在可不然。杂志上文言极少见，报纸虽还多用文言，但已不大用之乎者也矣焉哉等虚字来表情，也就是不打起调子了。这从各报的文言的社论中最可见出。现在报纸上一般文言实在已经变得跟白话差不多，因为记录现代的生活，不由得要用许多新的词汇和新的表现方式；白话也还是用的这些词汇和表现方式。这种情形从一方面看，也许可称为文言的白话化。在这种情形下，用《古文观止》做应用的文言的范本，显然是不大够的。

　　但是《古文观止》还不失为一部可采用或依据的教本，因为现在应用的文言的基本句式还是出于唐宋八家文的多。我想再加两部书补充《古文观止》的不足：一是梁启超先生的《常识文范》中华版，二是《蔡子民先生言行录》新潮社版。这两部书里所收集的都是清末和民初的杂志文字。梁先生的文字比较早些，典故多些，句式也杂些，得仔细选录。蔡先生的却简明朴素，跟现行的应用的文言差不多，初中里就可以用。这部书已经绝版，值得重印。浦先生也主张"选晚清到民国的文言文"，作为另外一种读本，给学生略读。我专举这两部书，是觉得就清末民初的文言文而论，也许这两部书里适宜于中学生的教材多些。此外自然也可以选录别的。这两部书里大部分是议论文，小部分是说明文。曾国藩说古文不宜说理；古文里的说明文和议论文有不确切的毛病。这两部书的说理比古文强得多。这也是我推荐的一个原因。

还有，叶先生所说的书信、宣言、报告书、说明书等等"普通文"，也该酌量选录。这些一向称为应用文，所谓"应用"是狭义的。我觉得无需另立应用文的名目。另立名目容易使学生误会这些应用文之外，别的文都是不能应用的，因此不免忽略。而他们对于这些应用文也未必有兴趣，为的还用不着。再说教本里选一些这种应用文，只是示范，真用的时候还得去查专书。所以我觉得不如伙在别的教材一起，而使全部的文言教材主要的目的都是为了应用——这里所谓应用是广义的。课程标准里所列举的"总理传记及遗著"……一部分也是所谓应用文，也可混合选入。清末民初的文言跟这些，都该有一部分列在精读教材里，和古文占同等地位。因为从训练写作一方面看，这两种教材比古文还更切用些。至于全部文言教材如何按照课程标准斟酌变通的去分配去安排，问题很多，本篇不能讨论。

　　白话文教材好象容易办些。古白话文不多，现代白话文历史很短，选材的问题自然简单些。不过白话文的发展还偏在文学一面，应用的白话文进步得很缓。记叙文包括描写文，抒情文，选起来还容易，说明文，议论文，就困难，经济而条理密的少，内容也往往嫌广嫌深，不适于中学生，现在教本里所选的有许多只是凑数。就是记叙文，也因篇幅关系只能选短些的，不无迁就的时候。至于其他应用的白话文，如书信等等，似乎刚在发展，还没有什么表现，自然更难选录。因此白话文教材主要的只是文学作品。而现代文学还在开创时期，成名比较容易，青年人多半想尝试一下。于是乎一般中学生的写作不约而同的走上创作的路。他们所爱读的也只是文学教材，就是记叙文和抒情文。但是二十多年来成功的固然有，失败的却是大多数。其中写不通白话文的姑不必论，有些写通了的也不能分辨文章的体裁，到处滥用文学的调子。叶先生文里说他"曾经接到过几个学生的白话信，景物的描写与心情的抒写全象小说，却与写信的目的全不相干"。这种信只是些浮而不实的废话；滥用文学的调子只是费话而已。可是，如上文所说，这种情形不能全由学生负责，白话文的发展，所谓客观条件，也有决定的力量。

　　欣赏文学的兴趣和能力自然是该培养的。但是到处滥用文学的调子并不能算欣赏文学。这种兴趣是不正确的。这些学生既然不大能辨别文学和非文学的界限，他们的欣赏能力也就靠不住。欣赏得从辨别入手，辨别词义，句式，条理，体裁，都是基本。囫囵吞枣的欣赏只是胡涂的爱好，没有什么益处。真能欣赏的人不一定要自己会创作；从现在分工的时代看，欣赏和创作尽不妨是两回事儿。施蛰存先生在《爱好文学》一文二十八年五月十八日《中央日报》昆明版里说："我们欢迎多数青年人爱好文学而不欢迎多数爱好文学的青年大家都动手写作即创作。爱好文学是表示他对文学有感情，但要成为一个好的创作家，仅仅靠这一点点感情是不够的。"这是很确切的话。不过欣赏文学的结果，自己的写作受些影响，带些文学的趣味，却是不难的，也是很好的，虽然不是必要的。我们可以引用梁启超先生的话，说这是"笔锋常带情感"。但是不带或少带情感的笔锋只要用得经济，有条理，也可以完成写作的大部分的使命。

不过有"创作"做目标，学生对于写作的兴趣好得多；他们觉得写作是有所为的，不止是机械的练习。固然，写作是基本的训练，是生活技术的训练——说是做人的训练也无不可。可是只这个广泛的目标是不能引起学生注意的。清末民初的家族里注重子弟的写作，还是科举的影响。父兄希望子弟能文，可以作官。子弟或者不赞成作官这目标，或者胡里胡涂，莫明其妙。但在父兄的严切的督促之下，都只跟着走。这时期写作训练是有切近的目标的。早期的中学校章程里似乎没有课程标准。那时一般人对于国文课程的看法，一半恐怕还是科举的，一半或少数也许看作做人的训练的一部分。后来教育部定出了课程标准，国文课程的目标有一条是，"养成用语体文及语言初中以及文言文高中叙事，说理，表情，达意之技能"。这是写作的目标。课程标准里自然只能定到这个地步，但对于一般中学生，这里所定的还嫌广泛些。早期一般中学生的练习写作，是没有切近的目标的；他们既鄙弃科举的观念，也不明白做人的训练的意念。他们练习写作只是应付校章；这中间自然不少只图敷衍塞责的。但那时学校的一般管理还严，学生按时练习写作的究竟还是多数。五四运动以后，一般学校的管理比较松懈起来，有些国文教师，以及许多学生，对于写作练习都有偷懒的情形，往往有一学期只作文一二次的。有时教师连这一两回作文都不改，只悄悄的没收，让他们散失了去。可是另一面也有许多学生自己找着了写作的目标，就是创作，高兴的写下去；或按教师规定的期限，或只管自己写下去。一般的说，这二十年来中学生的白话文——特别是记叙文、抒情文方面——确有不小的进步，虽然实际上进步的还只是少数人。他们是找着了创作这个切近的目标，鼓起兴趣，有所为的写作，才能如此。

训练学生写作而不给他们指示一个切近的目标，他们往往不知道是写了给谁读的。当然，他们知道写了是要给教师读的；实际也许只有教师读，或再加上一些同学和自己的父兄。但如果每回写作真都是为了这几个人，那么写作确是没有多大趣味。学生中大约不少真会这样想，于是乎不免敷衍校章、潦草塞责的弊病，可是学生写作的实际的读者虽然常只是这几个人，假想的读者却可以很多。写作练习大部分是拿假想的读者作对象，并非拿实际的读者作对象。只有在《暑假回家写给教师的信》《给父亲的信》《给张同学的信》一类题目里，这些实际的读者同时成为假想的读者。假想的读者除了父兄，教师，亲近的同学或朋友外，还有全体同学，全体中学生，一般青年人，本地人士，各社团，政府，政府领袖，一般社会，以及其他没数到的。

写作练习是为了应用，其实就是为了应用于这种种假想的读者。写作练习可以没有教师，可不能没有假想的读者。一向的写作练习都有假想的读者。清末民初的家庭教子弟写作古文，假想的读者是一般的社会和考试官。中学生练习写作，假想的读者通常是全体同学或一般社会。如《星期日远足记》之类，便大概是假定给全体同学读的。可是一般的师生都忽略了假想的读者这个意念。学生写作，不意识到假想的读者，往往不去辨别各种体裁，只马马虎虎写下去。等到实际应用，自然便不合式。拿创作做写作目标，假想的读者是一般社会。但是只知道一种假想的读者而不知道此外的种种，还是不能有辨别力。上文引的叶先生所说的学生的信便是一例。不过知道有假想的读者的存在总比马马虎虎不知到底写给谁读的好些。

我觉得现在中学生的写作训练该拿报纸上和一般杂志上的文字作切近的目标，特别是报纸上的文字。报纸上的文字不但指报纸本身的新闻和评论，并包括报纸上登载的一切文件——连广告在内——而言。这有三种好处。第一，切用，而且有发展；第二，应用的文字差不多各体都有；第三，容易意识到各种文字的各种读者。而且文言文和白话文的写作都可以用这个目标——近些年报纸上种种特写和评论用白话文的已经不少。因为报纸上登载着各方面的文件，对象或宽或窄，各有不同，口气和体裁也不一样，学生常常比较着看，便容易见出读者和文字的关系是很大的，他们写作时也便渐渐会留心他们的假想的读者；报纸上和杂志上却少私人书信一体，这可以补充在教材里。报纸上和杂志上的文字的切用，是无须说明的。至于有发展，是就新闻事业看。新闻事业的发展是不可限量的。从事于新闻或评论的写作，或起草应用的文件登在报纸或杂志上，也是一种骄傲，值得夸耀并不在创作以下。现在已经有少数的例子，长江先生是最知名的。这不能单靠文字，但文字是基本的工具。这种目标可以替代创作的目标，它一样可以鼓起学生的兴趣，教他们觉得写作是有所为的而努力做去。

也许有人觉得"取法乎上，仅得乎中"，报纸和一般杂志上的文字往往粗率浮夸，拿来作目标，恐怕中学生写作会有"每下愈况"之势。这未免是过虑。报纸和杂志上的文字，粗率浮夸固然是不免的，但文学作品里也未必没有这种地方。且举英文为例，浮勒尔（Fowler）兄弟合著的《英文正宗》（*The King's English*）里便举出了许多名家的粗率浮夸的句子。这是一。报纸杂志上也有谨慎亲切的文字，这是二。近些年报纸进步，有一些已经注意它们的文字，这是三。学生"取法乎上"，尽可以多读那些公认的好报纸杂志。在这些报纸杂志里，他们由于阅读的经验，也会辨别那些文字是粗率浮夸的，那些不是的。

况且报纸杂志只是课外读物。我只说拿报纸杂志上的文字作目标，并没有说明它们为教材；教材固然也可以从报纸和一般杂志上选一些，可是主要的并不从它们选出。文言教材，上文已详论。我所推荐的梁蔡两位先生的书原来倒差不多都是杂志上的文字。不过他们写作的训练有深厚的基础，即使有毛病，也很少。白话文教材，下节还要申论。我不主张多选报纸和一般杂志上的文字作教材，主要的原因是文字大部分有时间性，时过境迁便无意味。再有，教材不单是写作的榜样或范本，还得教学的文字差不多都是有时间性的，自然不能有这两种效用。但是这些文字用来做学生写作的目标，却是亲切有效的。学生大概都读报纸杂志。让他们明白这些里面的文字便是他们写作的目标，他们会高兴的一面运用教材所给予他们的训练，一面参照自己阅读报纸杂志的经验，努力学习。这些学生将来还能加速报纸和杂志上的文字的进步。

报纸杂志上说明文和议论文很多，也可以多少矫正现阶段国文教学偏枯的毛病。课程标准里定的说明文和议论文的数量不算太少，但适当的教材不容易得着。文言的往往太肤廓，或太琐碎。白话文更难，既少，又深而长；教材里所选的白话说明文和议论文多半是凑数的。学生因为只注意创作，从教材里读到的说明文和议论文又很少合他们的脾胃或程度的，也就不愿意练习这两体的写作。有些学生到了大学一年级，白话记叙文可以写通，这两体却还凌乱庞杂，不成样子；文言文也是记叙体可看些。若指出报纸和一般杂志上的文字是他们写作的目标，他们也许多注意报纸杂志上说明文和议论文而渐渐引起兴趣。那些文字都用现在生活作题材，学生总该觉得熟悉些，亲切些；即使不能完全了解，总不至于摸不着头脑。一面在写作练习里就他们所最熟悉的生活当中选出些说明文和议论文的题目，让他们能够有话说，能够发挥自己的意见，形成自己的判断，不全于苦掉笔头。

中学生并不是没有说明和议论的能力，只看他们演说便可知道。中学生能演说的似乎不少，可是能写作说明文和议论文的确很少。演说的题目虽大，听者却常是未受教育或少受教育的民众，至多是同等的中学生，说起来自然容易些。写作说明文或议论文，不知不觉间总拿一般社会做假定的读者，这自然不是中学生的力量所能及。所以要教学生练习这两体的写作，只能给他们一些熟悉的小题目，指明中学生是假想的读者，或者给一些时事题目，让他们拟演说辞或壁报文字，假想的读者是一般民众，至多是同等的中学生。这才可以引他们入胜。说起壁报，那倒是鼓励学生写作的一个好法子。因为只指出假想的读者的存在，而实际的读者老是那几个人，好象支票不能兑现，也还是不大成。总得多来些实际的读者才好。从前我教中学国文，有时选些学生的文题张贴在教室墙壁上，似乎很能引起全班的注意，他们都去读一下，壁报的办法自然更有效力，门类多，回数多。写作者有了较广大的实际的读者群，阅读者也可以时常观摩。一面又可以使一般学生对于拿报纸上和一般杂志上文字做写作的目标有更亲切的印象。这是一个值得采取的写作设计。

不过，教材里的白话说明文和议论文，也得补救一下。这就牵涉到白话文的发展。白话讽刺文和日常琐论——小品文的一型——都已有相当的发展，这些原也是议论文和说明文的支派，但是不适于正式应用。青年人学习这些体的倒不少，聪明的还透露一些机智，平常的不免委琐叫嚣。这些体也未尝不可学，但只知有这些，就太偏太窄了。适于应用的还是正式的论。我们读英文，读本里常见倍根《论读者》，牛曼《君子人》等短论。这些或说明，或议论，虽短，却也是正式的论文。这一体白话文里似乎还少，值得发展起来。这种短论最宜于作教材。我们现在不妨暂时借材民国，将这种短论译出些来用。马尔腾的《励志哲学》也是这一类，可惜译笔生硬，不能作范本。查斯特罗的《日常心理漫谈》译本生活版，性质虽然略异，但文字经济，清楚，又有趣味，高中可以选用。《爱的教育》译本开明版里有些短篇说明和议论，也可节取。此外，长篇的创作译作以及别的书里，只要有可节取的适宜的材料，都不妨节取。不过这得费一番搜索的工夫。冯友兰先生的《新世训》开明版指示生活的方法，可以作一般人的南针；他分析词义的精密，建立理论的谨严，论坛中极少见。他的文字虽不是纯粹白话文，但不失为上选的说明文和议论文。高中学生一面该将这部书作为课外读物，一面也该节取些收在教材里。

其实别的教材也该参用节取的办法，却求得适当的入选文字。即如小说，现在似乎只是旧小说才节取。新的便只选整个的短篇小说，而且还只能选那些篇幅短的。篇幅长的和长篇小说里可取的部分只得割爱。入选的那些篇幅虽短，却也未必尽合式；往往只是为了篇幅短将就着用。整篇的文字当然是主要的，但节取的文字尽可以比现在的教材里多参用些。节取的范围宽，得多费工夫；还得费心思，使节取的部分自成一个相当完整的结构。文学作品里节取出来的不一定还是文学，也许只是应用的文字。但现在缺乏的正是应用的白话文，能多节取些倒是很合用的。

至于白话的私人书信，确是很少。现行的几部当代人的书简集，还是文言的多。用白话文写信，大约要从现在的青年人起手，将来倒是一定会普遍的。教材里似乎也只能暂时借用译文。译文有两种：一是译古为今，一是译外为中。书信是最亲切的文休，单是译外为中恐怕不足，所以加译古为今一项。当然要选那些可能译的译，而且得好译手。例如苏轼《黄州与秦太虚书》一类，就可以一试。曾国藩家书，似乎也可选择一些。这些书信都近于白话，译起来自然些。这种翻译为的是建立白话书信的体裁，并不是因为原文难懂，选那些近于白话的，倒许可以见功些。英文《蔡公家书》，有文言译本，题为《蔡公家训》商务本；译文明白，但不亲切自然。这部家书值得用白话重译一回；白话译也许可以贴切些。若是译笔好，那里面可选的教材很多。——朱光潜先生有《给青年的十二封信》开明版，讨论种种问题，是一部很适于青年的书。其中文字选入教本的已经不少。这部书兼有书信和说明文议论文的成分，跟《蔡公家书》是同类的。

（《国文教学》）

怎样学习国文[①]

——在昆明中法中学讲演

国文这科，在学校里是一种重要的功能，与英算居同等的地位。可是现在呢？国文只是名义上的重要了，其主要的原因，就是一般学生存着错误的观念，以为我们是中国人，学中国文，当然是容易的，于是多半对这门功课不很用功。无论白话文也罢，文言文也罢，在学习的时候，往往词不达意的地方很多，这就是没有对国文这科下过一番功夫的缘故。

最近的舆论，以为中学生的国文程度很低落。这种低落，指的是那方面？所谓低落，若是在文言文这方面，确实是比较低落，尤其是近十余年来，中学生学做文言，许多地方真是不通。读文言的能力也不够。但从做白话文这方面来说，一般的

---

① 本篇原载《国文杂志》第三卷第三期，署"朱自清讲演，段联瑗笔记"。

标准是大大的进步了，对于写景、抒情的能力，尤其非常的可观。可是除此而外，以白话写议论及应用文的能力，却非常的落后。

中学生对于"读"的功夫是太差了，现在把"读"的意义，简单的说一说。"读"这方面，它是包含着了解的程度及欣赏的程度。就象看一张图画，你觉得它确实太好了，但问你好到什么境地，那么得由你自己去体会，从体会的能力，就见出欣赏的深浅。

古人作一篇文章，他是有了浓厚的感情，发自他的胸腑，才用文字表现出来的。在文字里隐藏着他的灵魂，使旁人读了能够与作者共感共鸣。我们现在读文言，是因为时间远隔，古今语法不同，词汇差别很大，你能否从文字中体会古人的感情呢？这需要训练，需要用心，慢慢的去揣摩古人的心怀，然后才发现其中的奥蕴，这就是一般人觉得文言文了解的程度，比白话文实在是难的地方。

再进一步，可以说，白话与文言固然不同，白话与口语，又何尝一致呢？在五四运动的时候，有人提出口号："文语一致"。这只是理想而已。"文"是许多字句组织起来的，"语"则不然，说话的时候，有声调，快慢，动作等因素来帮助它，可以随便的说，只要使对方的人能够了解。总之，"语"确实是比"文"容易。

文言文，大学生与中学生都不大喜欢读的，大半因为文言文中的词汇不容易了解，譬如文言文中的"吾谁欺？"在白话文中是"我欺负那一个？"的意思。如果你不了解古代文法，也许会想到别的意义上去，然而只要多读它几遍，多体会一下，了解的程度就不同；所以"读"的功夫，我是以为非常重要的。

我们之所以对于典籍冷淡，另一方面，是因为它里面的事实，与我们现在不同。电影汽车飞机等类，在古代书籍中就见不到。反之，古代许多事物在我们现在也无从看到，譬如官制，礼节，服装等等，必须考据才能知道，这都阻碍我们阅读的兴趣。然而，只要用心，是没有什么困难不可以克服的。

生在民国的人们，学做文章，便不须要象做古文那样费很大的力量，只要你多读近代的作品，欣赏过近代的文学作品，博览过近代的翻译书籍，文学名著，那么，你写的文章，也可以很通顺，这是不用举例证明的。文言文中的应用文，再过二十年，必定也要达到被废弃的境地，因为白话文的势力，渐渐地侵入往来的公文中，交际的信函中了。

由于文言文在日常应用上渐渐的失去效用，我们对于过去用文言文写的典籍，便漠不关心，这是错误的思想。因为我们过去的典籍，我们阅读它，研究它，可以得到古代的学术思想，了解古代的生活状况，这便是中国人对于中国历史认识的任务；你多读文言，多研究历史，典籍，古文，这阅读工作的本身就是值得尊重的！

读文言最难的一步工作，是须要查字典，找考证，死记忆，有一种人图省事，对这步工作疏忽，囫囵吞枣的读下去，还自号"不求甚解"，这种态度，太错误了。假若我们模仿陶渊明的"好读书，不求甚解"的态度，那是有害无益的。他的不求甚解，是因为学问已经很渊博了，隐居时才自称"不求甚解"的，这句话含着他的人生观，青年人是万万不能从表面去仿效的。如果你以为他的不求甚解，就是马虎过去的意思，那么你非但没有了解"不求甚解"这句话的意义，对于你所读的书，就更无从了解。

碰见文言中不懂的词汇，除了请教国文老师而外，必须自己去查字典，以求"甚解"。如文言中的"驰骋文场"这成语，有一个人译到外国去是"人在书堆里跑马"的意思，这岂不是笑话吗？又如"巨擘"，原意是指拇指叫做巨擘，而它普通的意义是用来表扬"第一等"或"刮刮叫"等意义的赞语，这些地方就得留神，才不会出错。再举一例：

白日依山尽，黄河入海流，欲穷千里目，更上一层楼。

它在辞句上直接表示的意境已非常优美，但这首诗更说出另一种道理，它暗示人生，必须往高处走。所以我们读这首诗的时候，最要紧的是要懂得"言外之意"。又如下例：

铜炉在向往深山的矿苗，瓷壶在向往江边的陶泥……

这两句新诗，它的含意似乎更深了，有些人不解，但如果读了全文，便知道是非常容易明白的话。由此可见，诗里含着高尚的感情，要你多欣赏，多诵读，必能了解得更深刻。

此外关于了解文章的组织，也是必须的，须得把每篇文章做大纲，研究它怎样发展出来，中心在那里，还要注意它表面的次序，这种功夫，须得从现在就养成习惯，训练这种精神。

最后，我要告诉大家的，是关于写作方面，那你必须了解"创作"与"写作"的性质是不同的。自五四运动以后，许多人都希望成为一个作家，可是在今天，我们所能看见成功了的，出名的，确是寥寥无几。推究失败的原因，是到处滥用文学的感情和用语，时时借文字发泄感情，文学的成分太多了，不能恰到好处，反而失去文学真正的意义。

来纠正我们这些坏习惯，必须从报章文体学习。而我们更要学写议论文，从小的范围着手，拣与实际生活有密切关系的问题练习写，象关于学校中的伙食问题，你抓住要点，清清楚楚的写出来，即是有条理的文章。新闻事业在今世突飞猛进，发展的速度可以超乎其他文体之上，因为它是简捷而扼要。这种文体，我希望大家能努力去学。与其想成功一个文学家，不如学做一个切切实实的新闻记者。

写作杂谈

一、文脉

多年批改学生作文，觉得他们的最大的毛病是思路不清。思路不清就是层次不清，也就是无条理。这似乎是初学作文的人不能免的毛病，无论今昔，无论文言和白话——不过作文言更容易如此罢了。这毛病在叙述文_{包括描写文}和抒情文里比较不显著，在说明文和议论文里就容易看出，实际生活中说明文和议论文比叙述文和抒情文用得多，高中与大一的学生应该多练习这两体文字；一面也可以训练他们的思想。本篇便着眼在这两体上；文言文的问题比较复杂，现在且只就白话文立论。因为注重"思路"怎样表现在文字里，所以别称它为"文脉"——表现在语言里的，称为"语脉"。

现在许多青年大概有一个误解，认为白话文是跟说话差不多一致的。他们以为照着心里说的话写下来就是白话文，而心里说的话等于独自言语。但这种"独自言语"跟平常说话不同。不但不出声音，并且因为没有听者，没有种种自觉的和不自觉的制限，容易跑野马。在平常谈话或演说的时候，还免不了跑野马；独自思想时自然更会如此。再说思想也不一定全用语言，有时只用一些影象就过去了。因此作文便跟说话不能一致；思路不清正由于这些情形。说话也有没条理的，那也是思想训练不足，随心所向，不加控制的原故。但说话的条理比作文的条理究竟容易训练些，而训练的机会也多些。这就是说从自然的思路变成文脉，比变成语脉要难。总之，从思想到语言，和从思想到文字，都需要一番努力，语言文字清楚的程度，便看努力的大小而定；若完全随心所向，必至于说的话人家听不懂，作的文人家看不懂。

　　照着心里说的话写下来，有时自己读着，教别人听，倒也还通顺似的；可是叫别人看，就看出思路不清来了。这种情形似乎奇特，但我实地试验过，确有这种事。我并且想，许多的文脉不调正是因为这个原故。现在的青年练习说话——特别是演说——的机会很多，应该有相当的控制语言的能力，就是说语脉不调的应该比较前一代的青年少。他们练习作文的机会其实也比较前一代多，但如上文所论，控制文字确是难些。而因为作的是白话文，他们却容易将语脉混进文脉里，减少自己的困难，增加自己的满足，他们是将作文当做了说话的记录，但说话时至少有声调的帮助，有时候承转或联贯全靠声调，白话文也有声调，可是另一种，不及口语声调的活泼有弹性，承转或联贯处，便得另起炉灶。将作文当说话的记录，是想象口语声调的存在，因此就不肯多费气力在承转或联贯上，但那口语的声调其实是不存在的。这种作文由作者自己读，他会按照口语的声调加以调整，所以听起来也还通顺似的。可是教别人看时，只照白话文的声调默读着，只按着文脉，毛病便出来了。那种自己读时的调整，是不自觉的，是让语脉蒙蔽了自己，这蒙蔽自己是不容易发现的，因此作文就难改进了。

　　思想，谈话，演说，作文，这四步一步比一步难，一步比一步需要更多的条理；思想可以独自随心所向，谈话和演说就得顾到少数与多数的听者，作文更得顾到不见面的读者，所以越来越需要条理。语脉和文脉不同，所以有些人长于说话而不长于作文，有些人恰相反；但也有相关联的情形。说话可以训练语脉；这样获得的语脉，特别是从演说练习里获得的，有时也可以帮助文脉的进展，所以要改进作文，可以从练习演说下手。但是语脉有时会混入文脉，象上一段说的。在这种情形下，要改进作文，最好先读给人听，再请他看，请他改，并指出听时和看时觉得不同的地方。但是这件事得有负责的而且细心的教师才成。其实一般只要能够细看教师的批改也就很好。不过在这两种情形下，改本都得再三朗读，才会真得到益处。现在的学生肯细看教师的批改的已经很少，朗读改本的大概没有一个。这固然因为懒，也因为从来没有受到正确的朗读训练的原故。现在白话文的朗读训练只在小学里有，那其实不是朗读，只是吟诵；吟诵重音节，便于背，却将文义忽略，不能训练文脉。要训练文脉，得用宣读文件的声调。我想若从小学时代起就训练这种正确的朗读，语脉混入文脉的情形将可减少，学生作文也将容易进步。

再次是在作文时先写出详细的纲目。这不是从声调上下手，而是从意义上，从意念的排列上下手。这是诉诸逻辑。纲目最好请教师看看。意念安排得有秩序，作起文来应该容易通顺些。不过这方法似乎不及前两者直截而自然。还有，作文时限制字数，或先作一段一段的，且慢作整篇的，这样可以有工夫细心修改；但得教师个别的指正，学生才知道修改的路子。这样修改的结果文脉也可以清楚些。除了这些方法之外，更要紧的是多看，多朗读，多习作三项都该多在说明和议论两体上下工夫。这原是老生常谈，但这里要指出，前两项更重要些；只多作而不多看多读，文脉还是不容易获得的。

二、标点符号

历年批改大学一年级学生的作文，觉得他们对于标点符号的使用很不在意。他们之间，和一般人之间一样，流行着一句熟语："加标点。"他们写作，多数是等到成篇之后再"加"标点符号的。这显然不是正确的办法。白话文之所以为白话文，标点符号是主要的成分之一。标点符号表明词句的性质，帮助达意的明确和表情的恰切，作用跟文字一样，决不是附加在文字上，可有可无的玩意儿。本来没有标点符号的古书和文言，为了帮助别人了解或为了自己了解正确，可以"加"上标点符号去。但是自己写作，特别是白话文，该将标点符号和文字一样看待、同等使用，随写随标点，才能尽标点符号的用处。若是等文字写成篇再"加标点"，那总是不会切合的。古书和原无标点符号的文言，"加标点"后往往有不切合处；那是古今达意表情的方式不同，无可奈何。自己写作，特别是白话文，标点符号正是支持我们达意表情的方式的，不充分利用，写作的效果便会因而减少。我们说话时靠得种种声调姿势帮助；写作时失去这种帮助，标点符号可以替代一部分。明白这个道理，便知道标点符号跟文字的关系是有机的——后"加"上去，就不是有机的了。

现在的学生乃至一般人往往乱用或滥用标点符号，结果标点符号真成了可有可无的东西似的。在达意方面，学生的作文里最常见的是逗号（，）和分号（；）的乱用。分号介在逗号和句号（。）之间，主要的作用在界划较长的句语和较短而意义上紧密的联系着的句子。青年们和一般人不大容易弄清楚这个符号的用处，是大家都知道的。有时他们似乎将它当逗号用，有时又似乎将它当句号用；用得合式的很少。这个符号本来复杂些，用错了还可以说是在意中。象逗号，很简单，乱用的却也很多，或许是一般想不到的。学生们作文里用逗号最多，往往一段文字只在段末有个句号，其余便是一大串逗号。这使人看不清他们的意义，摸不清他们的思路。他们似乎将逗号只当作停顿的符号用，而不管停顿的长短；更不管意义的分界。他们不大用句号，是一个可注意的现象。他们似乎没有清楚的"句"的意念。学生们作文，常犯思路不清或层次不明的毛病，这少用句号也是征象之一。此外还有惊叹号的滥用，似乎是一般的情形。就象公函中"为荷"下的惊叹号，便大可不必——句号尽合式了。更有袭用双惊叹号或三惊叹号的，给予读者的效果往往只是浮夸不实。

教育部二十年前就颁行过标点符号施行条例，起草的是胡适之先生。但是青年们和一般人注意这个条例的似乎不多。原因大约有好几种。一是推行的不尽力。这种条例应该常在青年读物或一般读物里引用，让大家常常看见，常常捉摸，才有用处。可是事实不然。中学教科书里虽然偶有论到标点符号的，也不多，教师们又不认真去教，成效自然少见。二是例句不合式。条例中所举的例句都是古书和文言，加上一些旧小说的白话，现代的白话文记得似乎没有。条例颁行的时期，白话文运动刚起头儿，为起信的原故，只举旧例，也是一番苦心。可是如上文所论，这种例句"加"上标点符号，究竟不很自然，这种例句并不能充分表示每种标点符号的用处。再说既然都是旧例，爱读现代白话文的，便不免减少阅读的兴趣，不大去注意。我想教育部若能将那条例修订一番，细心选择现代白话文作为主要的例句，一面责成中学教师切实教授，并在改文时注意，标点符号的用法会渐渐正确起来的。不过，更重要的是，青年们得养成随文标点的习惯，一面还得在读现代白话文时随时体会一标一点的意味，学习正确的用法才成。

(《国文教学》)

禅家的语言

我们知道禅家是"离言说"的，他们要将嘴挂在墙上。但是禅家却最能够活用语言。正象道家以及后来的清谈家一样，他们都否定语言，可是都能识得语言的弹性，把握着，运用着，达成他们的活泼无碍的说教。不过道家以及清谈家只说到"得意忘言"，"言不尽意"，还只是部分的否定语言，禅家却彻底的否定了它。《古尊宿语录》卷二记百丈怀海禅师答僧问"祖宗密语"说：

> 无有密语，如来无有秘密藏。……但有语句，尽属法之尘垢。但有语句，尽属烦恼边收。但有语句，尽属不了义教。但有语句，尽不许也，了义教俱非也。更讨什么密语！

这里完全否定了语句，可是同卷又记着他的话：

> 但是一切言教只如治病，为病不同，药亦不同。所以有时说有佛，有时说无佛。实语治病，病若得瘥，个个是实语；病若不瘥，个个是虚妄语。实语是虚妄语，生见故。虚妄是实语，断众生颠倒故。为病是虚妄，只有虚妄药相治。

又说：

> 世间譬喻是顺喻，不了义教是顺喻。了义教是逆喻，舍头目髓脑是逆喻，如今不爱佛菩提等法是逆喻。

虚实顺逆却都是活用语言。否定是站在语言的高头，活用是站在语言的中间；层次不同，说不到矛盾。明白了这个道理，才知道如何活用语言。

北平《世间解》月刊第五期上有顾随先生的《揣籥录》，第五节题为《不是不是》，中间提到"如何是（达摩）祖师西来意"一问，提到许多答语，说只是些"不是，不是！"这确是一语道着，斩断葛藤。但是"不是，不是！"也有各色各样。顾先生提到赵州和尚，这里且看看他的一手。《古尊宿语录》卷十三记学人问他：

> 问："如何是赵州一句？"
> 师云："半句也无。"
> 学云："岂无和尚在？"

师云："老僧不是一句。"

卷十四又记：

问："如何是一句？"
师云："道什么？"
问："如何是一句？"
师云："两句。"

同卷还有：

问："如何是目前一句？"
师云："老僧不如你！"

这都是在否定"一句"，"一句""密语"。第一个答语，否定
自明。第二次答"两句"，"两句"不是"一句"，牛头不对
马嘴，还是个否定。第三个答语似乎更不相干，却在说：不知
道，没有"目前一句"，你要，你自己悟去。

　　同样，他否定了"祖师西来意"那问语。同书卷十三记学
人问"如何是祖师西来意"？

师云："庭前柏树子。"

卷十四记着同一问语：

师云："床脚是。"

云："莫便是也无？"（就是这个吗？）

师云："是即脱取去。"（是就拿下带了去。）

还有一次答话：

师云："东壁上挂葫芦，多少时也！"

"即心即佛"，"非心非佛"，"祖师西来意"是不可说的，这
里却说了，说得很具体。但是"柏树子"，"床脚"，"葫芦"，
这些用来指点的眼前景物。可以说都和"西来意"了不相干，
所谓"逆喻"，是用肯定来否定，说了还跟没有说一样。但是
同卷又记着：

问："柏树子还有佛性也无？"

师云："有。"

云："几时成佛？"

师云："待虚空落地。"

云："虚空几时落地？"

师云："待柏树子成佛。"

既是"虚空"，何能"落地"？这句话否定了它自己，现在我
们称为无意义的话。"待柏树子成佛"是兜圈子，也等于没有
说，我们称为丐词。这些也都是用肯定来否定的。但是柏树子
有佛性，前面那些答话就又是了不相干了。这正是活用，我

们称为多义的话。

同卷紧接着的一段：

> 问："如何是西来意？"
> 师云："因什么向院里骂老僧！"
> 云："学人有何过？"
> 师云："老僧不能就院里骂得阇黎。"（阇黎＝师）

又记着：

> 问："如何是西来意？"
> 师云："板齿生毛。"

这里前两句答话也是了不相干，但是不是眼前有的景物，而是眼前没有的事；没有的事是没有，是否定。但是"骂老僧"，"骂阇黎"就是不认得僧，不认得师，因而这一问也就是不认得祖师。这也是两面儿话，或说是两可的话。末一句答话说板牙上长毛，也是没有的事，并且是不可能的事；"西来意"是不可能说的。同卷还有两句答话：

> 师云："如你不唤作祖师，意犹未在。"

这是说没有"祖师"，也没有"意"。

> 师云："什么处得者消息来！"

意思是跟上句一样。这都是直接否定了问句，比较简单好懂。顾先生说"庭前柏树子"一句"流传宇宙，震铄古今"，就因为那答话里是个常物，却出乎常情，却又不出乎禅家"无多子"的常理。这需要活泼无碍的运用想象，活泼无碍的运用语言。这就是所谓"机锋"。"机锋"也有路数，本文各例可见一斑。

（《世间解》月刊）

关于“月夜蝉声”

　　我的《荷塘月色》那篇文章里提到蝉声。抗战前几年有一位陈少白先生——陈先生的名字，我记忆的也许不准确——写信给我，说蝉子夜晚是不叫的。那时我问了好几个人，都说陈先生的话不错。我于是写信请教同事的昆虫学家刘崇乐先生。过了几天，他抄了一段书交给我，只说了一句话，“好容易找到这一段儿！”这一段儿出于什么书，著者是谁，我都忘了。但是文中记录的，确是月夜的蝉声；著者说平常夜晚蝉子是不叫的，那一个月夜，他却听见它们在叫。

　　当时我觉得刘先生既然“好容易找到这一段儿”，而一般人在常识上又都觉得蝉子夜晚不叫，那么那一段记录也许是个例外。因此我复陈先生的信，谢谢他，并简单的告诉他我曾经请教过一位生物学家，这位生物学家也说夜晚蝉子不叫。信中没有提刘先生的名字，因为这些话究竟只是我的解释，刘先生是谨慎的科学家，关于这个问题，他自己其实没有说一个字。信中我又说《背影》以后再版，要删掉月夜蝉声那句子。

抗战的一年或其后一年，陈先生在正中书局的《新学生月刊》上发表了一篇文章，讨论这问题，并引了我的信。他好象还引了王安石的《葛溪驿》①诗的故事。诗中也提到月夜蝉声，历来都怀疑他那诗句，因为大家都觉得夜晚蝉子不叫。这个故事增加这问题的兴味。但那时我自己却又有两回亲耳听到月夜的蝉声。我没有记录时间和地点等等，可是这两回的经验是确实的；因为听到的时候，我都曾马上想到这问题和关于它的讨论。

当时我读了陈先生的文章，很想就写封信给他，告诉他关于那位生物学家的我的曲解，和我的新的经验，跟《荷塘月色》中所叙的有相同的地方。可惜不知道他的通信处，没法写这封信。于是又想写篇短文说明这些情形，但是懒着没有动笔。一懒就懒了这些年，真是对不住陈先生和一些读者。

从以上所叙述的，可以知道观察之难。我们往往由常有的经验作概括的推论。例如由有些夜晚蝉子不叫，推论到所有夜晚蝉子不叫。于是相信这种推论便是真理。其实只是成见。这种成见，足以使我们无视新的不同的经验，或加以歪曲的解释。我自己在这儿是个有趣的例子。在《荷塘月色》那回经验里，我并不知道蝉子平常夜晚不叫。后来读了陈先生的信，问

---

① 王安石《葛溪驿》："缺月昏昏漏未央，一灯明灭照秋床。病身最觉风露早，归梦不知山水长。坐感岁时歌慷慨，起看天地色凄凉。鸣蝉更乱行人耳，正抱疏桐叫半黄。"

了些别人，又读到王安石《葛溪驿》诗的注，便跟着跳到"蝉子夜晚是不叫的"那概括的结论，而相信那是真理。于是自己的经验，认为记忆错误；专家的记录，认为也许例外。这些足证成见影响之大。那后来的两回，若不是我有这切己的问题在心里，也是很容易忽略过去的。新的观察新的经验的获得，如此艰难，无怪乎《葛溪驿》的诗句久无定论了。

一九三九年

鲁迅《药》指导大概

药

一

①秋天的后半夜，月亮下去了，太阳还没有出，只剩下一片乌蓝的天；除了夜游的东西，什么都睡着。华老栓忽然坐起身，擦着火柴，点上遍身油腻的灯盏，茶馆的两间屋子里，便弥满了青白的光。

②"小栓的爹，你就去么？"是一个老女人的声音。里边的小屋子里，也发出一阵咳嗽。

"唔。"老栓一面听，一面应，一面扣上衣服；伸手过去说，"你给我罢。"

华大妈在枕头底下掏了半天，掏出一包洋钱，交给老栓，老栓接了，抖抖的装入衣袋，又在外面按了两下；便点上灯笼，吹熄灯盏，走向里屋子去了。那屋子里面，正在窸窸窣窣的响，接着便是一通咳嗽。老栓候他平静下去，才低低的叫道，"小栓……你不要起来。……店么？你娘会安排的。"

③老栓听得儿子不再说话，料他安心睡了，便出了门，走到街上。街上黑沉沉的一无所有，只有一条灰白的路，看得分明。灯光照着他的两脚，一前一后的走。有时也遇到几只狗，可是一只也没有叫。天气比屋子里冷得多了；老栓倒觉爽快，仿佛一旦变了少年，得了神通，有给人生命的本领似的，跨步格外高远。而且路也愈走愈分明，天也愈走愈亮了。

④老栓正在专心走路，忽然吃了一惊，远远里看见一条丁字街，明明白白横着。他便退了几步，寻到一家关着门的铺子，蹩进檐下，靠门立住了。好一会，身上觉得有些发冷。

⑤"哼，老头子。"

"倒高兴……。"

老栓又吃一惊，睁眼看时，几个人从他面前过去了。一个还回头看他，样子不甚分明，但很像久饿的人见了食物一般，眼里闪出一种攫取的光。老栓看看灯笼，已经熄了。按一按衣袋，硬硬的还在。仰起头两面一望，只见许多古怪的人，三三两两，鬼似的在那里徘徊；定睛再看，却也看不出什么别的奇怪。

⑥没有多久，又见几个兵，在那边走动；衣服前后的一个大白圆圈，远地里也看得清楚，走过面前的，并且看出号衣上暗红色的镶边。——一阵脚步声响，一眨眼，已经拥过了一大簇人。那三三两两的人，也忽然合作一堆，潮一般向前赶；将

到丁字街口，便突然立住，簇成一个半圆。

⑦老栓也向那边看，却只见一堆人的后背；颈项都伸得很长，仿佛许多鸭，被无形的手捏住了的，向上提着。静了一会，似乎有点声音，便又动摇起来，轰的一声，都向后退；一直散到老栓立着的地方，几乎将他挤倒了。

⑧"喂！一手交钱，一手交货！"一个浑身黑色的人，站在老栓面前，眼光正像两把刀，刺得老栓缩小了一半。那人一只大手，向他摊着；一只手却撮着一个鲜红的馒头，那红的还是一点一点的往下滴。

⑨老栓慌忙摸出洋钱，抖抖的想交给他，却又不敢去接他的东西。那人便焦急起来，嚷道，"怕什么？怎的不拿！"老栓还踌躇着；黑的人便抢过灯笼，一把扯下纸罩，裹了馒头，塞与老栓；一手抓过洋钱，捏一捏，转身去了。嘴里哼着说，"这老东西……。"

⑩"这给谁治病的呀？"老栓也似乎听得有人问他，但他并不答应；他的精神，现在只在一个包上，仿佛抱着一个十世单传的婴儿，别的事情，都已置之度外了。他现在要将这包里的新的生命，移植到他家里，收获许多幸福。太阳也出来了；在他面前，显出一条大道，直到他家中，后面也照见丁字街头破匾上"古口亭口"这四个黯淡的金字。

二

⑪老栓走到家，店面早经收拾干净，一排一排的茶桌，滑溜溜的发光，但是没有客人；只有小栓坐在里排的桌前吃饭，大粒的汗，从额上滚下，夹袄也帖住了脊心，两块肩胛骨高高凸出，印成一个阳文的"八"字。老栓见这样子，不免皱

展开的眉心。他的女人，从灶下急急走出，睁着眼睛，嘴唇有些发抖。

"得了么？"

"得了。"

⑫两个人一齐走进灶下，商量了一会，华大妈便出去了，不多时，拿着一片老荷叶回来，摊在桌上。老栓也打开灯笼罩，用荷叶重新包了那红的馒头。小栓也吃完饭，他的母亲慌忙说：——

"小栓——你坐着，不要到这里来。"

一面整顿了灶火，老栓便把一个碧绿的包，一个红红白白的破灯笼，一同塞在灶里；一阵红黑的火焰过去时，店屋里散满了一种奇怪的香味。

⑬"好香！你们吃什么点心呀？"这是驼背五少爷到了。这人每天总在茶馆里过日，来得最早，去得最迟，此时恰恰蹩到临街的壁角的桌边，便坐下问话，然而没有人答应他。"炒米粥么？"仍然没有人应。老栓匆匆走出，给他泡上茶。

⑭"小栓进来罢！"华大妈叫小栓进了里面的屋子，中间放好一条凳，小栓坐了。他的母亲端过一碟乌黑的圆东西，轻轻说：——

"吃下去罢，——病便好了。"

⑮小栓撮起这黑东西，看了一会，似乎拿着自己的性命一般，心里说不出的奇怪。十分小心的拗开了，焦皮里面窜出一道白气，白气散了，是两半个白面的馒头。——不多工夫，已经全在肚里了，却全忘了什么味；面前只剩下一张空盘。他的旁边，一面立着他的父亲，一面立着他的母亲，两人的眼光，

都仿佛要在他身里注进什么又要取出什么似的；便禁不住心跳起来，按着胸膛，又是一阵咳嗽。

⑯"睡一会罢，——便好了。"

小栓依他母亲的话，咳着睡了。华大妈候他喘气平静，才轻轻的给他盖上了满幅补钉的夹被。

三

⑰店里坐着许多人，老栓也忙了，提着大铜壶，一趟一趟的给客人冲茶；两个眼眶，都围着一圈黑线。

"老栓，你有些不舒服么？——你生病么？"一个花白胡子的人说。

"没有。"

"没有？——我想笑嘻嘻的，原也不像……"花白胡子便取消了自己的话。

⑱"老栓只是忙。要是他的儿子……"驼背五少爷话还未完，突然闯进了一个满脸横肉的人，披一件玄色布衫，散着纽扣，用很宽的玄色腰带，胡乱捆在腰间。刚进门，便对老栓嚷道：——

"吃了么？好了么？老栓，就是运气了你！你运气，要不是我信息灵……"

⑲老栓一手提了茶壶，一手恭恭敬敬的垂着，笑嘻嘻的听。满座的人，也都恭恭敬敬的听。华大妈也黑着眼眶，笑嘻嘻的送出茶碗茶叶来，加上一个橄榄，老栓便去冲了水。

⑳"这是包好！这是与众不同的。你想，趁热的拿来，趁热吃下。"横肉的人只是嚷。

"真的呢，要没有康大叔照顾，怎么会这样……"华大妈也很感激的谢他。

"包好，包好！这样的趁热吃下。这样的人血馒头，什么痨病都包好！"

华大妈听到"痨病"这两个字，变了一点脸色，似乎有些不高兴，但又立刻堆上笑，搭赸着走开了。这康大叔却没有觉察，仍然提高了喉咙只是嚷，嚷得里面睡着的小栓也合伙咳嗽起来。

㉑ "原来你家小栓碰到了这样的好运气了。这病自然一定全好；怪不得老栓整天的笑着呢。"花白胡子一面说，一面走到康大叔面前，低声下气的问道，"康大叔——听说今天结果的一个犯人，便是夏家的孩子，那是谁的孩子？究竟是什么事？"

㉒ "谁的？不就是夏四奶奶的儿子么？那个小家伙！"康大叔见众人都耸起耳朵听他，便格外高兴，横肉块块饱绽，越发大声说，"这小东西不要命，不要就是了。我可是这一回一点没有得到好处，连剥下来的衣服，都给管牢的红眼睛阿义拿去了。——第一要算我们栓叔运气；第二是夏三爷赏了二十五两雪白的银子，独自落腰包，一文不花。"

㉓ 小栓慢慢的从小屋子走出，两手按了胸口，不住的咳嗽；走到灶下，盛出一碗冷饭，泡上热水，坐下便吃。华大妈跟着他走，轻轻的问道，"小栓你好些么？——你仍旧只是肚饿？……"

㉔ "包好，包好！"康大叔瞥了小栓一眼，仍然回过脸，对众人说，"夏三爷真是乖角儿，要是他不先告官，连他满门抄斩。现在怎样？银子！——这小东西也真不成东西！关在牢

里，还要劝牢头造反。"

"阿呀，那还了得。"坐在后排的一个二十多岁的人，很现出气愤模样。

"你要晓得红眼睛阿义是去盘盘底细的，他却和他攀谈了。他说，这大清的天下是我们大家的。你想：这是人话么？红眼睛原知道他家里只有一个老娘，可是没有料到他竟会那么穷，榨不出一点油水，已经气破肚皮了。他还要老虎头上搔痒，便给他两个嘴巴！"

"义哥是一手好拳棒，这两下，一定够他受用了。"壁角的驼背忽然高兴起来。

㉕"他这贱骨头打不怕，还要说可怜可怜哩。"

花白胡子的人说，"打了这种东西，有什么可怜呢？"

康大叔显出看他不上的样子，冷笑着说，"你没有听清我的话，看他神气，是说阿义可怜哩！"

听着的人的眼光，忽然有些板滞；话也停顿了。小栓已经吃完饭，吃得满身流汗，头上都冒出蒸气来。

㉖"阿义可怜——疯话，简直是发了疯了。"花白胡子恍然大悟似的说。

"发了疯了。"二十多岁的人也恍然大悟的说。

店里的坐客，便又现出活气，谈笑起来。小栓也趁着热闹，拚命咳嗽；康大叔走上前，拍他肩膀说：——

"包好！小栓——你不要这么咳。包好！"

"疯了。"驼背五少爷点着头说。

四

㉗西关外靠着城根的地面，本是一块官地；中间歪歪斜

斜一条细路，是贪走便道的人，用鞋底造成的，但却成了自然的界限。路的左边，都埋着死刑和瘐毙的人，右边是穷人的丛冢。两面都已埋到层层叠叠，宛然阔人家里祝寿时候的馒头。

㉘这一年的清明，分外寒冷；杨柳才吐出半粒米大的新芽。天明未久，华大妈已在右边的一坐新坟前面，排出四碟菜，一碗饭，哭了一场。化过纸，呆呆的坐在地上；仿佛等候什么似的，但自己也说不出等候什么。微风起来，吹动他短发，确乎比去年白得多了。

㉙小路上又来了一个女人，也是半白头发，褴褛的衣裙；提一个破旧的朱漆圆篮，外挂一串纸锭，三步一歇的走。忽然见华大妈坐在地上看他，便有些踌躇，惨白的脸上，现出些羞愧的颜色，但终于硬着头皮，走到左边的一坐坟前，放下了篮子。

㉚那坟与小栓的坟，一字儿排着，中间只隔一条小路。华大妈看他排好四碟菜，一碗饭，立着哭了一通，化过纸锭；心里暗暗地想，"这坟里的也是儿子了。"那老女人徘徊观望了一回，忽然手脚有些发抖，跄跄踉踉退下几步，瞪着眼只是发怔。

㉛华大妈见这样子，生怕他伤心到快要发狂了；便忍不住立起身，跨过小路，低声对他说："你这位老奶奶不要伤心了，——我们还是回去罢。"

㉜那人点一点头，眼睛仍然向上瞪着，也低声吃吃的说道，"你看，——看这是什么呢？"

华大妈跟了他指头看去，眼光便到了前面的坟，这坟上草根还没有全合，露出一块一块的黄土，煞是难看。再往上仔细看时，却不觉也吃一惊；——分明有一圈红白的花，围着那尖圆的坟顶。

㉝他们的眼睛都已老花多年了，但望这红白的花，却还能明白看见。花也不很多，圆圆的排成一个圈，不很精神，倒也整齐。华大妈忙看他儿子和别人的坟，却只有不怕冷的几点青白小花，零星开着，便觉得心里忽然感到一种不足和空虚，不愿意根究。那老女人又走近几步，细看了一遍，自言自语的说，"这没有根，不象自己开的。——这地方有谁来呢？孩子不会来玩，——亲戚本家早不来了。——这是怎么一回事呢？"他想了又想，忽又流下泪来，大声说道：——

"瑜儿，他们都冤枉了你，你还是忘不了，伤心不过，今天特意显点灵，要我知道么？"他四面一看，只见一只乌鸦，站在一株没有叶的树上，便接着说，"我知道了。——瑜儿，可怜他们坑了你，他们将来总有报应，天都知道，你闭了眼睛就是了。——你如果真在这里，听到我的话，——便教这乌鸦飞上你的坟顶，给我看罢。"

㉞微风早经停息了，枯草支支直立，有如铜丝。一丝发抖的声音，在空气中愈颤愈细，细到没有，周围便都是死一般静。两人站在枯草丛里，仰面看那乌鸦，那乌鸦也在笔直的树枝间，缩着头，铁铸一般站着。

㉟许多的工夫过去了，上坟的人渐渐增多，几个老的小的，在土坟间出没。

㊱华大妈不知怎的，似乎卸下了一挑重担，便想到要走，一面劝着说，"我们还是回去罢。"

㊲那老女人叹一口气，无精打采的收起饭菜，又迟疑了一

刻，终于慢慢地走了。嘴里自言自语的说，"这是怎么一回事呢？……"

㊳他们走不上二三十步远，忽听得背后"哑——"的一声大叫；两个人都悚然的回过头，只见那乌鸦张开两翅，一挫身，直向着远处的天空，箭也似的飞去了。

一九一九年四月

指导大概

本篇是短篇小说。正题旨是亲子之爱，副题旨是革命者的寂寞的悲哀。这故事是在清朝的末年，那时才有革命党；本篇第三段"这大清的天下是我们大家的"一句话，表示了革命党的主张，也表示了朝代。这故事是个小城市的故事，出面的人物也都是小城市的人物。那时代的社会还是所谓封建的社会；这些人物，这些人物的思想，自然充满了封建社会的色彩。从华老栓到夏四奶奶，都是如此。

故事只是这样：小茶馆的掌柜华老栓和华大妈夫妇只有小栓一个儿子，象是已经成了年。小栓生了痨病，总不好。老夫妇捡到一个秘方，人血馒头可以治好痨病。老栓便托了刽子手康大叔，当然，得花钱。刚好这一个秋天的日子，杀一个姓夏名瑜的革命党，老栓去向康大叔买回那人血馒头，让小栓吃了。小栓可终于没有好，死了。那夏瑜是他的三伯父夏三爷告了密逮着的。夏瑜很穷，只有一个老母亲，便是夏四奶奶。他在牢里还向管牢的红眼睛阿义宣传革命，却挨了两个嘴巴。夏三爷告密，官厅赏了二十五两银子。一般人没有同情那革命党的。他是死刑犯人，埋在西关外官地上；华家是穷人，小栓也埋在那里。第二年清明，华大妈去上坟，夏四奶奶也去。夏四奶奶发现儿子坟上有一个花圈，却不认识是什么，以为他让人冤枉死了，在特意显灵呢。华大妈瞧着夏四奶奶发怔，过去想安慰她，看见花圈，也不认识，只觉得自己儿子坟上没有，"感到一种不足和空虚"㉝。她终于劝着夏四奶奶离开了坟场。

　　本篇从"秋天的后半夜"①老栓忙着起来去等人血馒头开场。第一段说到馒头到了手为止。第二段说老栓夫妇商量着烧那馒头，直到看着小栓吃下去。第三段康大叔来到茶馆里，和老栓夫妇谈人血馒头；从馒头谈到了那革命党。这却只是茶客们和他问答着，议论着。这两段里都穿插着小栓的病相。第一段的时间是后半夜到天明；第二、三段只是一个早上。第四段是第二年清明节的一个早上，华大妈去上儿子的坟，可见小栓是死了。夏四奶奶也去上儿子的坟，却有人先已放了一个花圈在那坟上。第一段里，主要的是老栓的动作。第二段里是华大妈的。第三段里主要是康大叔和茶客们的对话。第四段里主要的却是夏四奶奶的动作。

　　老栓和华大妈都将整个儿的心放在小栓的身上，放在小栓的病上。人血馒头只是一个环；在这以前可能还试过许多方子，在这以后，可能也想过一些法子。但只这一环便可见出老夫妇爱儿子的心专到怎样程度，别的都不消再提了。鲁迅先生没有提"爱"字，可是全篇从头到尾都见出老夫妇这番心。他们是穷人，不等到第四段说小栓埋在"穷人的丛冢"㉗里我们才知道，从开始一节里"华老栓"这名字，和"遍身油腻的灯盏""茶馆的两间屋子",便看出主人公是穷人了。穷人的钱是不容易来的,更是不容易攒的。华大妈枕头底下那一包洋钱,不知她夫妇俩怎样辛苦才省下来的。可是为了人血馒头,为了儿子的病,他们愿意一下子花去这些辛苦钱。"华大妈在枕头底下掏了半天",才掏出那包钱。老栓"抖抖的装入衣袋,又在外面按了两下"②。他后来在丁字街近处的那家铺子门边站着的时候,又"按一按衣袋,硬硬的还在"⑤。这些固然见出老夫妇俩钱来的不易,他们可并不是在心疼钱。他们觉得儿子的命就在那人血馒头上,也就在这包钱上,所以慎重的藏着,慎重的装着,慎重的守着。这简直是一种虔敬的态度。

老栓夫妇是忙人,一面得招呼茶客们,一面还得招呼小栓的病。他们最需要好好的睡。可是老栓去等馒头这一夜,他俩都没有睡足,也没有睡好;所以第二天早上两个人的眼眶都围上一圈黑线⑰⑲。那花白胡子甚至疑心老栓生了病⑰。这一夜老栓其实不必起来得那么早,连华大妈似乎都觉得他太早了一些,所以带点疼惜的说,"你就去么?"②但是这是关系儿子生命的大事,他怎敢耽误呢!大概他俩惦记着这件大事,那上半夜也没有怎样睡着,所以第二天才累得那样儿。老栓出了门,到了丁字街近处那家关着门的铺子前面立住,"好一会"④,才有赶杀场的人"从他面前过去"⑤,他确是太早了一些。这当儿华大妈也不会再睡。她惦记着,盼望着,而且这一早收拾店面是她一个人的事儿。老栓出门前不是叫了小栓"你不要起来。……店么?你娘会安排的"②。"老栓走到家,店面早经收拾干净,一排一排的茶桌,滑溜溜的发光"⑪,可见她起来也是特别早的。两夫妇一个心,只是为了儿子。

老栓是安分良民，和那些天刚亮就起来赶杀场的流浪汉和那些刽子手不是一路。他们也看出他的异样，所以说，"哼，老头子。""倒高兴……。"⑤"这老东西……"⑨，他胆儿小，怕看杀人，怕见人血，怕拿人血馒头。他始终立在那铺子的檐下，不去看杀场。固然他心里只有儿子的病，没心赶热闹去，害怕可也是一半儿。他连那些去看杀人和那杀人的人的眼光都禁不起⑤⑧，他甚至看见那杀人的地方——丁字街——，听见讥讽他也来看杀人的话，都"吃一惊"④⑤，何况是杀人呢？人血馒头是那刽子手送到他面前来的。他还不敢接那"鲜红的馒头"⑧，是那刽子手扯下他的灯笼罩，塞给他，他才拿着的。这人血馒头本该"趁热的拿来，趁热吃下"⑳，可是老栓夫妇害怕这么办。"两个人一齐走进灶下，商量了一会"⑫，才决定拿一片老荷叶"重新包了那红的馒头"⑫，和那"红红白白的破灯笼，一同塞在灶里"⑫，烧了给小栓吃。他们不但自己害怕，还害怕小栓害怕，所以才商量出这个不教人害怕的办法来。他们硬着头皮去做那害怕的事儿，拿那害怕的东西，只是为了儿子。但他们要尽可能的让儿子不害怕，一来免得他不敢吃，二来免得他吃下去不舒服。所以在重包馒头的时候，华大妈"慌忙说：'小栓——你坐着，不要到这里来'⑫。他正是害怕小栓看见"那红的馒头"⑫。——但那是人血馒头，能治病，小栓是知道的。

老栓夫妇唯一关心的是小栓的病。老栓起来的时候，小栓醒了，"里边的小屋子里，也发出一阵咳嗽"②，他出门的时候，吹熄灯盏，特地走向里屋子去。小栓又是一遍咳嗽。老栓"候他平静下去，才低低的叫"他不要起来，店面由他娘收拾去②。"听得儿子不再说话，料他安心睡了"③，老栓才出了门。一个作父亲的这样体贴儿子，也就算入微了。母亲自然更是无微不至。重包馒头时华大妈那句话，上节已引过了。她和小栓说话，给小栓作事，都是"轻轻"的。第二段第三段里见了三回：一回是"轻轻说"⑭，一回是"候他喘气平静，才轻轻的给他盖上了满幅补钉的夹被"⑯，又一回是"轻轻的问道"㉓，老栓固然也是"低低的叫"，但那是在夜里，在一个特殊境地里。华大妈却常是"轻轻"的，老是"轻轻"的，母亲的细心和耐性是更大了。

　　老栓夫妇是粗人，自然盼望人血馒头治好小栓的病，而且盼望马上治好。老栓在街上走的时候，"仿佛一旦变了少年，得了神通，有给人生命的本领似的，跨步格外高远"③。他的高兴，由于信和望。他拿到那馒头的时候，听得有人问他话。"但他并不答应；他的精神，现在只在一个包上，仿佛抱着一个十世单传的婴儿，别的事情，都已置之度外了。他现在要将这包里的新的生命，移植到他家里，收获许多幸福"⑩。这是一种虔敬的信和望。华大妈的信和望和老栓其实不相上下。"老栓走到家"的时候，她"从灶下急急走出，睁着眼睛，嘴唇有些发抖"，问："得了么？"⑪只这半句话，便是她的整个儿的心。后来她和小栓说，"吃下去罢，——便好了"⑭。又说，"睡一会罢，——便好了"⑯。她盼望小栓的病便会好的。所以小栓又在吃饭的时候，她便"跟着他走，轻轻的问道，'小栓你好些么？——你仍旧只是肚饿？'"㉓"仍旧"这个词表示她的失望，也就是表示她的盼望。她不高兴"听到'痨病'这两个字"⑳，也由于她的盼望，她盼望小栓不是"痨病"。她知道他是，可是不相信他是，不愿意他是，更不愿意别人说他是"痨病"。老栓和她一样的盼望着小栓不是"痨病"，可是他走到家，看见小栓坐着吃饭的样子，"不免皱一皱展开的眉心"⑪。他是男人，自然比华大妈容易看清楚现实些，也比她禁得住失望些。但是他俩对于那个人血馒头却有着共同的信和望。小栓吃下那馒头的时候，"一面立着他的父亲，一面立着他的母亲，两人的眼光，都仿佛要在他身里注进什么又要取出什么似的"⑮。

老两口子这早上真高兴。老栓一直是"笑嘻嘻的"。那花白胡子说了两回：一回在康大叔来到茶馆之前，他说，"我想笑嘻嘻的，原也不像（生病）……"⑰。一回在康大叔来到之后，他说，"怪不得老栓整天的笑着呢"㉑。老栓如此，华大妈可想而知。康大叔来到的当儿，老栓"笑嘻嘻的听"，华大妈也"笑嘻嘻的送出茶碗茶叶来，加上一个橄榄"⑲，他俩的笑出于本心。后来康大叔说出"痨病"那两个字，华大妈听到"变了一点脸色"，"但又立刻堆上笑，搭讪着走开了"⑳，那笑却是敷衍康大叔的。敷衍康大叔，固然也是害怕得罪这个人，多一半还是为了儿子。她谢康大叔的那一句话⑳，感激是真的。他们夫妇俩这早上只惦着馒头，只惦着儿子，很少答别人的话——自然，忙也有点儿。老栓不答应路上人的问话，上文已提过了。烧馒头的时候，驼背五少爷接连问了两回，老夫妇都没有答应；虽然"老栓匆匆走出，给他泡上茶"⑬。花白胡子问，"老栓，你有些不舒服么？——你生病么？"他也只答了"没有"两个字⑰，就打住了。连康大叔来，他都没有说一句话。这早上他夫妇答别人的话只有华大妈的一句和他的半句。奇怪的是，他们有了那么一件高兴的事儿，怎么不赶紧说给人家听呢？——特别在花白胡子向老栓探听似的问着的时候。也许因为那是一个秘方，吃了最好别教人家知道，更灵验些，也许因为那是一件罪过，不教人家知道，良心上责任轻些。若是罪过，不但他俩，小栓也该有分儿。所以无论如何，总还是为了儿子。

小栓终于死了。不用说，老夫妇俩会感到种种"不足和空虚"。但第二年清明节，去上坟的却只有华大妈一个人。这是因为老栓得招呼店面，分不开身子。他俩死了儿子，可还得活下去。茶馆的生意是很忙的。第三段里说，"店里坐着许多人，老栓也忙了，提着大铜壶，一趟一趟的给客人冲茶"⑰，驼背五少爷也说，"老栓只是忙"⑱，他一个人是忙不开的，得华大妈帮着。所以这一日"天明未久"㉘，她便去上坟，为的是早点回来，好干活儿。她在小栓坟前"哭了一场。化过纸，呆呆的坐在地上，仿佛等候什么似的，但自己也说不出等候什么"㉘。儿子刚死在床上，也许可以不相信，也许还可以痴心妄想的等候他活转来；儿子死后，也许可以等候他到梦里相见。现在是"天明未久"在儿子的坟前，华大妈心里究竟在等候着些什么呢？或者是等候他"显点灵"罢？"微风起来，吹动他短发，确乎比去年白得多了"㉘。半年来的伤心日子，也够她过的了。华大妈如此，老栓也可想而知。她后来看着夏四奶奶在哭，"心里暗暗地想，'这坟里的也是儿子了'"㉚。所以在夏四奶奶发怔的时候，"便忍不住立起身，跨过小路，低声"劝慰㉛。这种同情正是从"儿子"来的。后来见夏家儿子坟顶上"分明有一圈红白的花"围着㉜，"忙看他儿子和别人的坟，却只有不怕冷的几点青白小花，零星开着"㉝。夏家儿子的坟确有些与众不同，小栓的似乎相形见绌。这使她"忽然感到一种不足和空虚，不愿意根究"㉝。她是在羡慕着，也妒忌着，为了坟里的儿子。但是她还同情的陪着夏四奶奶，直到"上坟的人渐渐增多"㉟，才"想到要走"㊱。她早就该回茶馆帮老栓干活儿，为了同病相怜，却耽搁了这么久，将活儿置之度外。她整个儿的心，还是在"儿子"身上。——以上是亲子之爱正题旨。

副题旨是革命者的寂寞的悲哀。这只从侧面见出。那革命党并没有出面，他的故事是在康大叔的话里，和夏四奶奶的动作里。故事是从那人血馒头引起的。第三段里那花白胡子一面和老栓说那时华大妈已经"搭赸着走开了"⑳，"原来你家小栓碰到了这样的好运气了"，"一面走到康大叔面前，低声下气的问道，'康大叔——听说今天结果的一个犯人，便是夏家的孩子，那是谁的孩子？究竟是什么事？"㉑从这几句话里可以见出那位革命党的处决，事先是相当秘密的；大家只知道那是"夏家的孩子"，犯了不寻常的死罪而已。难怪康大叔刚进茶馆"便对老栓嚷道"：——"你运气，要不是我信息灵……"⑱。那"信息"自然也是秘密的。他回答花白胡子的第一问："谁的？不就是夏四奶奶的儿子么？那个小家伙！"接着说："这小东西不要命，不要就是了。我可是这一回一点没有得到好处；连剥下来的衣服，都给管牢的红眼睛阿义拿去了。——第一要算我们栓叔运气；第二是夏三爷赏了二十五两雪白的银子，独自落腰包，一文不花"。㉒这些话并不是回答花白胡子，只是没有得到什么好处，自己有点牢骚罢了。夏三爷独得"二十五两雪白的银子"，康大叔羡慕这个。他自然不会忘记老栓的那包洋钱，可是比起"二十五两雪白的银子"，那就不算什么了。何况那是"一手交钱，一手交货"⑧。而且是他"照顾"⑳老栓的，怎能算是他的好处！他说"信息灵"，他说运气了老栓⑱，"第一要算我们栓叔运气"，都是要将人情卖在老栓的身上。但就故事的发展说，这一节话却是重要的关键。那革命党是不出面的。他的故事中的人物，全得靠康大叔的嘴介绍给读者。这儿介绍了夏四奶奶，第四段里那老女人便有着落了。那儿不提起"夏四奶奶"，是给华大妈留地步，那一段主要的原是夏四奶奶的动作，假如让华大妈分明的知道了那老女人就是夏四奶奶，那必露出一番窘相。那会妨碍故事的发展。但他听了那老女人"他们都冤枉了你"㉝一番话之后，好象也有些觉得了；"似乎卸下了一挑重担"那一句便是从这里来的。这里又介绍了牢头红眼睛阿义和那告官的夏三爷；这些是那片段的故事的重要角色。但康大叔并没有直接回答花白胡子的第二问，他只说"这小东西也真不成东西！关在牢里，还要劝牢头造反"㉔。"关在牢里，还要劝牢头造反"，没"关在牢里"的时候，不用说是在"造反"了；这还不该杀头之罪吗？不但他该杀头，夏三爷要是"不先告官"，连他也会"满门抄斩"呢㉔。这就是回答了花白胡子了。至于详细罪状，必是没有"告示"；大约只有官知道，康大叔也不会知道的。

康大叔提到那革命党，口口声声是"那个小家伙"㉒，"这小东西"㉒㉔，"贱骨头"㉕。那革命党向红眼睛阿义说过"这大清的天下是我们大家的"，康大叔说这不是"人话"㉔。一面还称赞"夏三爷真是乖角儿"㉔。红眼睛阿义是他一流人，第一是想得好处。他原知道那革命党"家里只有一个老娘，可是没有料到他竟会那么穷，榨不出一点油水，已经气破肚皮了。他还要老虎头上搔痒，便给他两个嘴巴"㉔。这儿借着阿义的口附带叙述了那革命党家中的情形。康大叔和阿义除了都想得到好处之外，还都认为革命党是"造反"，不但要杀头，而且有"满门抄斩"之罪。他们原是些做公的人，这样看法也是当然。那热心的革命党可不管这个，他宣传他的。阿义打他，他并不怕，还说"可怜可怜"呢㉕。革命者的气概从此可见。但是一般人是在康大叔阿义这一边儿。那二十多岁的茶客听到说"劝牢头造反"，道，"阿呀，那还了得。""很现出气愤模样"㉔。那驼背五少爷听到"给他两个嘴巴"，便"忽然高兴起来"，说，"义哥是一手好拳棒，这两下，一定够他受用了"㉔。那花白胡子听到康大叔"还要说可怜可怜哩"㉕那句话，以为那革命党是在向阿义乞怜了，便看不上他似的道，"打了这种东西，有什么可怜呢？"㉕经康大叔矫正以后，他"恍然大悟似的说"，"阿义可怜——疯话，简直是发了疯了"。那二十多岁的人"也恍然大悟的说"，"发了疯了"。那驼背五少爷后来也"点着头说"，"疯了"㉖。他们三个人原先怎么也想不到"可怜可怜"是指阿义说的，所以都是"恍然大悟"的样子。那三个茶客代表各种年纪的人。他们也都相信"造反"是大逆不道的，他们和康大叔和阿义一样，都觉得"这小东西也真不成东西"㉔，而且"简直是发了疯了"。——"疯子"这名目是"吃人"的巧妙的借口，这是封建社会的"老谱"，《狂人日记》里也早已说过了的。——这就无怪乎夏家的亲戚早不上他家来了㉝。夏四奶奶"亲戚本家早不来了"这句话里的"来"字不大清楚；若说"来往"，就没有歧义了。其实就是夏四奶奶，她对于革命党的意见，也还是个差不多。不过她不信她儿子是的。她说，"瑜儿，他们都冤枉了你"，又说，"可怜他们坑了你"。她甚至疑心他坟顶上那"一圈红白的花"是"特意显点灵"要她知道的。她是爱她的儿子，可是并没有了解她的儿子。革命者是寂寞的，这样难得了解和同情的人！幸而，还不至于完全寂寞，那花圈便是证据。有了送花圈的人，这社会便还没有死透，便还是有希望的。鲁迅先生在《呐喊自序》里说，他不愿意抹杀人们的希望，所以"不恤用了曲笔平空添上"一个花圈在瑜儿的坟上。这是他的创作的态度。第四段是第一个故事的结尾，尤其是第二个故事的结尾。这里主要的是夏四奶奶的动作，可是用了"亲子之爱"这个因子，却将她的动作和华大妈的打成一片了。

通常说短篇小说只该有"一个"题旨，才见得是"经济的"。这句话不能呆看。正题旨确乎是只能有"一个"，但正题旨以外不妨有副题旨。副题旨若能和正题旨错综糅合得恰到好处，确有宾主却又象不分宾主似的，那只有见得更丰厚些，不会松懈或枝蔓的。这一篇便可以作适当的例子。再有，小说虽也在叙述文和描写文类里，跟普通的叙述文和描写文却有些不同之处。它得有意念的发展。普通的叙述文和描写文自然也离不了意念，可得跟着事实，不能太走了样子，意念的作用不大。小说虽也根据事实，却不必跟着事实；不但选择有更多的自由，还可以糅合融铸，发展作者的意念。这里意念的作用是很大的。题旨固然是意念的发展，取材和词句也都离不了意念的发展。即使是自然派的作家，好象一切客观，其实也还有他们的意念。不然，他们为什么写这种那种故事，为什么取这件那件材料，为什么用这些那些词句，而不写、不取、不用别的，就难以解释了。这种意念的发展在短篇小说里作用尤其大。短篇小说里意念比较单纯，发展得恰当与否最容易见出。所谓"经济的"便是处处紧凑，处处有照应，无一闲笔，也便是意念发展恰到好处。本篇题旨的发展，上文已经解析。取材和词句却还有可说的。

　　本篇副题旨的取材，《呐喊自序》里的话已够说明。鲁迅先生的创作是在"五四"前后所谓启蒙时代本篇作于民国八年四月。他的创作的背景大部分是在清末民初的乡村或小城市里。所谓农村的社会或封建的社会，便是这些。鲁迅先生所以取材于这些，一方面自然因为这些是他最熟悉的，一方面也因为那是一个重新估定价值的时代，他要以智慧的光辉照彻愚蠢的过去。他是浙江绍兴人，他却无意于渲染地方的色彩，这是他在《我的创作经验》一文里曾经暗示了的①。本篇的正题旨发展在人血馒头的故事里，正因为那故事足以表现农村的社会——愚蠢的过去。这故事包括三个节目：看杀头，吃人血，坐茶馆。看杀头的风俗代表残酷，至少是麻木不仁。《呐喊自序》里说日俄战争时在日本看到一张幻灯片，是日本人捉着了一个替俄国作侦探的中国人，正在杀头示众，围着看热闹的都是些中国人。鲁迅先生很可怜我们同胞的愚蠢，因此改了行，学文学，想着文学也许有改变精神的用处。本篇描写那杀场的观众，还是在这种情调里。这是从老栓的眼里看出："老栓也向那边

---

　　① 即《我怎么做起小说来》，见鲁迅《南腔北调集》。

看，却只见一堆人的后背；颈项都伸得很长，仿佛许多鸭，被无形的手捏住了的，向上提着"⑦。这些观众也真够热心的了。

吃人血的风俗代表残酷和迷信。老栓拿到馒头的时候，似乎听得有人问他，"这给谁治病的呀？"⑩可见人血馒头治痨病还是个相当普遍的秘方，这也就是风俗了。老栓和华大妈都信仰这个秘方，到了虔敬的程度。小栓也差不多，他撮起那烧好的黑馒头，"似乎拿着自己的性命一般"⑮。康大叔说了四回"包好！"⑳㉔㉖两回是向老栓夫妇说的，两回是向小栓说的，虽然不免"卖瓜的说瓜甜"，但相信也是真的。那花白胡子也向老栓说，"原来你家小栓碰到了这样的好运气了。这病自然一定全好"㉑。一半儿应酬康大叔和老栓夫妇，至少一半儿也相信。可是后来小栓终于死了！——老栓夫妇虽然相信，却总有些害怕；他们到底是安分良民，还没有那分儿残酷。他们甚至于感觉到这是一桩罪过似的。老栓方面，上文已提过了。第四段里说，"华大妈不知怎的，似乎卸下了一挑重担，便想到要走"㊱。原来她听了夏四奶奶向坟里的儿子一番诉说之后，似乎便有些觉得面前的老女人是谁，她那坟里的儿子又是谁了。想着自己儿子吃过人家儿子的血，不免是一桩罪过，这就是她良心上的"一挑重担"。在两人相对的当儿，夏四奶奶虽然根本未必知道血馒头这回事，可是华大妈的担子却有越来越重的样子。"上坟的人渐渐增多，几个老的小的，在土坟间出没"㉟。夏四奶奶的注意分开了，不只在坟里的儿子和面前的华大妈身上了，华大妈这才"似乎卸下了一挑重担"。老栓夫妇的内疚若是有的，那正是反映吃人血的风俗的残酷的。《狂人日记》里不断提起吃人，固然是指着那些吃人的"仁义道德"说的，可也是指着这类吃人的风俗说的。那儿有"一直吃到徐锡麟"的话，徐锡麟正是革命党。那儿还说"去年城里杀了犯人，还有一个生痨病的人用馒头蘸着血舐"。这些都是本篇的源头——带说一句，本篇的"夏瑜"似乎影射着"秋瑾"；秋瑾女士也是绍兴人，正是清末被杀了的一位著名的革命党。这人血馒头的故事是本篇主要的故事，所以本篇用"药"作题目。这一个"药"字含着"药"所谓"药""药？""药！"三层意思。

坐茶馆，谈天儿，代表好闲的风气。茶客们有些没有职业的，可以成天的坐着，驼背五少爷便是例子。"这人每天总在茶馆里过日，来得最早，去得最迟"⑬，可以算是茶客的典型。那时就是有职业的人，在茶馆里坐一个上午或一个下午也是常见的。这些人闲得无聊，最爱管闲事。打听新闻，议论长短，是他们的嗜好，也是他们的本领。没有新闻可听，没有长短可论的时候，他们也能找出些闲话来说着。本篇第二段里烧馒头的时候，驼背五少爷问，"好香！你们吃什么点心呀？"没有人答应。可是他还问，"炒米粥么？"仍然没人答应，他这才不开口了。找人搭话正是茶客们的脾气。第三段里那花白胡子看见老栓眼眶围着一圈黑线，便问，"老栓，你有些不舒服么？——你生病么？"老栓回答"没有"。他又说，"没有？——我想笑嘻嘻的，原也不象……"这是"取消了自己的话"⑰。这些都是没话找话的废话。康大叔来到以前，驼背五少爷提到小栓，那是应酬老栓的。康大叔来到以后，花白胡子也提到小栓，那是应酬康大叔和老栓的。这里面也有多少同情，但找题目说话，也是不免的。花白胡子向康大叔一问，这才引起了新闻和议论。那些议论都是传统的，也不负责任的。说来说去，无非是好闲就是了。

本篇的节目，大部分是用来暗示故事中人物的心理的，从上文的解析里可以见出。但在人物、境地、事件的安排上也不忽略。这些也都是意念的发展。第一段和第四段的境地都是静的，静到教人害怕的程度。老栓走到街上，"街上黑沉沉的一无所有"；"有时也遇到几只狗，可是一只也没有叫"③。夜的街真太静了，忽然来了个不出声的人，狗也害怕起来，溜过一边或躲在一边去了；老栓吃了两回惊，一半是害怕那地方，那种人，一半也是害怕那静得奇怪的夜的街。甚至那杀场，也只"似乎有点声音"，也只"轰的一声"⑦；这并不足以打破那奇怪的静。这个静是跟老栓的害怕，杀头和吃人血的残酷应合着的。第四段开场是"层层叠叠"的"丛冢"㉗中间，只放着两个不相识的女人。那也是可怕的静，虽然是在白天。所以华大妈和夏四奶奶开始搭话的时候都是"低声"㉛㉜，"低声"便是害怕的表现。后来夏四奶奶虽然"大声"向他的瑜儿说了一番话㉝，但那是向鬼魂说的，也不足以打破那个静。那时是："微风早已停息了，枯草支支直立，有如铜丝。一丝发抖的声音，在空气中愈颤愈细，细到没有，周围便都是死一般静。两人站在枯草丛里，仰面看那乌鸦，那乌鸦也在笔直的树枝间，缩着头，铁铸一般站着"㉞。那"一丝发抖的声音"便是夏四奶奶那节话的余音。后来"上坟的人渐渐增多"，可是似乎也没有怎样减除那个静的可怕的程度。本篇最后一节是这样："他们走不上二三十步远，忽听得背后'哑——'的一声大叫；两个人都悚然的回过头，只见那乌鸦张开两翅，一挫身，直向着远处的天空，箭也似的飞去了"。这"悚然的"一面自然因为两人疑心鬼魂当场显灵，一面还是因为那坟场太静了。这个静是应合着那丛冢和那两个伤心的母亲的。配着第一段第四段的静的，是第二段第三段的动，动静相变，恰象交响曲的结构一般。

　　小栓的病这节目，只在第二段开始写得多一些，那是从老栓眼中见出他的瘦。但在本篇前三段里随时都零星的穿插着。咳嗽，"肚饿"，流汗，构成他的病象。咳嗽最明显，共见了六次②⑮⑳㉓㉖；"肚饿"从吃饭见，流汗也是在吃饭的时候；这两项共同见了两次⑪㉕。这样，一个痨病鬼就画出来了。康大叔是刽子手；他的形状，服装，举动，言谈，都烘托出来他是一个什么样的人。他那"象两把刀"的"眼光"，那"大手"⑧，那"满脸横肉"⑱，高兴时便"块块饱绽"的㉒，已经够教人认识他了，再加"披一件玄色布衫，散着纽扣，用很宽的玄色腰带，胡乱捆在腰间"⑱，便十足见出是一个凶暴的流浪汉。他将那人血馒头送到老栓面前的时候，说的话⑧⑨，以及"摊着""一只大手"⑧，以及"抢过灯笼，一把扯了纸罩，裹了馒头，塞与老栓；一手抓过洋钱，捏一捏"⑨的情形，也见出是一个粗野的人。他到了茶馆里，一直在嚷⑱⑳，在"大声"说话㉒。他说话是不顾到别人的。他没有顾老栓夫妇忌讳"痨病"这两个字。华大妈"搭赸着走开了"，他还"没有觉察，仍然提高了喉咙只是嚷，嚷得里面睡着的小栓也合伙咳嗽起来"⑳。第三段末尾，小栓又在咳嗽，"康大叔走上前，拍他的肩膀说：——'包好！小栓——　你不要这么咳。包好！'"这都是所谓不顾别人死活，真粗心到了家。他又是个唯我独尊的人，至少在这茶馆里。那花白胡子误会了"可怜"的意思，他便"显出看不上他的样子，冷笑着说，'你没有听清我的话'"㉕。在本篇里，似乎只有康大叔是有性格的人，别的人都是些类型，本篇的题旨原不在铸造性格，这局面也是当然的。

　　第三段里茶客们和康大叔的谈话是个难得安排的断片或节目。这儿似乎很不费力的从正题旨引渡到副题旨，上文也已提到了。谈话本可以牵搭到很远的地方去；但是慢慢的牵搭过去，就太不"经济的"。这儿却一下就搭上了。副题旨的发展里可又不能喧宾夺主，冷落了正题旨。所以康大叔的话里没将老栓撂下，小栓更是始终露着面儿。茶客参加谈话的不能太多，太多就杂乱了，不好收拾了，也不能全是没露过面的，不然前后就打成两橛了。这儿却只有三个人，那驼背五少爷和花白胡子是早就先后露了面的⑬⑰，只加了那"一个二十多岁的人"㉔。这些人"都恭恭敬敬的"⑲"耸起耳朵"㉒听康大叔的话。"恭恭敬敬的"，也许因为大家都有一些害怕这个粗暴的人，"耸起耳朵"，因为是当地当日的新闻，大家都爱听。——那花白胡子去问康大叔的时候，"低声下气的"㉑，也是两方面都有点儿。这样，场面便不散漫，便不漏了。但是谈话平平的进行下去，未免显得单调。这儿便借着"可怜可怜"那句话的歧义引出一番波折来。康大叔"冷笑着"对花白胡子说明以后，"听着的人的眼光，忽然有些板滞；话也停顿了"㉕。这是讨了没趣；是满座，不止那三个人。可是花白胡子和那二十多岁的人"恍然大悟"，将罪名推到那革命党身上以后，大家便又轻松了，——不是他们没有"听清"康大叔的话，是那革命党"发了疯了"，才会说那样出人意外的话。于是"店里的坐客，便又现出活气，谈笑起来"。但这个话题也就到此而止。那悟得慢一些的驼背五少爷"点着头说"的半句"疯了"，恰巧是个尾声，结束了这番波折，也结束了这场谈话。

词句方面，上文已经提到不少，还有几处该说明的。第一段末尾，"太阳也出来了；在他面前，显出一条大道，直到他家中，后面也照见丁字街头破匾上'古□亭口'这四个黯淡的金字"。这些并不是从老栓眼里看出，这是借他回家那一条大道描写那小城市。匾已破了，那四个金字也黯淡了，其中第二个字已经黯淡到认不出了。这象征着那小城市也是个黯淡衰颓的古城市；那些古旧的风俗的存在正是当然。第二段小栓吃下那馒头，"却全忘了什么味"⑮。他知道这是人血馒头，"与众不同"，准备着有些异味，可是没有，和普通的烧馒头一样。烧馒头的味是熟习的，没有什么特别值得注意，所以觉得"全忘了什么味"。这儿小栓似乎有些失望似的。第三段"这康大叔却没有觉察"⑳，"康大叔"上加"这"字是特指。"康大叔"这称呼虽已见于华大妈的话里⑳，但在叙述中还是初次出现，加"这"字表示就是华大妈话里的那个人，一方面也表示就是那凶暴粗野的流浪汉刽子手。又，"夏三爷赏了二十五两雪白的银子"，是官赏了他银子。第四段夏四奶奶"见华大妈坐在地上看他，便有些踌躇，惨白的脸上，现出些羞愧的颜色，但终于硬着头皮，走到左边的一座坟前，放下了篮子"㉙。这儿路的"右边是穷人的丛冢"，小栓的坟便在其中，"左边，都埋着死刑和瘐毙的人"㉓。夏四奶奶穷，不能将儿子埋在别处，便只得埋在这块官地的左边坟场里。她可不愿意人家知道她儿子是个死刑的犯人。她"天明未久"㉘，就来上坟，原是避人的意思。想不到华大妈比她还早，而且已经上完了坟，"坐在地上看他"。这一来她儿子和她可都得现底儿了。她踌躇，羞愧，便是为此。但既然"三步一歇的走"来了㉙，那有回去的道理，到底还是上坟要紧，面子上只好不管了；所以她"终于硬着头皮"走过去了。后来她"大声"说的一番话㉝，固然是给她儿子说的，可也未尝没有让华大妈听听的意思，——她儿子是让人家"冤枉了""坑了"，他实在不是一个会犯罪的人。第四段主要的是夏四奶奶的动作。这里也见出她的亲子之爱，她的和华大妈的迷信。但本段重心还在那个花圈上，鲁迅先生有意避免"花圈"这个词，只一步一步的烘托着。从夏四奶奶和华大妈的眼睛里看，"红白的花……也不很多，圆圆的排成一个圈，不很精神，倒也整齐"。又从夏四奶奶嘴里说，"这没有根，不象自己开的"。㉟这似乎够清楚了。可是有些读者总还猜不出是什么东西。也许在那时代那环境里，这东西的出现有些意外，读者心理上没有准备着，所以便觉得有点晦。若是将"花圈"这个词点明一下，也许更清楚些。夏四奶奶却看得那花圈有鬼气，两回"自言自语的说"，"这是怎么一回事呢？"㉝㉞但她的和华大妈的迷信终于只是迷信，那乌鸦并没有飞上她儿子的坟顶，却直向着远处的天空飞去了。

鲁迅先生关于亲子之爱的作品还有《明天》和《祝福》，都写了乡村的母亲。她们的儿子一个是病死了，一个是被狼衔去吃了，她们对于儿子的爱都是很单纯的。可是《明天》用亲子之爱做正题旨；《祝福》，却别有题旨，亲子之爱的故事只是材料。另有挪威别恩孙的《父亲》，有英译本和至少六个中译本。那篇写一个乡村的父亲对于他独生子的爱，从儿子受洗起到准备结婚止，二十四五年间，事事都给他打点最好的。儿子终于过湖淹死了。他打捞了整三日三夜，抱着尸首回去。后来他还让一个牧师用儿子的名字捐了一大笔钱出去。别恩孙用的是粗笔，句子非常简短，和鲁迅先生不同，可是不缺少力量。关于革命党的，鲁迅先生还有著名的《阿 Q 正传》，那篇后半写着光复时期乡村和小城市的人对于革命党的害怕和羡慕的态度，跟本篇是一个很好的对照。这些都可以参看。

论雅俗共赏

陶渊明有"奇文共欣赏，疑义相与析"的诗句，那是一些"素心人"的乐事，"素心人"当然是雅人，也就是士大夫。这两句诗后来凝结成"赏奇析疑"一个成语。"赏奇析疑"是一种雅事，俗人的小市民和农家子弟是没有份儿的。然而又出现了"雅俗共赏"这一个成语，"共赏"显然是"共欣赏"的简化，可是这是雅人和俗人或俗人跟雅人一同在欣赏，那欣赏的大概不会还是"奇文"罢。这句成语不知道起于什么时代，从语气看来，似乎雅人多少得理会到甚至迁就着俗人的样子，这大概是在宋朝或者更后罢。

原来唐朝的安史之乱可以说是我们社会变迁的一条分水岭。在这之后，门第迅速的垮了台，社会的等级不象先前那样固定了，"士"和"民"这两个等级的分界不象先前的严格和清楚了，彼此的分子在流通着，上下着。而上去的比下来的多，士人流落民间的究竟少，老百姓加入士流的却渐渐多起来。王侯将相早就没有种了，读书人到了这时候也没有种了；只要家里能够勉强供给一些，自己有些天分，又肯用功，就是个"读书种子"；去参加那些公开的考试，考中了就有官做，至少也落个绅士。这种进展经过唐末跟五代的长期的变乱加了速度，到宋朝又加上印刷术的发达，学校多起来了，士人也多起来了，士人的地位加强，责任也加重了。这些士人多数是来自民间的新的分子，他们多少保留着民间的生活方式和生活态度。他们一面学习和享受那些雅的，一面却还不能摆脱或蜕变那些俗的。人既然很多，大家是这样，也就不觉其寒尘；不但不觉其寒尘，还要重新估定价值，至少也得调整那旧来的标准与尺度。"雅俗共赏"似乎就是新提出的尺度或标准，这里并非打倒旧标准，只是要求那些雅士理会到或迁就些俗士的趣味，好让大家打成一片。当然，所谓"提出"和"要求"，都只是不自觉的看来是自然而然的趋势。

中唐的时期，比安史之乱还早些，禅宗的和尚就开始用口语记录大师的说教。用口语为的是求真与化俗，化俗就是争取群众。安史乱后，和尚的口语记录更其流行，于是乎有了"语录"这个名称，"语录"就成为一种著述体了。到了宋朝，道学家讲学，更广泛的留下了许多语录；他们用语录，也还是为了求真与化俗，还是为了争取群众。所谓求真的"真"，一面是如实和直接的意思。禅家认为第一义是不可说的，语言文字都不能表达那无限的可能，所以是虚妄的。然而实际上语言文字究竟是不免要用的一种"方便"，记录的文字自然越近实际的、直接的说话越好。在另一面这"真"又是自然的意思，自然才亲切，才让人容易懂，也就是更能收到化俗的功效，更能获得广大的群众。道学主要的是中国的正统的思想，道学家用了语录做工具，大大的增强了这种新的文体的地位，语录就成为一种传统了。比语录体稍稍晚些，还出现了一种宋朝叫做"笔记"的东西。这种作品记述有趣味的杂事，范围很宽，一方面发表作者自己的意见，所谓议论，也就是批评，这些批评往往也很有趣味。作者写这种书，只当做对客闲谈，并非一本正经，虽然以文言为主，可是很接近说话。这也是给大家看的，看了可以当做"谈助"，增加趣味。宋朝的笔记最发达，当时盛行，流传下来的也很多。目录家将这种笔记归在"小说"项下，近代书店汇印这些笔记，更直题为"笔记小说"；中国古代所谓"小说"，原是指记述杂事的趣味作品而言的。

那里我们得特别提到唐朝的"传奇"。"传奇"据说可以见出作者的"史才、诗、笔、议论"，是唐朝士子在投考进士以前用来送给一些大人先生看，介绍自己，求他们给自己宣传的。其中不外乎灵怪、艳情、剑侠三类故事，显然是以供给"谈助"，引起趣味为主。无论照传统的意念，或现代的意念，这些"传奇"无疑的是小说，一方面也和笔记的写作态度有相类之处。照陈寅恪先生的意见，这种"传奇"大概起于民间，文士是仿作，文字里多口语化的地方。陈先生并且说唐朝的古文运动就是从这儿开始。他指出古文运动的领导者韩愈的《毛颖传》，正是仿"传奇"而作。我们看韩愈的"气盛言宜"的理论和他的参差错落的文句，也正是多多少少在口语化。他的门下的"好难""好易"两派，似乎原来也都是在试验如何口语化。可是"好难"的一派过分强调了自己，过分想出奇制胜，不管一般人能够了解欣赏与否，终于被人看做"诡"和"怪"而失败，于是宋朝的欧阳修继承了"好易"的一派的努力而奠定了古文的基础。——以上说的种种，都是安史乱后几百年间自然的趋势，就是那雅俗共赏的趋势。

宋朝不但古文走上了"雅俗共赏"的路，诗也走向这条路。胡适之先生说宋诗的好处就在"做诗如说话"，一语破的指出了这条路。自然，这条路上还有许多曲折，但是就象不好懂的黄山谷，他也提出了"以俗为雅"的主张，并且点化了许多俗语成为诗句。实践上"以俗为雅"，并不从他开始，梅圣俞、苏东坡都是好手，而苏东坡更胜。据记载梅和苏都说过"以俗为雅"这句话，可是不大靠得住；黄山谷却在《再次杨明叔韵》一诗的"引"里郑重的提出"以俗为雅，以故为新"，说是"举一纲而张万目"。他将"以俗为雅"放在第一，因为这实在可以说是宋诗的一般作风，也正是"雅俗共赏"的路。但是加上"以故为新"，路就曲折起来，那是雅人自赏，黄山谷所以终于不好懂了。不过黄山谷虽然不好懂，宋诗却终于回到了"做诗如说话"的路，这"如说话"，的确是条大路。

雅化的诗还不得不回向俗化，刚刚来自民间的词，在当时不用说自然是"雅俗共赏"的。别瞧黄山谷的有些诗不好懂，他的一些小词叫够俗的。柳耆卿更是个通俗的词人。词后来虽然渐渐雅化或文人化，可是始终不能雅到诗的地位，它怎么着也只是"诗余"。词变为曲，不是在文人手里变，是在民间变的；曲又变得比词俗，虽然也经过雅化或文人化，可是还雅不到词的地位，它只是"词余"。一方面从晚唐和尚的俗讲演变出来的宋朝的"说话"就是说书，乃至后来的平话以及章回小说，还有宋朝的杂剧和诸宫调等等转变成功的元朝的杂剧和戏文，乃至后来的传奇，以及皮簧戏，更多半是些"不登大雅"的"俗文学"。这些除元杂剧和后来的传奇也算是"词余"以外，在过去的文学传统里简直没有地位；也就是说这些小说和戏剧在过去的文学传统里多半没有地位，有些有点地位，也不是正经地位。可是虽然俗，大体上却"俗不伤雅"，虽然没有什么地位，却总是"雅俗共赏"的玩艺儿。

"雅俗共赏"是以雅为主的，从宋人的"以俗为雅"以及常语的"俗不伤雅"，更可见出这种宾主之分。起初成群俗士蜂拥而上，固然逼得原来的雅士不得不理会到甚至迁就着他们的趣味，可是这些俗士需要摆脱的更多。他们在学习，在享受，也在蜕变，这样渐渐适应那雅化的传统，于是乎新旧打成一片，传统多多少少变了质继续下去。前面说过的文体和诗风的种种改变，就是新旧双方调整的过程，结果迁就的渐渐不觉其为迁就，学习的也渐渐习惯成了自然，传统的确稍稍变了质，但是还是文言或雅言为主，就算跟民众近了一些，近得也不太多。

至于词曲，算是新起于俗间，实在以音乐为重，文辞原是无关轻重的；"雅俗共赏"，正是那音乐的作用。后来雅士们也曾分别将那些文辞雅化，但是因为音乐性太重，使他们不能完成那种雅化，所以词曲终于不能达到诗的地位。而曲一直配合着音乐，雅化更难，地位也就更低，还低于词一等。可是词曲到了雅化的时期，那"共赏"的人却就雅多而俗少了。真正"雅俗共赏"的是唐、五代、北宋的词，元朝的散曲和杂剧，还有平话和章回小说以及皮簧戏等。皮簧戏也是音乐为主，大家直到现在都还在哼着那些粗俗的戏词，所以雅化难以下手，虽然一二十年来这雅化也已经试着在开始。平话和章回小说，传统里本来没有，雅化没有合式的榜样，进行就不易。《三国演义》虽然用了文言，却是俗化的文言，接近口语的文言，后来的《水浒》《西游记》《红楼梦》等就都用白话了。不能完全雅化的作品在雅化的传统里不能有地位，至少不能有正经的地位。雅化程度的深浅，决定这种地位的高低或有没有，一方面也决定"雅俗共赏"的范围的小和大——雅化越深，"共赏"的人越少，越浅也就越多。所谓多少，主要的是俗人，是小市民和受教育的农家子弟。在传统里没有地位或只有低地位的作品，只算是玩艺儿；然而这些才接近民众，接近民众却还能教"雅俗共赏"，雅和俗究竟有共通的地方，不是不相理会的两橛了。

单就玩艺儿而论，"雅俗共赏"虽然是以雅化的标准为主，"共赏"者却以俗人为主。固然，这在雅方得降低一些，在俗方也得提高一些，要"俗不伤雅"才成；雅方看来太俗，以至于"俗不可耐"的，是不能"共赏"的。但是在甚么条件之下才会让俗人所"赏"的，雅人也能来"共赏"呢？我们想起了"有目共赏"这句话。孟子说过"不知子都之姣者，无目者也"，"有目"是反过来说，"共赏"还是陶诗"共欣赏"的意思。子都的美貌，有眼睛的都容易辨别，自然也就能"共赏"了。孟子接着说："口之于味也，有同嗜焉；耳之于声也，有同听焉；目之于色也，有同美焉。"这说的是人之常情，也就是所谓人情不相远。但是这不相远似乎只限于一些具体的、常识的、现实的事物和趣味。譬如北平罢，故宫和颐和园，包括建筑、风景和陈列的工艺品，似乎是"雅俗共赏"的，天桥在雅人的眼中似乎就有些太俗了。说到文章，俗人所能"赏"的也只是常识的，现实的。后汉的王充出身是俗人，他多多少少代表俗人说话，反对难懂而不切实用的辞赋，却赞美公文能手。公文这东西关系雅俗的现实利益，始终是不曾完全雅化了的。再说后来的小说和戏剧，有的雅人说《西厢记》诲淫，《水浒传》诲盗，这是"高论"。实际上这一部戏剧和这一部小说都是"雅俗共赏"的作品。《西厢记》无视了传统的礼教，《水浒传》无视了传统的忠德，然而"男女"是"人之大欲"之一，"官逼民反"，也是人之常情，梁山泊的英雄正是被压迫的人民所想望的。俗人固然同情这些，一部分的雅人，跟俗人相距还不太远的，也未尝不高兴这两部书说出了他们想说而不敢说的。这可以说是一种快感，一种趣味，可并不是低级趣味；这是有关系的，也未尝不是有节制的。"诲淫""诲盗"只是代表统治者的利益的说话。

十九世纪二十世纪之交是个新时代，新时代给我们带来了新文化，产生了我们的知识阶级。这知识阶级跟从前的读书人不大一样，包括了更多的从民间来的分子，他们渐渐跟统治者拆伙而走向民间。于是乎有了白话正宗的新文学，词曲和小说戏剧都有了正经的地位。还有种种欧化的新艺术。这种文学和艺术却并不能让小市民来"共赏"，不用说农工大众。于是乎有人指出这是新绅士也就是新雅人的欧化，不管一般人能够了解欣赏与否。他们提倡"大众语"运动。但是时机还没有成熟，结果不显著。抗战以来又有"通俗化"运动，这个运动并已经在开始转向大众化。"通俗化"还分别雅俗，还是"雅俗共赏"的路，大众化却更进一步要达到那没有雅俗之分，只有"共赏"的局面。这大概也会是所谓由量变到质变罢。

（《观察》）

论百读不厌

前些日子参加了一个讨论会，讨论赵树理先生的《李有才板话》。座中一位青年提出了一件事实：他读了这本书觉得好，可是不想重读一遍。大家费了一些时候讨论这件事实。有人表示意见，说不想重读一遍，未必减少这本书的好，未必减少它的价值。但是时间匆促，大家没有达到明确的结论。一方面似乎大家也都没有重读过这本书，并且似乎从没有想到重读它。然而问题不但关于这一本书，而是关于一切文艺作品。为什么一些作品有人"百读不厌"，另一些却有人不想读第二遍呢？是作品的不同吗？是读的人不同吗？如果是作品不同，"百读不厌"是不是作品评价的一个标准呢？这些都值得我们思索一番。

苏东坡有《送章惇秀才失解西归》诗，开头两句是：

旧书不厌百回读，

熟读深思子自知。

"百读不厌"这个成语就出在这里。"旧书"指的是经典，所以
要"熟读深思"。《三国·魏书·王肃传·注》：

人有从（董遇）学者，遇不肯教，而云"必
当先读百遍"，言"读书百遍而义自见"。

经典文字简短，意思深长，要多读，熟读，仔细玩味，才能了
解和体会。所谓"义自见"，"子自知"，着重自然而然，这是
不能着急的。这诗句原是安慰和勉励那考试失败的章惇秀才的
话，劝他回家再去安心读书，说"旧书"不嫌多读，越读越玩
味越有意思。固然经典值得"百回读"，但是这里着重的还在
那读书的人。简化成"百读不厌"这个成语，却就着重在读的
书或作品了。这成语常跟另一成语"爱不释手"配合着，在读
的时候"爱不释手"，读过了以后"百读不厌"。这是一种赞
词和评语，传统上确乎是一个评价的标准。当然，"百读"只
是"重读""多读""屡读"的意思，并不一定一遍接着一遍的
读下去。

　　经典给人知识，教给人怎样做人，其中有许多语言的、历
史的、修养的课题，有许多注解，此外还有许多相关的考证，
读上百遍，也未必能够处处贯通，教人多读是有道理的。但是
后来所谓"百读不厌"，往往不指经典而指一些诗，一些文，
以及一些小说；这些作品读起来津津有味，重读，屡读也不腻

味，所以说"不厌"；"不厌"不但是"不讨厌"，并且是"不厌倦"。诗文和小说都是文艺作品，这里面也有一些语言的和历史的课题，诗文也有些注解和考证；小说方面呢，却直到近代才有人注意这些课题，于是也有了种种考证。但是过去一般读者只注意诗文的注解，不大留心那些课题，对于小说更其如此。他们集中在本文的吟诵或流览上。这些人吟诵诗文是为了欣赏，甚至于只为了消遣，流览或阅读小说更只是为了消遣，他们要求的是趣味，是快感。这跟诵读经典不一样。诵读经典是为了知识，为了教训，得认真，严肃，正襟危坐的读，不象读诗文和小说可以马马虎虎的，随随便便的，在床上，在火车轮船上都成。这么着可还能够教人"百读不厌"，那些诗文和小说到底是靠了什么呢？

在笔者看来，诗文主要是靠了声调，小说主要是靠了情节。过去一般读者大概都会吟诵，他们吟诵诗文，从那吟诵的声调或吟诵的音乐得到趣味或快感，意义的关系很少；只要懂得字面儿，全篇的意义弄不清楚也不要紧的。梁启超先生说过李义山的一些诗，虽然不懂得究竟是什么意思，可是读起来还是很有趣味_{大意}。这种趣味大概一部分在那些字面儿的影象上，一部分就在那七言律诗的音乐上。字面儿的影象引起人们奇丽的感觉；这种影象所表示的往往是珍奇，华丽的景物，平常人不容易接触到的，所谓"七宝楼台"之类。民间文艺里常常见到的"牙床"等等，也正是这种作用。民间流行的小调以音乐为主，而不注重词句，欣赏也偏重在音乐上，跟吟诵诗文也正相同。感觉的享受似乎是直接的，本能的，即使是字面儿的影象所引起的感觉，也还多少有这种情形；至于小调和吟诵，更显然直接诉诸听觉，难怪容易唤起普遍的趣味和快感。至于意义的欣赏，得靠综合诸感觉的想象力，这个得有长期的教养才成。然而就象教养很深的梁启超先生，有时也还让感觉领着走，足见感觉的力量之大。

小说的"百读不厌"，主要的是靠了故事或情节。人们在儿童时代就爱听故事，尤其爱奇怪的故事。成人也还是爱故事，不过那情节得复杂些。这些故事大概总是神仙、武侠、才子、佳人，经过种种悲欢离合，而以大团圆终场。悲欢离合总得不同寻常，那大团圆才足奇。小说本来起于民间，起于农民和小市民之间。在封建社会里，农民和小市民是受着重重压迫的，他们没有多少自由，却有做白日梦的自由。他们寄托他们的希望于超现实的神仙，神仙化的武侠，以及望之若神仙的上层社会的才子佳人；他们希望有朝一日自己会变成了这样的人物。这自然是不能实现的奇迹，可是能够给他们安慰、趣味和快感。他们要大团圆，正因为他们一辈子是难得大团圆的，奇情也正是常情啊。他们同情故事中的人物，"设身处地"的"替古人担忧"，这也因为事奇人奇的原故。过去的小说似乎始终没有完全移交到士大夫的手里。士大夫读小说，只是看闲书，就是作小说，也只是游戏文章，总而言之，消遣而已。他们得化装为小市民来欣赏，来写作；在他们看，小说奇于事实，只是一种玩艺儿，所以不能认真、严肃，只是消遣而已。

封建社会渐渐垮了，五四时代出现了个人，出现了自我，同时成立了新文学。新文学提高了文学的地位；文学也给人知识，也教给人怎样做人，不是做别人的，而是做自己的人。可是这时候写作新文学和阅读新文学的，只是那变了质的下降的士和那变了质的上升的农民和小市民混合成的知识阶级，别的人是不愿来或不能来参加的。而新文学跟过去的诗文和小说不同之处，就在它是认真的负着使命。早期的反封建也罢，后来的反帝国主义也罢，写实的也罢，浪漫的和感伤的也罢，文学作品总是一本正经的在表现着并且批评着生活。这么着文学扬弃了消遣的气分，回到了严肃——古代贵族的文学如《诗经》，倒本来是严肃的。这负着严肃的使命的文学，自然不再注重"传奇"，不再注重趣味和快感，读起来也得正襟危坐，跟读经典差不多，不能再那么马马虎虎，随随便便的。但是究竟是形象化的，诉诸情感的，跟经典以冰冷的抽象的理智的教训为主不同，又是现代的白话，没有那些语言的和历史的问题，所以还能够吸引许多读者自动去读。不过教人"百读不厌"甚至教人想去重读一遍的作品，的确是很少了。

新诗或白话诗，和白话文，都脱离了那多多少少带着人工的、音乐的声调，而用着接近说话的声调。喜欢古诗、律诗和骈文、古文的失望了，他们尤其反对这不能吟诵的白话新诗；因为诗出于歌，一直不曾跟音乐完全分家，他们是不愿扬弃这个传统的。然而诗终于转到意义中心的阶段了。古代的音乐是一种说话，所谓"乐语"，后来的音乐独立发展，变成"好听"为主了。现在的诗既负上自觉的使命，它得说出人人心中所欲言而不能言的，自然就不注重音乐而注重意义了。——一方面音乐大概也在渐渐注重意义，回到说话罢？——字面儿的影象还是用得着，不过一般的看起来，影象本身，不论是鲜明的，朦胧的，可以独立的诉诸感觉的，是不够吸引人了；影象如果必需得用，就要配合全诗的各部分完成那中心的意义，说出那要说的话。在这动乱时代，人们着急要说话，因为要说的话实在太多。小说也不注重故事或情节了，它的使命比诗更见分明。它可以不靠描写，只靠对话，说出所要说的。这里面神仙、武侠、才子、佳人，都不大出现了，偶然出现，也得打扮成平常人；是的，这时代的小说的人物，主要的是些平常人了，这是平民世纪啊。至于文，长篇议论文发展了工具性，让人们更如意的也更精密的说出他们的话，但是这已经成为诉诸理性的了。诉诸情感的是那发展在后的小品散文，就是那标榜"生活的艺术"，抒写"身边琐事"的。这倒是回到趣味中心，企图着教人"百读不厌"的，确乎也风行过一时。然而时代太紧张了，不容许人们那么悠闲；大家嫌小品文近乎所谓"软性"，丢下了它去找那"硬性"的东西。

文艺作品的读者变了质了，作品本身也变了质了，意义和使命压下了趣味，认识和行动压下了快感。这也许就是所谓"硬"的解释。"硬性"的作品得一本正经的读，自然就不容易让人"爱不释手"，"百读不厌"。于是"百读不厌"就不成其为评价的标准了，至少不成其为主要的标准了。但是文艺是欣赏的对象，它究竟是形象化的，诉诸情感的，怎么"硬"也不能"硬"到和论文或公式一样。诗虽然不必再讲那带几分机械性的声调，却不能不讲节奏，说话不也有轻重高低快慢吗？节奏合式，才能集中，才能够高度集中。文也有文的节奏，配合着意义使意义集中。小说是不注重故事或情节了，但也总得有些契机来表现生活和批评它；这些契机得费心思去选择和配合，才能够将那要说的话，要传达的意义，完整的说出来，传达出来。集中了的完整了的意义，才见出情感，才让人乐意接受，"欣赏"就是"乐意接受"的意思。能够这样让人欣赏的作品是好的，是否"百读不厌"，可以不论。在这种情形之下，笔者同意：《李有才板话》即使没有人想重读一遍，也不减少它的价值，它的好。

但是在我们的现代文艺里，让人"百读不厌"的作品也有的。例如鲁迅先生的《阿Q正传》，茅盾先生的《幻灭》《动摇》《追求》三部曲，笔者都读过不止一回，想来读过不止一回的人该不少罢。在笔者本人，大概是《阿Q正传》里的幽默和三部曲里的几个女性吸引住了我。这几个作品的好已经定论，它们的意义和使命大家也都熟悉，这里说的只是它们让笔者"百读不厌"的因素。《阿Q正传》主要的作用不在幽默，那三部曲的主要作用也不在铸造几个女性，但是这些却可能产生让人"百读不厌"的趣味。这种趣味虽然不是必要的，却也可以增加作品的力量。不过这里的幽默决不是油滑的，无聊的，也决不是为幽默而幽默，而女性也决不就是色情，这个界限是得弄清楚的。抗战期中，文艺作品尤其是小说的读众大大的增加了。增加的多半是小市民的读者，他们要求消遣，要求趣味和快感。扩大了的读众，有着这样的要求也是很自然的。长篇小说的流行就是这个要求的反应，因为篇幅长，故事就长，情节就多，趣味也就丰富了。这可以促进长篇小说的发展，倒是很好的。可是有些作者却因为这样的要求，忘记了自己的边界，放纵到色情上，以及粗劣的笑料上，去吸引读众，这只是迎合低级趣味。而读者贪读这一类低级的软性的作品，也只是沉溺，说不上"百读不厌"。"百读不厌"究竟是个赞词或评语，虽然以趣味为主，总要是纯正的趣味才说得上的。

（《文讯》月刊）

鲁迅先生的杂感

最近写了一篇短文讨论"百读不厌"那个批评用语,照笔者分析的结果,所谓"百读不厌",注重趣味与快感,不适用于我们的现代文学。可是现代作品里也有引人"百读不厌"的,不过那不是作品的主要的价值。笔者根据自己的经验,举出鲁迅先生的《阿Q正传》做例子,认为引人"百读不厌"的是幽默,这幽默是严肃的,不是油腔滑调的,更不只是为幽默而幽默。鲁迅先生的《随感录》,先是出现在《新青年》上后来收在《热风》里的,还有一些"杂感",在笔者也是"百读不厌"的。这里吸引我的,一方面固然也是幽默,一方面却还有别的,就是那传统的称为"理趣",现在我们可以说是"理智的结晶"的,而这也就是诗。

冯雪峰先生在《鲁迅论》里说到鲁迅先生"在文学上独特

的特色"：

> 首先，鲁迅先生独创了将诗和政论凝结于一起的"杂感"这尖锐的政论性的文艺形式。这是匕首，这是投枪，然而又是独特形式的诗；这形式，是鲁迅先生所独创的，是诗人和战士的一致的产物。自然，这种形式，在中国旧文学里是有它类似的存在的，但我们知道旧文学中的这种形式，有的只是形式和笔法上有可取之点，精神上是完全不成的；有的则在精神上也有可取之点，却只是在那里自生自长的野草似的一点萌芽。鲁迅先生，以其战斗的需要，才独创了这在其本身是非常完整的，而且由鲁迅先生自己达到了那高峰的独特的形式。

（见《过来的时代》）

所谓"中国文学里是有它类似的存在的"，大概指的古文里短小精悍之作，象韩柳杂说的罢？冯先生说鲁迅先生"也同意对于他的杂感散文在思想意义之外又是很高的而且独创的艺术作品的评价"，"并且以为（除何凝先生外）还没有说出这一点来"（《关于鲁迅在文学上的地位》的《附记》，见同书）。这种"杂感"在形式上的特点是"简短"，鲁迅先生就屡次用"短评"这名称，又曾经泛称为"简短的东西"。"简短"而"凝结"，还能够"尖锐"得象"匕首"和"投枪"一样；主要的是他在用了这"匕首"和"投枪"战斗着。"狭巷短兵相接处，杀人如草不闻声"，这是诗，鲁迅先生的"杂感"也是诗。

《热风》的《题记》的结尾：

> 但如果凡我所写，的确都是冷的呢？则它的生命原来就没有，更谈不到中国的病证究竟如何。然而，无情的冷嘲和有情的讽刺相去本不及一张纸，对于周围的感受和反应，又大概是所谓"如鱼饮水冷暖自知"的；我却觉得周围的空气太寒冽了，我自说我的话，所以反而称之曰《热风》。

鲁迅先生是不愿承受"冷静"那评价的，所以有这番说话。他确乎不是个"冷静"的人，他的憎正由于他的爱；他的"冷嘲"其实是"热讽"。这是"理智的结晶"，可是不结晶在冥想里，而结晶在经验里；经验是"有情的"，所以这结晶是有"理趣"的。开始读他的《随感录》的时候，一面觉得他所嘲讽的愚蠢可笑，一面却又往往觉得毛骨悚然——他所指出的"中国病证"，自己没有犯过吗，不在犯着吗？可还是"百读不厌"的常常去翻翻看看，吸引我的是那笑，也是那"笑中的泪"罢。

这种诗的结晶在《野草》里"达到了那高峰"。《野草》被称为散文诗，是很恰当的。《题辞》里说：

> 过去的生命已经死亡。我对于这死亡有大欢喜，因为我借此知道它曾经存活。死亡的生命已经朽腐。我对于这朽腐有大欢喜，因为我借此知道它还非空虚。

又说：

我自爱我的野草，但我憎恶这以野草作装饰的地面。地火在地下运行，奔突；熔岩一旦喷出，将烧尽一切野草，以及乔木，于是并且无可朽腐。

又说：

　　我以这一丛野草在明与暗，生与死，过去与未来之际，献于友与仇，人与兽，爱者与不爱者之前作证。

最后是：

　　去罢，野草，连着我的题辞！

这写在一九二七年，正是大革命的时代。他彻底地否定了"过去的生命"，连自己的《野草》连着这《题辞》，也否定了，但是并不否定他自己。他"希望"地下的火火速喷出，烧尽过去的一切；他"希望"的是中国的新生！在《野草》里比在《狂人日记》里更多的用了象征，用了重叠，来"凝结"来强调他的声音，这是诗。

　　他一面否定，一面希望，一面在战斗着。《野草》里的一篇《希望》，是一九二五年一月一日写的，他说：

　　我只得由我来肉薄这空虚中的暗夜了，纵使寻不到身外的青春，也总得自己来一掷我身中的迟暮。但暗夜又在那里呢？现在没有星，没有月光，以至笑的渺茫和爱的翔舞；

青年们很平安，而我的面前又竟至于并且没有真的暗夜。

然而就在这一年他感到青年们动起来了，感到"真的暗夜"露出来了，这一年他写了特别多的"杂感"，就是收在《华盖集》里的。这一年"十二月三十一日之夜"写的《题记》里给了这些"短评"一个和《随感录》略有分别的名字，就是"杂感"。他说这些"杂感""往往执滞在几件小事情上"，也就是从一般的"中国的病证"转到了个别的具体的事件上。虽然他还是将这种个别的事件"作为社会上的一种典型"_{见前引冯雪峰先}_{生那篇《附记》里引的鲁迅先生自己的话}来处理，可是这些"杂感"比起《热风》中那些《随感录》确乎是更其现实的了；他是从诗回向散文了。换上"杂感"这个新名字，似乎不是随随便便的无所谓的。

散文的杂感增加了现实性，也增加了尖锐性。"一九三二年四月二十四日之夜"写的《三闲集》的《序言》里说到：

> 恐怕这"杂感"两个字，就使志趣高超的作者厌恶，避之惟恐不远了。有些人们，每当意在奚落我的时候，就往往称我为"杂感家"。

这正是尖锐性的证据。他这时在和"真的暗夜""肉薄"了，武器是越尖锐越好，他是不怕"'不满于现状'的'杂感家'"这一个"恶谥"的。一方面如冯雪峰先生说的，"他又常痛惜他的小说和他的文章中的曲笔常被一般读者误解"。所以"更倾向于直剖明示的尖利的批判武器的创造"_{见《鲁迅先生计划而}

未完成的著作》，也在《过去的时代》中了。这种"直剖明示"的散文作风伴着战斗发展下去，"杂感"就又变为"杂文"了。"一九三二年四月三十日之夜"写的《二心集》的《序言》里开始就说：

> 这里是一九三〇与三一年两年间的杂文的结集。

末尾说：

> 自从一九三一年一月起，我写了较上年更多的文章，但因为揭载的刊物有些不同，文字必得和它们相称，就很少做《热风》那样简短的东西了；而且看看对于我的批评文字，得了一种经验，好象评论做得太简括，是极容易招得无意的误解，或有意的曲解似的。

又说：

> 这回连较长的东西也收在这里面。

"简单"改为不拘长短，配合着时代的要求，"杂文"于是乎成了大家都能用，尖利而又方便的武器了。这个创造是值得纪念的；虽然我们损失了一些诗，可是这是个更需要散文的时代。

（《燕京新闻》副叶）

论逼真与如画
—关于传统的对于自然和艺术的态度的一个考察

　　"逼真"与"如画"这两个常见的批评用语，给人一种矛盾感。"逼真"是近乎真，就是象真的。"如画"是象画，象画的。这两个语都是价值的批评，都说是"好"。那么，到底是真的好呢？还是画的好呢？更教人迷糊的，象清朝大画家王鉴说的：

　　　　人见佳山水，辄曰"如画"，见善丹青，辄曰"逼真"。（《染香庵跋画》）

丹青就是画。那么，到底是"如画"好呢？还是"逼真"好呢？照历来的用例，似乎两个都好，两个都好而不冲突，怎么会的呢？这两个语出现在我们的中古时代，沿用得很久，也很广，表现着这个民族对于自然和艺术的重要的态度。直到白话文通行之后，我们有了完备的成套的批评用语，这两个语才少见了，但是有时还用得着，有时也翻成白话用着。

这里得先看看这两个语的历史。照一般的秩序，总是先有"真"，后才有"画"，所以我们可以顺理成章的说"逼真与如画"——将"逼真"排在"如画"的前头。然而事实上似乎后汉就有了"如画"这个语，"逼真"却大概到南北朝才见。这两个先后的时代，限制着"画"和"真"两个词的意义，也就限制着这两个语的意义；不过这种用语的意义是会跟着时代改变的。《后汉书·马援传》里说他：

为人明须（鬒）发，眉目如画。

唐朝李贤注引后汉的《东观记》说：

援长七尺五寸，色理发肤眉目容貌如画。

可见"如画"这个语后汉已经有了，南朝范晔作《后汉书·马援传》，大概就根据这类记载；他沿用"如画"这个形容语，没有加字，似乎直到南朝这个语的意义还没有什么改变。但是"如画"到底是什么意义呢？

我们知道直到唐初，中国画是以故事和人物为主的，《东观记》里的"如画"，显然指的是这种人物画。早期的人物画由于工具的简单和幼稚，只能做到形状匀称与线条分明的地步，看武梁祠的画像就可以知道。画得匀称分明是画得好；人的"色理发肤眉目容貌如画"，是相貌生得匀称分明，也就是生得好。但是色理发肤似乎只能说分明，不能说匀称，范晔改为"明须发，眉目如画"，是很有道理的。匀称分明是常识的评价标准，也可以说是自明的标准，到后来就成了古典的标准。类书里还举出三国时代诸葛亮的《黄陵庙记》，其中叙到"乃见江左大山壁立，林麓峰峦如画"，上文还有"睹江山之胜"的话。清朝严可均编辑的《全三国文》里说"此文疑依托"，大概是从文体或作风上看。笔者也觉得这篇记是后人所作。"江山之胜"这个意念到东晋才逐渐发展，三国时代是不会有的；而文体或作风又不象。文中"如画"一语，承接着"江山之胜"，已经是变义，下文再论。

"如画"是象画，原义只是象画的局部的线条或形体，可并不说象一个画面；因为早期的画还只以个体为主，作画的人对于整个的画面还没有清楚的意念。这个意念似乎到南北朝才清楚的出现。南齐谢赫举出画的六法，第五是"经营位置"，正是意识到整个画面的存在的证据。就在这个时代，有了"逼真"这个语，"逼真"是指的整个形状。如《水经注·沔水篇》说：

上粉县……堵水之旁……有白马山，山石似马，望之逼真。

这里"逼真"是说象真的白马一般。但是山石象真的白马又有什么好呢？这就牵连到这个"真"的意义了。这个"真"固然指实物，可是一方面也是《老子》《庄子》里说的那个"真"，就是自然，另一方面又包含谢赫的六法的第一项"气韵生动"

的意思，惟其"气韵生动"才能自然，才是活的不是死的。死的山石象活的白马，有生气，有生意，所以好。"逼真"等于俗语说的"活脱"或"活象"，不但象是真的，并且活象是真的。如果这些话不错，"逼真"这个意念主要的还是跟着画法的发展来的。这时候画法已经从匀称分明进步到模仿整个儿实物了。六法第二"骨法用笔"似乎是指的匀称分明，第五"经营布置"是进一步的匀称分明。第三"应物象形"，第四"随类傅彩"，第六"传模移写"，大概都在说出如何模仿实物或自然；最重要的当然是"气韵生动"，所以放在第一。"逼真"也就是近于自然，象画一般的模仿着自然，多多少少是写实的。

唐朝张怀瓘的《书断》里说：

> 太宗……尤善临古帖，殆于逼真。

这是说唐太宗模仿古人的书法，差不多活象，活象那些古人。不过这似乎不是模仿自然。但是书法是人物的一种表现，模仿书法也就是模仿人物；而模仿人物，如前所论，也还是模仿自然。再说我国书画同源，基本的技术都在乎"用笔"，书法模仿书法，跟画的模仿自然也有相通的地方。不过从模仿书法到模仿自然，究竟得拐上个弯儿。老是拐弯儿就不免只看见那作品而忘掉了那整个儿的人，于是乎"貌同心异"，模仿就成了死板板的描头画角了。书法不免如此，画也不免如此。这就不成其为自然。郭绍虞先生曾经指出道家的自然有"神化"和"神遇"两种境界。而"气韵生动"的"气韵"，似乎原是音乐的术语借来论画的，这整个语一方面也接受了"神化"和

"神遇"的意念，综合起来具体的说出，所以作为基本原则，排在六法的首位。但是模仿成了机械化，这个基本原则显然被忽视。为了强调它，唐朝人就重新提出那"神"的意念，这说是复古也未尝不可。于是张怀瓘开始将书家分为"神品""妙品""能品"，朱景元又用来论画，并加上了"逸品"。这神、妙、能、逸四品，后来成了艺术批评的通用标准，也是一种古典的标准。但是神、妙、逸三品都出于道家的思想，都出于玄心和达观，不出于常识，只有能品才是常识的标准。

重神当然就不重形，模仿不妨"貌异心同"；但是这只是就间接模仿自然而论。模仿别人的书画诗文，都是间接模仿自然，也可以说是艺术模仿艺术。直接模仿自然，如"山石似马"，可以说是自然模仿自然，就还得"逼真"才成。韩愈的《春雪间早梅》诗说：

> 那是俱疑似，
> 须知两逼真！

春雪活象早梅，早梅活象春雪，也是自然模仿自然，不过也是象画一般模仿自然。至于韩偓的诗：

> 纵有才难咏，
> 宁无画逼真！

说是虽然诗才薄弱，形容不出，难道不能画得活象！这指的是女子的美貌，又回到了人物画，叮以说是艺术模仿自然。这也是直接模仿自然，要求"逼真"，跟"山石似马"那例子一样。

到了宋朝，苏轼才直截了当的否定了"形似"，他《书鄢陵王主簿所画折枝》的诗里说：

> 论画以形似，
> 见与儿童邻。
> ……
> 边鸾雀写生，
> 赵昌花传神。
> ……

"写生"是"气韵生动"的注脚。后来董逌的《广川画跋》里更提出"生意"这个意念。他说：

> 世之评画者曰，妙于生意，能不失真如此矣。至是为能尽其技。尝问如何是当处生意？曰，殆谓自然。问自然，则曰能不异真者斯得之矣。且观天地生物，特一气运化尔，其功用秘移，与物有宜，莫知为之者。故能成于自然。今画者信妙矣，方且晕形布色，求物比之，似而效之，序以成者，皆人力之后失也，岂能以合于自然者哉！

"生意"是真，是自然，是"一气运化"。"晕形布色"，比物求似，只是人工，不合自然。他也在否定"形似"，一面强调那气化或神化的"生意"。这些都见出道家"得意忘言"以及禅家"参活句"的影响。不求"形似"，当然就无所谓"逼真"；因为"真"没有定形，逼近与否是很难说的。我们可以说"神似"，也就是"传神"，却和"逼真"有虚实之分。不过就画论画，人物、花鸟、草虫，到底以形为本，常识上还只要求这些画"逼真"。跟苏轼差不多同时的晁以道的诗说得好：

> 画写物外形，
> 要于形不改。

就是这种意思。但是山水画另当别论。

东晋以来士大夫渐渐知道欣赏山水，这也就是风景，也就是"江山之胜"。但是在画里山水还只是人物的背景，《世说新语》记顾恺之画谢鲲在岩石里，就是一个例证。那时却有个宗炳，将自己游历过的山水，画在墙壁上，"卧以游之"。这是山水画独立的开始，但是这种画无疑的多多少少还是写实的。到了唐朝，山水画长足的发展，北派还走着近乎写实的路，南派的王维开创了文人画，却走上了象征的路。苏轼说他"诗中有画，画中有诗"，文人画的特色就在"画中有诗"。因为要"有诗"，有时就出了常识常理之外。张彦远说"王维画物多不问四时，如画花，往往以桃杏芙蓉莲花同画一景"。宋朝沈括的《梦溪笔谈》也说他家藏得有王氏的"《袁安卧雪图》，有雪中芭蕉"。但是沈氏却说：

> 此乃得心应手，意到便成，故造理入神，迥得天意。
> 此难可与俗人论也。

这里提到了"神""天"就是自然，而"俗人"是对照着"文人"说的。沈氏在上文还说"书画之妙，当以神会"，"神会"可以说是象征化。桃杏芙蓉莲花虽然不同时，放在同一个画面上，线条、形体、颜色却有一种特别的和谐，雪中芭蕉也如此。这种和谐就是诗。桃杏芙蓉莲花等只当作线条、形体、颜色用着，只当作象征用着，所以就可以"不问四时"。这也可以说是装饰化，图案化，程式化。但是最容易程式化的最能够代表文人画的是山水画，苏轼的评语，正指王维的山水画而言。

桃杏芙蓉莲花等等是个别的实物，形状和性质各自分明，"同画一景"，俗人或常人用常识的标准来看，马上觉得时令的矛盾，至于那矛盾里的和谐，原是在常识以外的，所以容易引起争辩。山水，文人欣赏的山水，却是一种境界，来点儿写实固然不妨，可是似乎更宜于象征化。山水里的草木鸟兽人物，都吸收在山水里，或者说和山水合为一气；兽与人简直可以没有，如元朝倪瓒的山水画，就常不画人，据说如此更高远，更虚静，更自然。这种境界是画，也是诗，画出来写出来是的，不画出来不写出来也是的。这当然说不上"象"，更说不上"活象"或"逼真"了。"如画"倒可以解作象这种山水画。但是唐人所谓"如画"，还带有写实的意味，例如李商隐的诗：

茂苑城如画，阊门瓦欲流。

皮日休的诗：

楼台如画倚霜空。

虽然所谓"如画"指的是整个画面，却似乎还是北派的山水画。上文《黄陵庙记》里的"如画"，也只是这个意思。到了宋朝，如林逋的诗：

白公睡阁幽如画。

这个"幽"就全然是境界，象的当然是南派的画了。"如画"可以说是属于自然模仿艺术一类。

上文引过王鉴的话，"人见佳山水，辄曰'如画'"，这"如画"是说象南派的画。他又说，"见善丹青，辄曰'逼真'"，这丹青却该是人物、花鸟、草虫，不是山水画。王鉴没有弄清楚这个分别，觉得这两个语在字面上是矛盾的，要解决这个矛盾，他接着说：

则知形影无定法，真假无滞趣，惟在妙悟人得之；不尔，虽工未为上乘也。

形影无定，真假不拘，求"形似"也成，不求"形似"也成，只要妙悟，就能够恰到好处。但是"虽工未为上乘"，"形似"到底不够好。他这些话并不曾解决了他想象中的矛盾，反而越说越糊涂。照"真假无滞趣"那句话，似乎画是假的；可是既然不拘真假，假而合于自然，也未尝不可以说是真的。其实他所谓假，只是我们说的境界，与实物相对的境界。照我们看，境界固然与实物不同，却也不能说是假的。同是清朝大画家的王时敏在一处画跋里说过：

> 石谷所作雪卷，寒林积素，江村寥落，一一皆如真
> 境，宛然辋川笔法。

辋川指的王维，"如真境"是说象自然的境界，所谓"得心应
手，意到便成"，"莫知为之者"。自然的境界尽管与实物不
同，却还不妨是真的。

"逼真"与"如画"这两个语借用到文学批评上，意义又
有些变化。这因为文学不同于实物，也不同于书法的点画，也
不同于画法的"用笔""象形""傅彩"。文学以文字为媒介，
文字表示意义，意义构成想象；想象里有人物，花鸟，草虫，
及其他，也有山水——有实物，也有境界。但是这种实物只是
想象中的实物；至于境界，原只存在于想象中，倒是只此一
家，所以"诗中有画，画中有诗"。向来评论诗文以及小说戏
曲，常说"神态逼真"，"情景逼真"，指的是描写或描画。写
神态写情景写得活象，并非诉诸直接的感觉，跟"山石似马，
望之逼真"以及"宁无画逼真"的直接诉诸视觉不一样，这是
诉诸想象中的视觉的。宋朝梅尧臣说过"状难写之景，如在目
前"，"如"字很确；这种"逼真"是使人如见。可是向来也
常说"口吻逼真"，写口气写得活象，是使人如闻，如闻其声。
这些可以说是属于艺术模仿自然一类。向来又常说某人的诗
"逼真老杜"，某人的文"逼真昌黎"，这是说在语汇，句法，
声调，用意上，都活象，也就是在作风与作意上都活象，活象
在默读或朗诵两家的作品，或全篇，或断句。这儿说是"神似
老杜""神似昌黎"也成，想象中的活象本来是可实可虚两面
儿的。这是属于艺术模仿艺术一类。文学里的模仿，不论模仿

的是自然或艺术，都和书画不相同；倒可以比建筑，经验是材料，想象是模仿的图样。

向来批评文学作品，还常说"神态如画"，"情景如画"，"口吻如画"，也指描写而言。上文"如画"的例句，都属于自然模仿艺术一类。这儿是说"写神态如画"，"写情景如画"，"写口吻如画"，可以说是属于艺术模仿自然一类。在这里"如画"的意义却简直和"逼真"是一样，想象的"逼真"和想象的"如画"在想象里合而为一了。这种"逼真"与"如画"都只是分明、具体、可感觉的意思，正是常识对于自然和艺术所要求的。可是说"景物如画"或"写景物如画"，却是例外。这儿"如画"的"画"，可以是北派山水，可以是南派山水，得看所评的诗文而定；若是北派，"如画"就只是匀称分明，若是南派，就是那诗的境界，都与"逼真"不能合一。不过传统的诗文里写景的地方并不很多，小说戏剧里尤其如此，写景而有境界的更少，因此王维的"诗中有画"才见得难能可贵，模仿起来不容易。他创始的"画中有诗"的文人画，却比那"诗中有画"的诗直接些，具体些，模仿的人很多，多到成为所谓南派。我们感到"如画"与"逼真"两个语好象矛盾，就由于这一派文人画的影响。不过这两个语原来既然都只是常识的评价标准，后来意义虽有改变，而除了"如画"在作为一种境界解释的时候变为玄心妙赏以外，也都还是常识的标准。这就可见我们的传统的对于自然和艺术的态度，一般的还是以常识为体，雅俗共赏为用的。那些"难可与俗人论"的，恐怕到底不是天下之达道罢。

（天津《民国日报》文艺副刊）

论书生的酸气

　　读书人又称书生。这固然是个可以骄傲的名字，如说"一介书生""书生本色"，都含有清高的意味。但是正因为清高，和现实脱了节，所以书生也是嘲讽的对象。人们常说"书呆子""迂夫子""腐儒""学究"等，都是嘲讽书生的。"呆"是不明利害，"迂"是绕大弯儿，"腐"是顽固守旧，"学究"是指一孔之见。总之，都是知古不知今，知书不知人，食而不化的读死书或死读书，所以在现实生活里老是吃亏、误事、闹笑话。总之，书生的被嘲笑是在他们对于书的过分的执着上；过分的执着书，书就成了话柄了。

　　但是还有"寒酸"一个话语，也是形容书生的。"寒"是"寒素"，对"膏粱"而言，是魏晋南北朝分别门第的用语。"寒门"或"寒人"并不限于书生，武人也在里头；"寒士"

才指书生。这"寒"指生活情形，指家世出身，并不关涉到书；单这个字也不含嘲讽的意味。加上"酸"字成为连语，就不同了，好象一副可怜相活现在眼前似的。"寒酸"似乎原作"酸寒"。韩愈《荐士》诗，"酸寒溧阳尉"，指的是孟郊；后来说"郊寒岛瘦"，孟郊和贾岛都是失意的人，作的也是失意诗。"寒"和"瘦"映衬起来，够可怜相的，但是韩愈说"酸寒"，似乎"酸"比"寒"重。可怜别人说"酸寒"，可怜自己也说"酸寒"，所以苏轼有"故人留饮慰酸寒"的诗句。陆游有"书生老瘦转酸寒"的诗句。"老瘦"固然可怜相，感激"故人留饮"也不免有点儿。范成大说"酸"是"书生气味"，但是他要"洗尽书生气味酸"，那大概是所谓"大丈夫不受人怜"罢？

为什么"酸"是"书生气味"呢？怎么样才是"酸"呢？话柄似乎还是在书上。我想这个"酸"原是指读书的声调说的。晋以来的清谈很注重说话的声调和读书的声调。说话注重音调和辞气，以朗畅为好。读书注重声调，从《世说新语·文学篇》所记殷仲堪的话可见；他说，"三日不读《道德经》，便觉舌本闲强"，说到舌头，可见注重发音，注重发音也就是注重声调。《任诞篇》又记王孝伯说，"名士不必须奇才，但使常得无事，痛饮酒，熟读《离骚》，便可称名士"。这"熟读《离骚》"该也是高声朗诵，更可见当时风气。《豪爽篇》记"王司州胤之在谢公安坐，咏《离骚·九歌》'入不言兮出不辞，乘回风兮载云旗'，语人云，'当尔时，觉一坐无人。'"正是这种名士气的好例。读古人的书注重声调，读自己的诗自然更注重声调。《文学篇》记着袁宏的故事：

袁虎（宏小名虎）少贫，尝为人佣载运租。谢镇西经船行，其夜清风朗月，闻江渚间估客船上有咏诗声，甚有情致，所诵五言，又其所未尝闻，叹美不能已。即遣委曲讯问，乃是袁自咏其所作咏史诗。因此相要，大相赏得。

从此袁宏名誉大盛，可见朗诵关系之大。此外《世说新语》里记着"吟啸"，"啸咏"，"讽咏"，"讽诵"的还很多，大概也都是在朗诵古人的或自己的作品罢。

　　这里最可注意的是所谓"洛下书生咏'或简称"洛生咏"。《晋书·谢安传》说：

　　安本能为洛下书生咏。有鼻疾，故其音浊。名流爱其咏而弗能及，或手掩鼻以效之。

《世说新语·轻诋篇》却记着：

　　人问顾长康"何以不作洛生咏？"答曰，"何至作老婢声！"

　　刘孝标注，"洛下书生咏音重浊，故云'老婢声'"。所谓"重浊"，似乎就是过分悲凉的意思。当时诵读的声调似乎以悲凉为主。王孝伯说"熟读《离骚》，便可称名士"，王胡之在谢安坐上咏的也是《离骚·九歌》，都是《楚辞》。当时诵读《楚辞》，大概还知道用楚声楚调，乐府曲调里也正有楚调，而楚声楚调向来是以悲凉为主的。当时的诵读大概受到和尚的

梵诵或梵唱的影响很大，梵诵或梵唱主要的是长吟，就是所谓
"咏"。《楚辞》本多长句，楚声楚调配合那长吟的梵调，相得
益彰，更可以"咏"出悲凉的"情致"来。袁宏的咏史诗现存
两首，第一首开始就是"周昌梗概臣"一句，"梗概"就是"慷
慨"，"感慨"；"感慨悲歌"也是一种"书生本色"。沈约《宋
书·谢灵运传论》所举的五言诗名句，钟嵘《诗品·序》里所
举的五言诗名句和名篇，差不多都是些"慷慨悲歌"。《晋书》
里还有一个故事。晋朝曹摅的《感旧》诗有"富贵他人合，贫
贱亲戚离'两句。后来殷浩被废为老百姓，送他的心爱的外甥
回朝，朗诵这两句，引起了身世之感，不觉泪下。这是悲凉的
朗诵的确例。但是自己若是并无真实的悲哀，只去学时髦，捏
着鼻子学那悲哀的"老婢声"的"洛生咏"那就过了分，那也
就是赵宋以来所谓"酸"了。

唐朝韩愈有《八月十五夜赠张功曹》诗，开头是：

> 纤云四卷天无河，
> 清风吹空月舒波，
> 沙平水息声影绝，
> 一杯相属君当歌。

接着说：

> 君歌声酸辞且苦，
> 不能听终泪如雨。

接着就是那"酸"而"苦"的歌辞：

洞庭连天九疑高，
蛟龙出没猩鼯号。
十生九死到官所，
幽居默默如藏逃。
下床畏蛇食畏药，
海气湿蛰熏腥臊。
昨者州前槌大鼓，
嗣皇继圣登夔皋。
赦书一日行万里，
罪从大辟皆除死。
迁者追回流者还，
涤瑕荡垢朝清班。
州家申名使家抑，
坎轲只得移荆蛮。
判司卑官不堪说，
未免捶楚尘埃间。
同时辈流多上道，
天路幽险难追攀！

张功曹是张署，和韩愈同被贬到边远的南方，顺宗即位，只奉
命调到近一些的江陵做个小官儿，还不得回到长安去，因此有
了这一番冤苦的话。这是张署的话，也是韩愈的话。但是诗里
却接着说：

君歌且休听我歌，

我歌今与君殊科。

韩愈自己的歌只有三句：

一年明月今宵多，

人生由命非由他，

有酒不饮奈明何！

他说认命算了，还是喝酒赏月罢。这种达观其实只是苦情的伪装而已。前一段"歌"虽然辞苦声酸，倒是货真价实，并无过分之处。由那"声酸"知道吟诗的确有一种悲凉的声调，而所谓"歌"其实只是讽咏。大概汉朝以来不象春秋时代一样，士大夫已经不会唱歌，他们大多数是书生出身，就用讽咏或吟诵来代替唱歌。他们——尤其是失意的书生——的苦情就发泄在这种吟诵或朗诵里。

战国以来，唱歌似乎就以悲哀为主，这反映着动乱的时代。《列子·汤问篇》记秦青"抚节悲歌，声振林木，响遏行云"，又引秦青的话，说韩娥在齐国雍门地方"曼声哀哭，一里老幼悲愁垂涕相对，三日不食"，后来又"曼声长歌，一里老幼，善跃抃舞，弗能自禁"。这里说韩娥虽然能唱悲哀的歌，也能唱快乐的歌，但是和秦青自己独擅悲歌的故事合看，就知道还是悲歌为主。再加上齐国杞梁殖的妻子哭倒了城的故事，就是现在还在流行的孟姜女哭倒长城的故事，悲歌更为动人，是显然的。书生吟诵，声酸辞苦，正和悲歌一脉相传。但是声酸必须辞苦，辞苦又必须情苦；若是并无苦情，只有苦辞，甚至连苦辞也没有，只有那供人酸鼻的声调，那就过了分，不但不能动人，反要遭人嘲弄了。书生往往自命不凡，得意的自然有，却只是少数，失意的可太多了。所以总是叹老嗟卑，长歌当哭，哭丧着脸，一副可怜相。朱子在《楚辞辩证》里说汉人那些模仿的作品"诗意平缓，意不深切，如无所疾痛而强为呻吟者"。"无所疾痛而强为呻吟"就是所谓"无病呻吟"。后来的叹老嗟卑也正是无病呻吟。有病呻吟是紧张的，可以得人同情，甚至叫人酸鼻；无病呻吟，病是装的，假的，呻吟也是装的，假的，假装可以酸鼻的呻吟，酸而不苦象是丑角扮戏，自然只能逗人笑了。

苏东坡有《赠诗僧道通》的诗：

> 雄豪而妙苦而腴，只有琴聪与蜜殊。
> 语带烟霞从古少，气含蔬笋到公无。
> ……

查慎行注引叶梦得《石林诗话》说：

> 近世僧学诗者极多，皆无超然自得之趣，往往掇拾摹仿士大夫所残弃，又自作一种体，格律尤俗，谓之"酸馅气"。子瞻……尝语人云，"颇解'蔬笋'语否？为无'酸馅气'也。"闻者无不失笑。

东坡说道通的诗没有"蔬笋"气，也就没有"酸馅气"，和尚修苦行，吃素，没有油水，可能比书生更"寒"更"瘦"；一味反映这种生活的诗，好象酸了的菜馒头的馅儿，干酸，吃不得，闻也闻不得，东坡好象是说，苦不妨苦，只要"苦而腴"，有点儿油水，就不至于那么扑鼻酸了。这酸气的"酸"还是从"声酸"来的。而所谓"书生气味酸"该就是指的这种"酸馅气"。和尚虽苦，出家人原可"超然自得"，却要学吟诗，就染上书生的酸气了。书生失意的固然多，可是叹老嗟卑的未必真的穷苦到他们嗟叹的那地步；倒是"常得无事"，就是"有闲"，有闲就无聊，无聊就作成他们的"无病呻吟"了。宋初西昆体的领袖杨亿讥笑杜甫是"村夫子"，大概就是嫌他叹老嗟卑的太多。但是杜甫"窃比稷与契"，嗟叹的其实是天下之大，决不止于自己的鸡虫得失。杨亿是个得意的人，未免忘其所以，才说出这样不公道的话。可是象陈师道的诗，叹老嗟卑，吟来吟去，只关一己，的确叫人腻味。这就落了套子，落了套子就不免有些"无病呻吟"，也就是有些"酸"了。

道学的兴起表示书生的地位加高，责任加重，他们更其自命不凡了，自嗟自叹也更多了。就是眼光如豆的真正的"村夫子"或"三家村学究"，也要哼哼唧唧的在人面前卖弄那背得的几句死书，来嗟叹一切，好搭起自己的读书人的空架子。鲁迅先生笔下的"孔乙己"，似乎是个更破落的读书人，然而"他对人说话，总是满口之乎者也，教人半懂不懂的"。人家说他偷书，他却争辩着，"窃书不能算偷……窃书！……读书人的事，能算偷么？""接连便是难懂的话，什么'君子固穷'，什么'者乎'之类，引得众人都哄笑起来"。孩子们看着他的茴香豆的碟子。

孔乙己着了慌，伸开五指将碟子罩住，弯下腰去说道，"不多了，我已经不多了。"直起身又看一看豆，自己摇头说，"不多不多！'多乎哉？不多也。'"于是这一群孩子都在笑声里走散了。

破落到这个地步，却还只能"满口之乎者也"，和现实的人民隔得老远的，"酸"到这地步真是可笑又可怜了。"书生本色"虽然有时是可敬的，然而他的酸气总是可笑又可怜的。最足以表现这种酸气的典型，似乎是戏台上的文小生，尤其是昆曲里的文小生，那哼哼唧唧、扭扭捏捏、摇摇摆摆的调调儿，真够"酸"的！这种典型自然不免夸张些，可是许差不离儿罢。

向来说"寒酸""穷酸"，似乎酸气老聚在失意的书生身上。得意之后，见多识广，加上"一行作吏，此事便废"，那时就会不再执着在书上，至少不至于过分的执着在书上，那"酸气味"是可以多多少少"洗"掉的。而失意的书生也并非都有酸气。他们可以看得开些，所谓达观，但是达观也不易，往往只是伪装。他们可以看远大些，"梗概而多气"是雄风豪气，不是酸气。至于近代的知识分子，让时代逼得不能读死书或死读书，因此也就不再执着那些古书。文言渐渐改了白话，吟诵用不上了；代替吟诵的是又分又合的朗诵和唱歌。最重要的是他们看清楚了自己，自己是在人民之中，不能再自命不凡了。他们虽然还有些闲，可是要"常得无事"却也不易。他们渐渐丢了那空架子，脚踏实地向前走去。早些时还不免带着感伤的气分，自爱自怜，一把眼泪一把鼻涕的；这也算是酸气，虽然念诵的不是古书而是洋书。可是这几年时代逼得更紧了，大家只得抹干了鼻涕眼泪走上前去。这才真是"洗尽书生气味酸"了。

（《世纪评论》）

论严肃

新文学运动的开始，斗争的对象主要的是古文，其次是"礼拜六"派或鸳鸯蝴蝶派的小说，又其次是旧戏，还有文明戏。他们说古文是死了。旧戏陈腐，简单，幼稚，嘈杂，不真切，武场更只是杂耍，不是戏。而鸳鸯蝴蝶派的小说意在供人们茶余酒后消遣，不严肃，文明戏更是不顾一切的专迎合人们的低级趣味。白话总算打倒了古文，虽然还有些肃清的工作，话剧打倒了文明戏，可是旧戏还直挺挺的站着，新歌剧还在难产之中。鸳鸯蝴蝶派似乎也打倒了，但是又有所谓"新鸳鸯蝴蝶派"。这严肃与消遣的问题够复杂的，这里想特别提出来讨论。

照传统的看法，文章本是技艺，本是小道，宋儒甚至于说"作文害道"。新文学运动接受了西洋的影响，除了解放文体以白话代古文之外，所争取的就是这文学的意念，也就是文学的地位。他们要打倒那"道"，让文学独立起来。所以对"文以载道"说加以无情的攻击。这"载道"说虽然比"害道"说温和些，可是文还是道的附庸。照这一说，那些不载道的文就是"玩物丧志"。玩物丧志是消遣，载道是严肃。消遣的文是技艺，没有地位，载道的文有地位了，但是那地位是道的，不是文的——若单就文而论，它还只是技艺，只是小道。新文学运动所争的是，文学就是文学，不干道的事，它是艺术，不是技艺，它有独立存在的理由。

在中国文学的传统里，小说和词曲包括戏曲更是小道中的小道，就因为是消遣的，不严肃。不严肃也就是不正经，小说通常称为"闲书"，不是正经书。词为"诗余"，曲又是"词余"，称为"余"当然也不是正经的了。鸳鸯蝴蝶派的小说意在供人们茶余酒后消遣，倒是中国小说的正宗。中国小说一向以"志怪""传奇"为主。"怪"和"奇"都不是正经的东西。明朝人编的小说总集有所谓"三言二拍"。"二拍"是初刻和二刻的《拍案惊奇》，重在"奇"得显然。"三言"是《喻世明言》《警世通言》《醒世恒言》，虽然重在"劝俗"，但是还是先得使人们"惊奇"，才能收到"劝俗"的效果，所以后来有人从"三言二拍"里选出若干篇另编一集，就题为《今古奇观》，还是归到"奇"上。这个"奇"正是供人们茶余酒后消遣的。

明清的小说渊源于宋朝的"说话"，"说话"出于民间。词曲包括戏曲原也出于民间。民间文学是被压迫的人民苦中作乐，忙里偷闲的表现，所以常常扮演丑角，嘲笑自己或夸张自己，因此多带着滑稽和诞妄的气分，这就不正经了。在中国文学传统自己的范围里，只有诗文包括赋算是正经的，严肃的，虽然放在道统里还只算是小道。词经过了高度的文人化，特别是清朝常州派的努力，总算带上一些正经面孔了，小说和曲包括戏曲直到新文学运动的前夜，却还是丑角打扮，站在不要紧的地位。固然，小说早就有劝善惩恶的话头，明朝人所谓"喻世"等等，更特别加以强调。这也是在想"载道"，然而"奇"胜于"正"，到底不成。明朝公安派又将《水浒》比《史记》，这是从文章的"奇变"上看，可是文章在道统里本不算什么，"奇变"怎么能扯得上"正经"呢？然而看法到底有些改变了。到了清朝末年，梁启超先生指出了"小说与群治之关系"，并提倡实践他的理论的创作。这更是跟新文学运动一脉相承了。

新文学运动以斗争的姿态出现，它必然是严肃的。他们要给白话文争取正宗的地位，要给文学争取独立的地位。而鲁迅先生的第一篇小说《狂人日记》里喊出了"吃人的礼教"和"救救孩子"，开始了反封建的工作。他的《随感录》又强烈的讽刺着老中国的种种病根子。一方面人道主义也在文学里普遍的表现着。文学担负起新的使命，配合了五四运动，它更跳上了领导的地位，虽然不是唯一的领导的地位。于是文学有了独立存在的理由，也有了新的意念。在这情形下，词曲升格为诗，小说和戏曲也升格为文学。这自然接受了"外国的影响"，然而这也未尝不是"载道"，不过载的是新的道，并且与这个新的道合为一体，不分主从。所以从传统方面看来，也还算是一脉相承的。一方面攻击"文以载道"，一方面自己也在载另一种道。这正是相反相成，所谓矛盾的发展。

创造社的浪漫的感伤的作风，在反封建的工作之下要求自我的解放，也是自然的趋势。他们强调"动的精神"，强调"灵肉冲突"，是依然在严肃的正视着人生的。然而礼教渐渐垮了，自我在第一次世界大战带给中国的暂时的繁荣里越来越大了，于是乎知识分子讲究生活的趣味，讲究个人的好恶，讲究身边琐事，文坛上就出现了"言志派"，其实是玩世派。更进一步讲究幽默，为幽默而幽默，无意义的幽默。幽默代替了严肃，文坛一片空虚。一方面色情的作品也抬起了头，凭着"解放"的名字跨过了"健康"的边界，自然也跨过了"严肃"的边界。然而这空虚只是暂时的，正如那繁荣是暂时的。五卅事件掀起了反帝国主义的大潮，时代又沉重起来了。

接着是国民革命，接着是左右折磨，时代需要斗争，闲情逸致只好偷偷摸摸的。这时候鲁迅先生介绍了"一面是严肃与工作，一面是荒淫与无耻"这句话。这是时代的声音。可是这严肃是更其严肃了，单是态度的严肃，艺术的严肃不成，得配合工作，现实的工作。似乎就在这当儿有了"新鸳鸯蝴蝶派"的名目，指的是那些尽在那玩味自我的作家。他们自己并不觉得在消遣自己，跟旧鸳鸯蝴蝶派不同。更不同的是时代，是时代缩短了那"严肃"的尺度。这尺度还在争议之中，劈头来了抗战；一切是抗战，抗战自然是极度严肃的。可是八年的抗战太沉重了，这中间不免要松一口气，这一松，尺度就放宽了些，文学带着消消遣，似乎也是应该的。

胜利突然而来，时代却越见沉重了。"人民性"的强调，重行紧缩了"严肃"那尺度。这"人民性"也是一种道。到了现在，要文学来载这种道，倒也是"势有必至，理有固然"。

不过太紧缩了那尺度，恐怕会犯了宋儒"作文害道"说的错误，目下黄色和粉色刊物的风起云涌，固然是动乱时代的颓废趋势，但是正经作品若是一味讲究正经，只顾人民性，不管艺术性，死板板的长面孔教人亲近不得，读者恐怕更会躲向那些刊物里去。这是运用"严肃"的尺度的时候值得平心静气算计算计的。

（"中国作家"，三十六年）

论通俗化

文体通俗化运动起于清朝末年。那时维新的士人急于开通民智，一方面创了报章文体，所谓"新文体"，给受过教育的人说教，一方面用白话印书办报，给识得些字的人说教，再一方面推行官话字母等给没有受过教育的人说教。前两种都是文体的通俗化，后一种虽然注重在新的文字，但就写成的文体而论，也还是通俗化。

这种用字母拼写的文体，在当时所能表现的题材大概是有限的。据记载，这种字母的确曾经深入农村，农民曾用字母来写便条，那大概是些很简单的话。最复杂的自然的"新文体"，可是通俗性大概也就比较的最小。居中的是那些白话书报。这种白话我看到的不多，就记得的来说，好像明白详尽，老老实实，直来直去。好像从语录和白话小说化出，我们这些人读起来大概没有什么味儿。

原来这种白话只是给那些识得些字的人预备的，士人们自己是不屑用的。他们还在用他们的"雅言"，就是古文，最低限度也得用"新文体"，俗语的白话只是一种慈善文体罢了。然而革命了，民国了，新文学运动了，胡适之先生和陈独秀先生主张白话是正宗的文学用语，大家该一律用白话作文，不该有士和民的分别。五四运动加速了新文学运动的成功，白话真的成为正宗的文学用语。而"新文体"也渐渐的在白话化，留心报纸的文体就可以知道。"一律用白话来作文"的日子大概也不远了。

胡先生等提倡的白话，大概还是用语录和白话小说等做底子，只是这时代的他们接受了西化，思想精密了，文章也简洁了。他们将雅俗一元化，而注重在"明白"或"懂得性"上，这也可以说是平民化。然而"欧化"来了，"新典主义"来了。这配合着第一次世界大战给中国带来的暂时的繁荣，和在这繁荣里知识阶级生活欧化或现代化的趋向，也是"势有必至，理有固然"。于是乎已故的宋阳先生指出这是绅士们的白话，他提倡"大众语"，这当儿更有人提倡拼音的"新文字"。这不是通俗化而是大众化。而大众就是大众，再没有"雅"的分儿。

然而那时候这还只能够是理想，大众不能写作，写作的还只是些知识分子。于是乎先试验着从利用民间的旧形式下手，抗战后并且有过一回民族形式的讨论。讨论的结果似乎是，民族形式可以利用，但是还接受五四的文学传统，还容许相当的欧化。这时候又有人提倡"通俗文学"，就是利用民族形式的文学。不但提倡，并且写作。参加的人有些的确熟悉民族形式，认真的做去。但是他们将通俗文学和一般文学分开，不免落了"雅俗"的老套子。于是有人指出，通俗文学的目标该是一元的，扬弃知识阶级的绅士身分，提高大众的鉴赏水准，这样打成一片，平民化，大众化。

但是说来容易做来难。民间文学虽然有天真、朴素、健康等长处，却也免不了丑角气氛，套语烂调，琐屑啰嗦等毛病。这是封建社会麻痹了民众才如此的。利用旧形式而要免去这些毛病，的确很难。除非民众的生活大大的改变，他们自己先在旧瓶里装上新酒，那么用起旧形式来意义才会不同。这自然还是从知识分子方面看，因为从民众里培养出作家，现在还只是理想。不过就是民众生活改变了，知识分子还得和他们共同生活一个时期，多少打成一片，用起旧形式来，才能有血有肉。所以真难。

再说普通所谓旧形式，大概指的是韵文，散文似乎只是说书，这就是说散文是比较的不发达的。原来民众欣赏文艺，一向以音乐性为主，所以对韵文的要求大。他们要故事，但是情节得简单，得有头有尾。描写不要精细曲折，可是得详尽，得全貌。这两种要求并不冲突，因为情节尽管简单，每一个情节或人物还不妨详尽的描写。至于整个故事组织不匀称，他们倒不在乎的。韵文故事如此，散文的更得如此，这就难。

然而有些地方的民众究竟大变了，他们自己先在旧瓶里装上新酒，例如赵树理先生《李有才板话》里的那些段"快板"的语句。这些快板也许多少经过赵先生的润色，但是相信他根据的，原来就已经是旧瓶里的新酒。有了那种生活，才有那种农民，才有那种快板，才有快板里那种新的语言。赵先生和那些农民共同生活了很久，也才能用新的语言写出书里的那些新的故事。这里说"新的语言"，因为快板和那些故事的语言或文体都尽量扬弃了民族形式的封建气氛，而采取了改变中的农民的活的口语。自己正在觉醒的人民，特别宝爱自己的语言，但是李有才这些人还不能自己写作，他们需要赵先生这样的代言人。

书里的快板并不多，是以散文为主。朴素，而不过火，确算得新写实主义的作风。故事简单，有头有尾，有血有肉。描写差不多没有，偶然有，也只就那农村生活里取喻，简截了当，可是新鲜有味。另有长篇《李家庄的变迁》，也是赵先生写的。周扬先生认为赶不上《板话》里那些短篇完整。这里有了比较详尽的描写，故事也有头有尾，虽然不太简单，可是作者利用了重复的手法，就觉得也还单纯。这重复的手法正是主要的民族形式，作者能够活用，就不腻味。而全书文体或语言还能够庄重，简明，不啰嗦。这也就不易了。这的确是在结束通俗化而开始了大众化。

（《燕京新闻》，三十六年）

低级趣味

　　从前论人物，论诗文，常用雅俗两个词来分别。有所谓雅致，有所谓俗气。雅该原是都雅，都是城市，这个雅就是成都人说的"苏气"。俗该原是鄙俗，鄙是乡野，这个俗就是普通话里的"土气"。城里人大方，乡下人小样，雅俗的分别就在这里。引申起来又有文雅，古雅，闲雅，淡雅等等。例如说话有书卷气是文雅，客厅里摆设些古董是古雅，临事从容不迫是闲雅，打扮素净是淡雅。那么，粗话村话就是俗，美女月份牌就是俗，忙着开会应酬就是俗，重重的胭脂厚厚的粉就是俗。人如此，诗文也如此。

　　雅俗由于教养。城里人生活优裕的多些，他们教养好，见闻多，乡下人自然比不上。雅俗却不是呆板的。教养高可以化俗为雅。宋代诗人如苏东坡，诗里虽然用了俗词俗语，却新鲜有意思，正是淡雅一路。教养不到家而要附庸风雅，就不免做作，不能自然。从前那些斗方名士终于"雅得这样俗"，就在此。苏东坡常笑话某些和尚的诗有蔬笋气，有酸馅气。蔬笋气，酸馅气不能不算俗气。用力去写清苦求淡雅，倒不能脱俗了。雅俗是人品，也是诗文品，称为雅致，称为俗气，这"致"和"气"正指自然流露，做作不得。虽是自然流露，却非自然生成。天生的雅骨，天生的俗骨其实都没有，看生在什么人家罢了。

现在讲平等不大说什么雅俗了，却有了低级趣味这一个语。从前雅俗对待，但是称人雅的时候多，骂人俗的时候少。现在有低级趣味，却不说高级趣味，更不敢说高等趣味。因为高等华人成了骂人的话，高得那么低，谁还敢说高等趣味！再说趣味这词也带上了刺儿，单讲趣味就不免低级，那么说高级趣味岂不自相矛盾？但是趣味究竟还和低级趣味不一样。"低级趣味"很像是日本名词，现在用在文艺批评上，似乎是指两类作品而言。一类是色情的作品，一类是顽笑的作品。

色情的作品引诱读者纵欲，不是一种"无关心"的态度，所以是低级。可是带有色情的成分而表现着灵肉冲突的，却当别论。因为灵肉冲突是人生的根本课题，作者只要认真在写灵肉冲突，而不像历来的猥亵小说在头尾装上一套劝善惩恶的话做幌子，那就虽然有些放纵，也还可以原谅。顽笑的作品油嘴滑舌，像在做双簧说相声，这种作者成了小丑，成了帮闲，有别人，没自己。他们笔底下的人生是那么轻飘飘的，所谓骨头没四两重。这个可跟真正的幽默不同。真正的幽默含有对人生的批评，这种油嘴滑舌的顽笑，只是不择手段打哈哈罢了。

这两类作品都只是迎合一般人的低级趣味来骗钱花的。

与低级趣味对待着的是纯正严肃。我们可以说趣味纯正，但是说严肃却说态度严肃，态度比趣味要广大些。单讲趣味似乎总有点轻飘飘的，说趣味纯正却大不一样。纯就是不杂，写作或阅读都不杂有什么实际目的，只取"无关心"的态度，就是纯。正是正经，认真，也就是严肃。严肃和真的幽默并不冲突，例如《阿Q正传》，而这种幽默也是纯正的趣味。色情的和顽笑的作品都不纯正，不严肃，所以是低级趣味。

（北平《新生报》，三十五年）

论标语口号

　　许多人讨厌标语口号，笔者也是一个。可是从北伐到现在二十多年了，标语口号一直流行着，虽然小有盛衰，可是一直流行着。现在标语口号是显然又盛起来了。这值得我们想想，为什么会如此呢？是一般人爱起哄吗？还是标语口号的确有用，非用不可呢？

　　标语口号的办法虽然是外来的，然而在我们的文化传统里也未尝没有根据。我们说"登高一呼，群山四应"，说"大声疾呼"，说"发聋振聩"，都指先知先觉或志士仁人而言。近代又说"唤醒人民""唤起民众"，更强调了人民或民众。这里的"呼"和"唤"，正是一种口号，为的是"发聋振聩"，是"群山四应"这是一个比喻，就是众人四应，是人民的觉醒与起来。这"呼"和"唤"是一种领导作用，领导着人们行动，向着某一些目的。

这是由上而下的。孟子引《尚书》的《汤誓》篇，说夏桀的时候，人民怨恨那暴政，喊出"时日害丧？予及汝皆亡！"孟子说"民欲与之皆亡"，是不错的。用现在的话，就是"太阳啊，你灭亡罢！我们一块儿灭亡罢！"这是反抗的口号，是由下而上的。

我们向来没有"标语"这个名称，但是有格言，有名言。格言常常用作修养的标准，就是为学与做人的标准，如"一寸光阴一寸金"抗战期中"一滴汽油一滴血"的标语就是套的这个调子之类。"名言"这个名称是笔者暂定的，指的是"饿死事小，失节事大"乃至"天下兴亡，匹夫有责"这一类的话，这些话常常用作批评的标准，就是论人论事的标准。格言偏重个人的修养，名言的作用似乎广泛些，所以另给加上这个"名言"的名目。格言也罢，名言也罢，作用其实都在指示人们行动，向着某一些目的。现在的标语也正是如此，格言常常写来贴在墙上，更和标语近些。但是格言和名言似乎都只是由上而下的。封建时代在下的农民地位是那么低，知识是那么浅，他们的话难得见于记载，更不必提入"格"和成"名"了，没有他们的份儿，也是自然的。

然而先知先觉或志士仁人是寥寥可数的，就是近代，说清末罢，在做唤醒或唤起人民的工作的也还不算多。一方面格言名言都经过相当的时间的淘汰，才见出分量，也就不会太多。更重要的是，这一切都拿一个个的人做对象。"群山四应"是一个峰一个峰也就是一个人一个人在那儿应，"唤醒"或"唤起"的，是一个个的人民或民众的一个个人，总之还没有明朗的集体的意念。现代标语口号却以集体为主，集体的贴标语喊口号，拿更大的集体来做对象。不但要唤醒集体的人群或民众起来行动，并且要帮助他们组织起来。标语口号往往就是这种集体运动的纲领。集体的力量渐渐发展，广大的下层民众也渐渐有了地位。标语口号有些是代他们说的，也未尝没有他们自己说的。于是乎标语口号多起来了，也就不免滥起来了。

集体的力量的表现，往往不免骚动或动乱，足以打搅多少时间的平静，而对于个人，这种力量又往往是一种压迫，足以妨碍自由。知识分子一般是爱平静爱自由的个人主义者，一时自然不容易接受这种表现，因此对目见耳闻的标语口号就不免厌烦起来。再说格言和名言是理智的结晶，作用在"渐"，标语口号多而且滥，以激动情感为主，作用在"顿"，跟所谓"登高一呼""大声疾呼"也许相近些。冷静惯了的知识分子不免觉得这是起哄，这是叫嚣，这是符咒，这是语文的魔术。然而这里正见出了标语口号的力量。人们要求生存，要求吃饭，怎么能单怪他们起哄或叫嚣呢？"符咒"也罢，"魔术"也罢，只要有效，只要能够达到人们的要求，达成人们的目的，也未尝不好。况且标语口号是有意义可解的，跟符咒和魔术的全凭迷信的究竟不同。古语说"口诛笔伐"，口和笔本来可以用来做战斗的武器，标语口号正是战斗的武器啊。

但是标语口号既然多而且滥，就不免落套子，就不免公式化，因此让人们觉得没分量，不值钱。公式化足以麻痹集体的力量，但是在集体的表现里，这也是不可免的。这个需要有经验的领导，有经验的宣传家来指示、来帮助。标语口号虽然要激动情感，可是标语的提出和制造，不该只是情感的爆发，该让理智控制着。标语口号要简单直截，如"打倒军阀""打倒帝国主义""抗战到底"乃至现在流行的"我们要吃饭"等。这些还有一层好处，就是贴出也成，喊出也成。真简截的标语口号，该都可以两用。但是像"饿死事小，失节事大"那句过了时的名言，一面讽刺了道学家，一面强调了饥饿的现实性，也足以让知识分子大家仔细想想。

标语口号用在战斗当中，有现实性是必然的，但是由于认识的足够与否，表达出来的现实性也有多有少。不过标语口号有些时候竟用来装点门面，在当事人随意的写写叫叫，只图个好看好听。其实这种不由衷的语句，这种口是心非的呼声，终于是不会有人去看去听的，看了听了也只是个讨厌。古人说"修辞立其诚"，标语口号要发生领导群众的作用，众目所视，众手所指，有一丝一毫的不诚都是遮掩不住的。大家最讨厌的其实就是这种已经失掉标语口号性的标语口号，却往往连累了别种标语口号，也不分皂白的讨厌起来，这是不公道的。我们这些知识分子现在虽然还未必能够完全接受标语口号这办法，但是标语口号有它们存在的理由，我们是该去求了解的。

（《知识与生活》，三十六年）

论诵读

　　最近魏建功先生举行了一回"中国语文诵读方法座谈会"，参加的有三十人左右，座谭了三小时，大家发表的意见很多。我因为去诊病，到场的时候只听到一些尾声。但是就从这短短的尾声，也获得不少的启示。昨天又在《北平时报》上读到李长之先生的《致魏建功先生书》，觉得很有兴味。自己在接到开会通知的时候也曾写过一篇短文，说明诵读教学可以促进"文学的国语"的成长，现在还有些补充的意见，写在这里。

　　抗战以来大家提倡朗诵，特别提倡朗诵诗。这种诗歌朗读战前就有人提倡。那时似乎是注重诗歌的音节的试验，要试验白话诗是否也有音乐性，是否也可以悦耳，要试验白话诗用那一种音节更听得入耳些。这种朗诵运动为的要给白话诗建立起新的格调，证明它的确可以替代旧诗。战后的诗歌朗诵运动比战前扩大得多，目的也扩大得多。这时期注重的是诗歌的宣传作用，教育作用，也许尤其是团结作用，这是带有政治性的。而这种朗诵，边诵边表情，边动作，又是带有戏剧性的。这实在是将诗歌戏剧化。戏剧化了的诗歌总增加了些什么，不全是诗歌的本来面目。而许多诗歌不适于戏剧化，也就不适于这种朗诵。所以有人特别写作朗诵诗。战前战后的朗诵运动当然也包括小说散文和戏剧，但是特别注重诗；因为诗是精炼的语言，弹性大，朗诵也最难。

朗诵的发展可以帮助白话诗文的教学，也可以帮助白话诗文的上口，促进"文学的国语"成长。但是两个时期的朗诵运动，都并不以语文教学为目标，语文教学实际上也还没有受到很大的影响。现在魏建功先生，还有黎锦熙先生，都在提倡诵读教学，提倡向这一方面的自觉的努力，这是很好的。这不但与朗诵运动并行不悖，而且会相得益彰。黎先生提倡的诵读教学，据报上他的谈话，似乎注重白话，魏先生的座谭，却包括文言。这种诵读教学自然是以文为主，不以诗为主，因为教材是文多，习作也是文多，应用还是文多。这就和朗诵运动的出发点不一样。

诵读是一种教学过程，目的在培养学生的了解和写作的能力。教学的时候先由教师范读，后由学生跟着读，再由学生自己练习着读，有时还得背诵。除背诵外却都可以看着书。诵读只是诵读，看着书自己读，看着书听人家读，只要做过预习的工夫，当场读得又得法，就可以了解的，用不着再有面部表情和肢体动作。这和战前的朗诵差不多，只是朗诵时听众看不到原作，和战后的朗诵却就差得多。朗诵是艺术，听众在欣赏艺术。诵读是教学，读者和听者在练习技能。这两件事目的原不一样。但是朗诵和诵读都是既非吟，也非唱，都只是说话的调子，这可是一致的。

吟和唱都将文章音乐化，而朗诵和诵读却注重意义，音乐化可以将意义埋起来，或使意义滑过去。战前的朗诵固然可以说是在发现白话诗的音乐性，但是有音乐性不就是音乐化。例如一首律诗，平仄的安排是音乐性，吟起来才是音乐化，读下去就不是的。现在我们注重意义，所以不要音乐化，不要吟和唱。我在别处说过"读"该照宣读文件那样，但是这句话还未显明甚。李长之先生说的才最干脆，他说"所谓诵读一事，也便只有用话的语调平常说话的语调去读的一途了"。宣读文件其实就用的是说话的语调。

诵读虽然该用说话的调子，可究竟不是说话。诵读赶不上说话的流畅，多少要比说话做作一些。诵读第一要口齿清楚，吐字分明。唱曲子讲究咬字，诵读也得字字清朗，尽管抑扬顿挫，清朗总得清朗的。李长之先生注重词汇的读出，也就是这个意思。座谈会里潘家洵先生指出私塾儿童读书固然有两字一顿的，却也有一字一顿的；如"孟—子—见—梁—惠—王"之类的读法，我们是常常可以听到的。大概两字一顿是用在整齐的句法上，如读《千字文》《百家姓》《龙文鞭影》《幼学琼林》《千家诗》之类，一字一顿是用在参差的句法上，如读《四书》等。前者是音乐化，后者逐字用同样强度读出，是让儿童记清每一个字的形和音，像是强调的说话。这后一种诵读，机械性却很大，不像说话那样可以含胡几个字甚至吞咽几个字而反有恣态，有味儿。我们所要的字字清朗的诵读，性质上就近于这后一种，不过顿的字数不一定，再加上抑扬顿挫，跟说话多相像一些罢了。

用说话的调子诵读白话文，自然该最像说话，虽然因为言文总有些分别，不能等于说话。但是现在的白话文是欧化了的，诵读起来也还不能很像说话。相信诵读教学切实施行若干时后，诵读可以帮助变化说话的调子，那时白话文的诵读虽然还是不能等于说话，总该差不离儿了。诵读白话诗，现在是更不像说话，因为诗是精炼的说话，跟随心信口的说话本差着些程度，加上欧化，自然就差得更多。用说话的调子读文言，不论是诗是文，是骈是散，自然还要差得多，但是比吟或唱总近于说话些。从前学习文言乃至欣赏文言，好像非得能吟会唱不可。我想吟唱固然有益，但是诵读也许帮助更大。大概诗词曲和骈文，音乐性本来大些，音乐化的去吟唱可以获得音乐方面的受用，但是在了解和欣赏意义上，吟唱是不如诵读的。至于所谓古文，本来基于平常说话的调子，虽然因为究竟不是口头的语言，不妨音乐化的去吟唱，然而受用似乎并不大，倒是诵读能见出这种古文的本色。所以就是文言，也还该以说话调的诵读为主。但是诵读总得多读熟读，才有效用，"曲不离口"，诵读也是一样道理。

诵读口语体的白话文 这种也可以称为白话，还有诵读小说里的一些对话和话剧，应该就像说话一样，虽然也还未必等于说话。说是未必等于说话，因为说话有声调，又多少总带着一些面部表情和肢体动作，写出来的说话虽然包含着这些，却不分明。诵读这种写出来的说话，得从意义里去揣摩，得从字里行间去揣摩。而写的人虽然想着包含那些，却也未必能包罗一切，揣摩的人也未必真能尽致。这就未必相等了。所以认真的演出话剧，得有戏谱，详细注明声调等等。李长之先生提到的赵元任先生的"最后五分钟"就是这种戏谱。有了这种戏谱，还得再加揣摩。但是舞台上的台词也还是不等于平常的说话。因为台词不但是戏中人在对话，并且是给观众听的对话，固然得流畅，同时也得清朗。所以演戏需要专业的训练，比诵读难。

写的白话不等于说话，写的白话文更不等于说话。写和说到底是两回事。文言时代诵读帮助写的学习，却不大能够帮助说的学习，反过来说话也不大能够帮助写的学习。这时候有些教育程度很高的人会写却说不好，或者会说却写不好，原不足怪。可是，现下白话时代，诵读不但可以帮助写，还可以帮助说，而说话也可以帮助写，可是会写不会说和会说不会写的人还是有。这就见得写和说到底是两回事了。大概学写主要得靠诵读，文言白话都是如此。单靠说话学不成文言，也学不好白话。现在许多学生很能说话，却写不通白话文，就因为他们诵读太少，不懂得如何将说话时的声调等等包含在白话文里。他们的作文让他们自己念给别人听，满对，可是让别人看就看出不通来了。他们会说话到一种程度，能以在诵读自己作文的时候，加进那些并没有能够包含在作文里的成分去，所以自己和别人听起来都合式，他们自己看的时候，也还能够如此。等到别人看，别人凭一般诵读的习惯，只能发挥那些作文包含得有的，却不能无中生有，这就漏了。至于学说话，主要的得靠说话，多读熟白话文，多少有些帮助，多少能够促进，可是主要的还得靠说话。只注重诵读和写作而忽略了说话，自然容易成为会写而说不好的人。至于李长之先生提到鲁迅先生，又当别论。鲁迅先生是会说话的，不过不大会说北平话。他写的是白话文，不是白话。长之先生赞美座谈会中顾随先生读的《阿Q正传》，说是"觉得鲁迅运用北平的口语实在好极了"。我当时不在场，想来那恐怕一半应该归功于顾先生的诵读的。

再说用说话的调子诵读白话诗那是比诵读白话文更不等于说话。如上文所说诗是精炼的语言，跟平常的说话自然差得多些。精炼靠着暗示和重叠。暗示靠新鲜的比喻和经济的语句，重叠不是机械的，得变化，得多样。这就近乎歌而带有音乐性了。这种音乐性为的是集中注意的力量，好像电影里特别的镜头。集中了注意力，才能深入每一个词汇和语句，发挥那蕴藏着的意义，这也就是诗之所以为诗。白话诗却不要音乐化，音乐化曾掩住了白话诗的个性，磨损了它的曲折处。白话诗所以不会有固定的声调谱，我看就是为此。白话诗所以该用说话调诵读，也是为此。一方面白话诗也未尝不可以全不带音乐性而直用平常说话的调子写作。但是只宜于短篇如此。因为短篇的精炼可以不靠重叠，长些的就不成。苏俄的玛耶可夫斯基的诗，按说就只用平常说话的调子，却宜于朗诵。他的诗就是短篇多，国内也有向这方面努力的，田间先生就是一位。这种诗不用说更该用说话调诵读，诵读起来也许跟口语体的白话文差不多，但要强调些。因为篇幅短，要是读得太流畅，一下子就完了，没有了，所以得滞实些才成。其实诗的诵读一般的都得滞实些。一方面有弹性，一方面要滞实，所以难。两次朗诵运动都以诗为主，在艺术上算是攻坚。但是诵读只是训练技能，还该从容易的文的诵读下手。

（《大公报》，三十五年）

论诗学门径

本文所谓诗，专指中国旧体诗而言；所谓诗学，专指关于旧诗的理解与鉴赏而言。

据我数年来对于大学一年生的观察，推测高中学生学习国文的情形，觉得他们理解与鉴赏旧诗比一般文言困难，但对于诗的兴味却比文大。这似乎是一个矛盾，其实不然。他们的困难在意义，他们的兴味在声调；声调是诗的原始的也是主要的效用，所以他们虽觉难懂，还是乐意。他们更乐意读近体诗；近体诗比古体诗大体上更难理解，可是声调也更谐和，便于吟诵，他们的兴味显然在此。

这儿可以看出吟诵的重要来。这是诗的兴味的发端，也是诗学的第一步。但偶然的随意的吟诵是无用的；足以消遣，不足以受用或成学。那得下一番切实的苦工夫，便是记诵。学习文学而懒于记诵是不成的，特别是诗。一个高中文科的学生，与其囫囵吞枣或走马观花地读十部诗集，不如仔仔细细地背诵三百首诗。这三百首诗虽少，是你自己的；那十部诗集虽多，看过就还了别人。我不是说他们不应该读十部诗集，我是说他们若不能仔仔细细读这些诗集，读了还不和没读一样！

中国人学诗向来注重背诵。俗语说得好："熟读唐诗三百首，不会吟诗也会吟。"我现在并不劝高中的学生作旧诗，但这句话却有道理。"熟读"不独能领略声调的好处，并且能熟悉诗的用字、句法、章法。诗是精粹的语言，有它独具的表现法式。初学觉得诗难懂，大半便因为这些法式太生疏之故。学习这些法式最有效的方法是综合，多少应该象小儿学语一般；背诵便是这种综合的方法。也许有人想，声调的好处不须背诵就可领略，仔细说也不尽然，因为声调不但是平仄的分配，还有四声的讲究，不但是韵母的关系，还有声母的关系。这些条目有人说是枷锁，可是要说明旧诗的技巧，便不能不承认它们的存在。这些我们现在其实也还未能完全清楚，一个中学生当然无须详细知道；但他会从背诵里觉出一些细微的分别，虽然不能指名。他会觉出这首诗调子比另一首好，即使是平仄一样的律诗或绝句，这在随便吟诵的人是不成的。

现在的中学生大都不能辨别四声，他们也没有"韵"的观念。这样便不能充分领略诗的意味。四声是平、上、去、入四种字调，最好幼时学习，长大了要难得多。这件事非理论所能帮助，只能用诵读《四声等韵图》如东、董、冻、笃之类;《康熙字典》卷首有此图或背诵近体诗两法学习。诵读四声图最好用自己方音；全读或反复读一行如东、董、冻、笃都可。但须常读，到任举一字能辨其声为止。这方法在成人也是有效的，有人用过；不过似乎太机械些。背诵近体诗要有趣得多，而且是一举两得的办法。近体诗的平仄有一定的谱；从那调匀的声调里，你可渐渐地辨别。这方法也有人用过见效；但我想怕只能辨别平仄，要辨别四声，还是得读四声图的。所以若能两法并用最好。至于"韵"的观念，比较容易获得，方法仍然是背诵近体诗，可是得有人给指出韵的位置和韵书的用法。这是容易说明的，与平仄之全凭天籁不同。不过单是说明，没有应用，不能获得确实的观念，所以还要靠背诵。固然旧诗的韵有时与我们的口音不合：我们以为不同韵的字，也许竟是同韵，我们以为同韵的字，也许竟会不同韵，但这可以预先说明。好在大部分不致差得很远，我们只要明白韵的观念，并非要辨别各字的韵部，这样也就行了。我只举近体诗，因为古体诗用韵较不整齐，又往往换韵，而所用韵字的音与现在相差也更远。至于韵即今日所谓母音或元音，同韵字即同母音或元音的字，押韵即将此类字用在相"当"的地位，这些想是中学生诸君所已知道的。

记诵只是诗学的第一步。单记诵到底不够的，须能明白诗的表现方式，记诵的效果才易见。诗是特种的语言，它因音数_{四五七言是基本音数}的限制，便有了特种的表现法。它须将一个意思或一层意思或几层意思用一定的字数表现出来，它与自然的散文的语言有时相近，有时相远，但决不是相同的。它需要艺术的工夫。近体诗除长律外，句数有定，篇幅较短，有时还要对偶，所以更其是如此。固然，这种表现法，记诵的诗多了，也可比较同异，渐渐悟出，但为时既久，且未必能鞭辟入里。因此便需要说诗的人。说诗有三种：注明典实，申述文义，评论作法。这三件就是说，用什么材料，表什么意思，使什么技巧。上两件似乎与表现方式无涉；但不知道这些，又怎能看出表现方式？也有些诗是没什么典实的，可是文义与技巧总有待说明处，初学者单靠自己捉摸，究竟不成。我常想，最好有"诗例"这种书，略仿俞曲园《古书疑义举例》的体裁，将诗中各种句法或辞例，一一举证说明。坊间《诗学入门》一类书，也偶然注意及此，但太略、太陋，无甚用处。比较可看而又易得的，只有李锳《诗法易简录》有铅印本、朱宝莹《诗式》中华书局铅印。《诗法易简录》于古体诗，应用王士祯、赵执信诸家之说，侧重声调一面，所论颇多精到处。于近体诗专重章法，简明易晓，不作惝恍迷离语，也不作牵强附会语。《诗式》专取五七言近体，皆唐人清新浅显之作，逐首加以评语注释。注释太简陋，且不免错误；评语详论句法章法，很明切，便于初学。书中每一体指绝句、律句前有一段说明，论近体声调宜忌，能得要领。初学读此书及前书后半部，可增进对于近体诗的理解力与赏鉴力。至于前书古体一部分，却宜等明白四声后再读；早读一定莫明其妙。

此外宜多读注本，评本。注本易芜杂，评本易肤泛笼统，选择甚难。我是主张中学生应多读选本的，姑就选本说罢。唐以前的五言诗与乐府，自然用《文选》李善注仿宋胡刻《文选》有影印本；刘履的《选诗补注》有石印本和于光华的《文选集评》石印本名《评注〈昭明文选〉》也可参看。《玉台新咏》吴兆宜笺注，有石印本的重要仅次于《文选》，有些著名的乐府只见于此书，又编者徐陵在昭明太子之后，所以收的作家多些。沈德潜《古诗源》也可用，有王莼父笺注本_{崇古书社铅印}，但笺注颇有误处。唐诗可用沈氏《唐诗别裁集》_{有石印本}，此书有俞汝昌引典备注_{刻本}，是正统派选本。另有五代韦縠《才调集》，以晚唐为宗，有冯舒、冯班评语，简当可看_{有石印本}；殷元勋、宋邦绥作笺注，石印本无之。以上二书，兼备众体。元好问的《唐诗鼓吹》专选中晚唐七律，元是金人，当然受宋诗的影响，他是别出手眼去取的。此书有郝天挺注，廖文炳解，钱谦益、何焯评_{文明书局石印}。有人说这是伪书，钱谦益曾作序辨之；我得见姚华先生所藏元刊本诸序，觉得钱氏所说不误。另有徐增《而庵说唐诗》_{刻本}，颇能咬嚼文字，启人心思，也是各体都有。宋诗选本有注者似甚少。七古可看闻人倓《古诗笺》_{王士禛原选}，七律可看赵彦博《宋今体诗钞注略》_{姚鼐有《今体诗钞》}，此书只注宋代诸作。但前书价贵些，后书又少见。张景星《宋诗百一选》_{石印本}，在《五朝诗别裁集》中备各体，可惜没有注。选集的评本，除前已提及的外，最多最著的要算纪昀《瀛奎律髓刊误》。纪氏论诗虽不免过苛，但剖析入微，耐人寻味，值得细看。又文明书局有《历代诗评注读本》分古诗、唐诗、宋元明诗、清诗，也还简明可看。至于汉以前的诗，自然该读《诗经》《楚辞》。《诗经》可全读，用朱熹《集传》就行；《楚辞》只须读屈、宋诸篇，也可用朱熹《集注》。

　　诗话可以补注本、评本之不及，大抵片段的多，系统的少。章学诚分诗话为论诗及事与及辞两种，最为明白。成书最早的诗话，要推梁钟嵘的《诗品》_{许文玉《诗品释》最佳，北京大学出版部代售}，将汉以来五言诗作者分为上中下三品，所论以辞为主。到宋代有"诗话"之名，诗话也是这时才盛。我只举魏庆之《诗人玉屑》及严羽《沧浪诗话》两种。前者采撷南宋诸家诗话，分类编成，能引人入胜；后者始创"诗有别材、别趣"之说，影响后世甚大均有石印本，后者并有注。袁枚的《诗法丛话》有石印本也与《诗人玉屑》同类，但采撷的范围直至清代。至于专论诗话的，有郭绍虞先生的《诗话丛话》，见《小说月报》二十卷一、二、四诸号中，可看。诗话之外，若还愿意知道一些诗的历史，我愿意介绍叶燮《原诗》见《清诗话》，文明书局发行；《原诗》中论诗学及历代诗大势，都有特见。黄节先生《诗学》要言不烦，只是已绝版。陆侃如先生《中国诗史》听说已由大江书铺付印，那将是很好的一部诗史，我念过其中一部分。此外邵祖平《唐诗通论》《学衡》十二期总论各节都有新意；许文玉《唐诗综论》（北京大学出版部代售）虽琐碎而切实，均可供参考。宋诗有庄蔚心《宋诗研究》大东书局，材料不多，但多是有用的原料；较《小说月报》"中国文学研究"中陈延杰《宋诗的派别》一文要好些。再有，胡适先生《白话文学史》和《国语文学史》中论诗诸章，以白话的立场说旧诗趋势，也很值得一读的。

附注 文中忘记说及顾实的《诗法捷要》一书（上海医学书局印）。这本书杂录前人之说（如方回《瀛奎律髓》、周弼《三体唐诗》等），没有什么特见，但因所从出的书有相当价值，所以可看。书分三编：前编论绝句，中编论律诗，均先述声律，次列作法，终举作例；后编专论古诗声韵。初学可先看前两编。

（《中学生》第十五号，二十年）

《古诗十九首释》前言

诗是精粹的语言。因为是"精粹的",便比散文需要更多的思索,更多的吟味;许多人觉得诗难懂,便是为此。但诗究竟是"语言",并没有真的神秘;语言,包括说的和写的,是可以分析的;诗也是可以分析的。只有分析,才可以得到透彻的了解;散文如此,诗也如此。有时分析起来还是不懂,那是分析得还不够细密,或者是知识不够,材料不足,并不是分析这个方法不成。这些情形,不论文言文、白话文、文言诗、白话诗,都是一样,不过在一般不大熟悉文言的青年人,文言文,特别是文言诗,也许更难懂些罢了。

我们设"诗文选读"这一栏,便是要分析古典和现代文学的重要作品,帮助青年诸君的了解,引起他们的兴趣,更注意的是要养成他们分析的态度。只有能分析的人,才能切实欣赏；欣赏是在透彻的了解里。一般的意见将欣赏和了解分成两橛，实在是不妥的。没有透彻的了解，就欣赏起来，那欣赏也许会驴唇不对马嘴，至多也只是模糊影响。一般人以为诗只能综合的欣赏，一分析诗就没有了。其实诗是最错综的，最多义的，非得细密的分析工夫，不能捉住它的意旨。若是囫囵吞枣的读去，所得着的怕只是声调词藻等一枝一节，整个儿的诗会从你的口头眼下滑过去。

本文选了《古诗十九首》作对象，有两个缘由。一来《十九首》可以说是我们最古的五言诗，是我们诗的古典之一。所谓"温柔敦厚""怨而不怒"的作风，《三百篇》之外，《十九首》是最重要的代表。直到六朝，五言诗都以这一类古诗为标准，而从六朝以来的诗论，还都以这一类诗为正宗。《十九首》影响之大，从此可知。

二来《十九首》既是诗的古典，说解的人也就很多。古诗原来很不少，梁代昭明太子萧统的《文选》里却只选了这《十九首》。《文选》成了古典，《十九首》也就成了古典；《十九首》以外，古诗流传到后世的，也就有限了。唐代李善和"五臣"给《文选》作注，当然也注了《十九首》。嗣后历代都有说解《十九首》的，但除了《文选》注家和元代刘履的《选诗补注》，整套作解的似乎没有。清代笺注之学很盛，独立说解《十九首》的很多。近人隋树森先生编有《古诗十九首集释》一书（中华版），搜罗历来《十九首》的整套的解释，大致完备，很可参看。

这些说解，算李善的最为谨慎，切实；虽然他释"事"的地方多，释"义"的地方少。"事"是诗中引用的古事和成辞，普通称为"典故"。"义"是作诗的意思或意旨，就是我们日常说话里的"用意"。有些人反对典故，认为诗贵自然，辛辛苦苦注出诗里的典故，只表明诗句是有"来历"的，作者是渊博的，并不能增加诗的价值。另有些人也反对典故，却认为太麻烦，太琐碎，反足为欣赏之累。

可是，诗是精粹的语言，暗示是它的生命。暗示得从比喻和组织上作工夫，利用读者联想的力量。组织得简约紧凑，似乎断了，实在连着。比喻或用古事成辞，或用眼前景物；典故其实是比喻的一类。这首诗那首诗可以不用典故，但是整个儿的诗是离不开典故的。旧诗如此，新诗也如此，不过新诗爱用外国典故罢了。要透彻的了解诗，在许多时候，非先弄明白诗里的典故不可。陶渊明的诗，总该算"自然"了，但他用的典故并不少。从前人只囫囵读过，直到近人古直先生的《靖节诗笺定本》，才细细的注明。我们因此增加了对于陶诗的了解；虽然我们对于古先生所解释的许多篇陶诗的意旨并不敢苟同。李善注《十九首》的好处，在他所引的"事"都跟原诗的文义和背景切合，帮助我们的了解很大。

别家说解，大都重在意旨。有些是根据原诗的文义和背景，却忽略了典故，因此不免望文生义，模糊影响。有些并不根据全篇的文义、典故、背景，却只断章取义，让"比兴"的信念，支配一切。所谓"比兴"的信念，是认为作诗必关教化；凡男女私情，相思离别的作品，必有寄托的意旨——不是"臣不得于君"，便是"士不遇知己"。这些人似乎觉得相思、离别等等私情不值得作诗；作诗和读诗必须能见其大。但是原作里却往往不见那大处。于是，他们便抓住一句两句，甚至词两词，曲解起来，发挥开去，好凑合那个传统的信念。这不但不切合原作，并且常常不能自圆其说，只算是无中生有，驴唇不对马嘴罢了。

据近人的考证，《十九首》大概作于东汉末年，是建安_献帝诗的前驱。李善就说过，诗里的地名象"宛""洛""上东门"，都可以见出有一部分是东汉人作的，但他还相信其中有西汉诗。历来认为《十九首》里有西汉诗，只有一个重要的证据，便是第七首里"玉衡指孟冬"一句话。李善说，这是汉初的历法。后来人都信他的话，同时也就信《十九首》中一部分是西汉诗。不过李善这条注并不确切可靠，俞平伯先生有过详细讨论，载在《清华学报》里。我们现在相信这句诗还是用的夏历。此外，梁启超先生的意见，《十九首》作风如此相同，不会分开在相隔几百年的两个时代《美文及其历史》。徐中舒先生也说，东汉中叶，文人的五言诗还是很幼稚的；西汉若已有《十九首》那样成熟的作品，怎么会有这种现象呢！《古诗十九首考》，《中大语言历史研究所周刊》六十五期

《十九首》没有作者，但并不是民间的作品，而是文人仿乐府作的诗。乐府原是入乐的歌谣，盛行于西汉。到东汉时，文人仿作乐府辞的极多；现存的乐府古辞，也大都是东汉的。仿作乐府，最初大约是依原调，用原题；后来便有只用原题的。再后便有不依原调，不用原题，只取乐府原意，作五言诗的了。这种作品，文人化的程度虽然已经很高，题材可还是民间的，如人生不常，及时行乐，离别，相思，客愁，等等。这时代作诗人的个性还见不出，而每首诗的作者，也并不限于一个人；所以没有主名可指。《十九首》就是这类诗，诗中常用

典故，正是文人的色彩。但典故并不妨害《十九首》的"自然"，因为这类诗究竟是民间味，而且只是浑括的抒叙，还没到精细描写的地步，所以就觉得"自然"了。

（《国文月刊》一卷六期，三十年）

诗与话

胡适之先生说过宋诗的好处在"做诗如说话",他开创白话诗,就是要更进一步的做到"做诗如说话"。这"做诗如说话"大概就是说,诗要明白如话。这一步胡先生自己是做到了,初期的白话诗人也多多少少的做到了。可是后来的白话诗越来越不象说话,到了受英美近代诗的影响的作品而达到极度。于是有朗诵诗运动,重新强调诗要明白如话,朗诵出来大家懂。不过胡先生说的"如说话",只是看起来如此,朗诵诗也只是又进了一步做到朗诵起来象说话,都还不象日常嘴里说的话。陆志韦先生却要诗说出来象日常嘴里说的话。他的《再谈谈白话诗的用韵》见燕京大学新诗社主编的《创世曲》的末尾说:

我最希望的,写白话诗的人先说白话,写白话,研究白话。写的是不是诗倒还在其次。

这篇文章开头就提到他的《杂样的五拍诗》，那发表在《文学杂志》二卷四期里，是用北平话写出的。要象日常嘴里说的话，自然非用一种方言不可。陆先生选了北平话，是因为赵元任先生说过"北平话的重音的配备最象英文不过"，而"五拍诗"也就是"无韵体"，陆先生是"要摹仿沙士比亚的神韵"。

陆先生是最早的系统的试验白话诗的音节的诗人，试验的结果有本诗叫做《渡河》，出版在民国十二年。记得那时他已经在试验无韵体了。以后有意的试验种种西洋诗体的，要数徐志摩和卞之琳两位先生。这里要特别提出徐先生，他用北平话写了好些无韵体的诗，大概真的在摹仿沙士比亚，在笔者看来是相当成功的，又用北平话写了好些别的诗，也够味儿。他的散文也在参用着北平话。他是浙江硖石人，集子里有硖石方言的诗，够道地的。他笔底下的北平话也许没有本乡话道地，不过活泼自然，而不难懂。他的北平话大概象陆先生在《用韵》那篇文里说的，"是跟老百姓学"的，可是学的只是说话的腔调，他说的多半还是知识分子自己的话。陆先生的五拍诗里的北平话，更看得出"是跟老百姓学"的，因为用的老百姓的词汇更多，更道地了。可是他说的更只是自己的话。他的五拍诗限定六行，与无韵体究竟不一样。这"是用国语写的"，"得用国语来念"，陆先生并且"把重音圈出来"，指示读者该怎样念。这一点也许算得是在"摹仿沙士比亚"的无韵体罢。可是这二十三首诗，每首象一个七巧图，明明是英美近代诗的作风，说是摹仿近代诗的神韵，也许更确切些。

近代诗的七巧图，在作者固然费心思，读者更得费心思，所以"晦涩"是免不了的。陆先生这些诗虽然用着老百姓的北平话的腔调，甚至有些词汇也是老百姓的，可并不能够明白如话，更不象日常嘴里说的话。他在《用韵》那篇文里说"罚咒以后不再写那样的诗"，"因为太难写"，在《杂样的五拍诗》的引言里又说"有几首意义晦涩"，于是他"加上一点注解"。这些都是老实话。但是注解究竟不是办法。他又说"经验隔断，那能引起共鸣"。这是晦涩的真正原因。他又在《用韵》里说：

> 中国的所谓新人物，依然是老脾气。那怕连《千家诗》《唐诗三百首》都没有见过的人，一说起这东西是"诗"，就得哼哼。一哼就把真正的白话诗哼毁了。

"真正的白话诗"是要"念"或说的。我们知道陆先生是最早的系统的试验白话诗的音节的诗人，又是音乐鉴赏家，又是音韵学家，他特别强调那"念"的"真正的白话诗"，是可以了解的；就因为这些条件，他的二十三首五拍诗，的确创造了一种"真正的白话诗"。可是他说"不会写大众诗"，"经验隔断，那能引起共鸣"，也是真的。

用老百姓说话的腔调来写作，要轻松不难，要活泼自然，也不太难，要沉着却难；加上老百姓的词汇，要沉着更难。陆先生的五拍诗能够达到沉着的地步，的确算得是奇作。笔者自己很爱念这些诗，已经念过好几遍，还乐意念下去，念起来真够味。笔者多多少少分有陆先生的经验，虽然不敢说完全懂得这些诗，却能够从那自然而沉着的腔调里感到亲切。这些诗所说的，在笔者看来，可以说是爱自由的知识分子的悲哀。我们且来念念这些诗。开宗明义是这一首：

> 是一件百家衣，矮窗上的纸
> 苇子杆上稀稀拉拉的雪
> 松香琥珀的灯光为什么凄凉
> 几千年，几万年，隔这一层薄纸
> 天气温和点，还有人认识我
> 父母生我在没落的书香门第

有一条注解：

> 一辈子没有种过地，也没有收过租，只挨着人家碗边上吃这一口饭。我小的时候，乡下人吃白米，豆腐，青菜，养几只猪，一大窝鸡。现在吃糠，享四大皆空自由。老觉得这口饭是赊来吃的。

诗里的"百家衣"，就是"这口饭是赊来吃的"。纸糊在"苇子杆子"上，矮矮的窗，雪落在窗上，屋里是黄黄的油灯光。读书人为什么这样"凄凉"呢？他老在屋里跟街上人和乡下人隔着；出来了，人家也还看待他是特殊的一类人。他孤单，他寂寞，他是在命定的"没落"了。这够多"凄凉"呢！

但是他并非忘怀那些比自己苦的人。请念第十九首：

在乡下，我们把肚子贴在地上
糊涂的天就压在我们的背上
老呱说："天你怎么那么高呀？"
抬头一看，他果然比树还高
树上有山头，山头上还有树
老天爷，多给点儿好吃吃的吧。

　　这一首没有注解，确也比较好懂。"肚子贴在地上"是饿
瘪了，"天高皇帝远"，谁来管你！但是还只有求告"老天爷"
多给点儿吃的！——北平话似乎不说"好吃吃的"，"好吃的"
也跟"吃的"不同。读书人，知识分子，也想到改革上，这是
第三首：

明天到那儿？大路的尽头在那儿？
这一排杨树，空心的，腆着肚子，
扬起破烂的衣袖，把路遮断啦
纸灯儿摇摆，小驴儿，咦，拐弯啦。
黑朦朦的踏着癞蛤蟆求婚的拍子
走到岔路上，大车呢，许是往西啦

注解是：

十年前，芦沟桥还没有听到枪声，我仿佛已经想到
现在的局面。在民族求生存的途径上，我宁愿象老骥赶大
车，不开坦克车。

诗里"明天"和"大路"自然就是"民族求生存的途径","把路遮断"的"一排杨树"大概是在阻碍着改革的那些家伙罢。"纸灯儿",黑暗里一点光明;"小驴儿"拐弯抹角的慢慢的走着夜路,"癞蛤蟆想吃天鹅肉","知其不可而为之",大概会跟着"大车"的"往西"的,"往西"就是西化。"往西"是西化,得看注解才想得到,单靠诗里的那个"西"字的暗示是不够的。这首诗似乎只说到个人的自由的努力;但是诗里念不出那"宁愿"的味儿。个人的自由的努力的最高峰是"创造"。第六首的后三行是:

> 脚底下的地要跳;象水煮开啦
> 鱼刚出水,毒龙刚醒来抖擞
> 活火的刀山上跳舞,我要创造

注解里引易卜生的话,"在美里死"。陆先生慨叹着"书香门第"的自己,慨叹着"乡下"的人,讥刺着"帮闲的",怜惜着"孩子",终于强调个人的"创造",这是"明天"的"大路"。这条"路"也许就是将"大众"的和他"经验隔断"的罢?

《杂样的五拍诗》正是"创造","创造"了一种"真正的白话诗"。照陆先生自己声明的而论,他是成功了的。但是在一般的读者,这些诗恐怕是晦涩难懂的多;即使看了注解,恐怕还是不成罢。"难写",不错,这比别的近代作风的诗更难,因为要巧妙的运用老百姓的腔调。但是麻烦的还在难懂。当然这些诗可以诉诸少数人,可是"跟老百姓学"而只诉诸少数人,似乎又是矛盾。这里"经验隔断"说明了一切。现在是有了不容忽视的"大众","大众"的经验跟个人的是两样。什么是"大众诗",我们虽然还不知道,但是似乎已经在试验中,在创造中。大概还是得"做诗如说话",就是明白如话。不过倒不必象一种方言,因为方言的词汇和调子实在不够用;明白如话的"话"该比嘴里说的丰富些,而且该不断的丰富起来。这就是已经在"大众"里成长的"活的语言";比起这种话来,方言就显得呆板了。至于陆先生在《用韵》那篇文里说的轻重音,韵的通押,押韵形式,句尾韵等,是还值得大家参考运用的。

（北平《华北日报》文学副刊）

歌谣里的重叠

    歌谣以重叠为生命，脚韵只是重叠的一种方式。从史的发展上看，歌谣原只要重叠，这重叠并不一定是脚韵；那就是说，歌谣并不一定要用韵。韵大概是后起的，是重叠的简化。现在的歌谣有又用韵又用别种重叠的，更可见出重叠的重要来。重叠为了强调，也为了记忆。顾颉刚先生说过：

>   对山歌因问作答，非复沓不可。……儿歌注重于说话的练习，事物的记忆与滑稽的趣味，所以也有复沓的需要。(《论〈诗经〉所录全为乐歌》上)

    "复沓"就是重叠。说"对山歌因问作答，非复沓不可"，是说重叠由于合唱；当然，合唱不止于对山歌。这可说是为了强调。说"儿童注重于说话的练习，事物的记忆……也有复沓的需要"，是为了记忆；但是这也不限于儿歌。至于滑稽的趣味，似乎与重叠无关，绕口令或拗口令里的滑稽的趣味，是从词语的意义和声音来的，不是从重叠来的。

现在举几首近代的歌谣为例，意在欣赏，但是同时也在表示重叠的作用。美国何德兰的《孺子歌图》收录的以北平儿歌为主里有一首《足五趾歌》：

> 这个小牛儿吃草。
> 这个小牛儿吃料。
> 这个小牛儿喝水儿。
> 这个小牛儿打滚儿。
> 这个小牛儿竟卧着，
> 我们打他。

这是一首游戏歌，一面念，一面用手指点着，末了儿还打一下。这首歌的完整全靠重叠，没有韵。将五个足趾当作五个"小牛儿"，末一个不做事，懒卧着，所以打他。这是变化。同书另一首歌：

> 玲珑塔，
> 塔玲珑，
> 玲珑宝塔十三层。

这首歌主要的是"玲珑"一个词。前两行是颠倒的重叠，后一行还是重叠前两行，但是颠倒了"玲珑"这个词，又加上了"宝"和"十三层"两个词语，将句子伸长，其实还只是"玲珑"的意思。这些都是变化。这首歌据说现在还在游艺场里唱着，可是编得很长很复杂了。

邱峻先生辑的《情歌唱答》里有两首对山歌，是客家话：

女唱：

一日唔见涯心肝，

唔见心肝心不安。

唔见心肝心肝脱，

一见心肝脱心肝。

男答：

闲来么事想心肝，

紧想心肝紧不安。

我想心肝心肝想，

正是心肝想心肝。

两首全篇各自重叠，又彼此重叠，强调的是"心肝"，就是情人。还有北京大学印的《歌谣纪念增刊》里有刘达九先生记的四川的两首对山歌，是两个牧童在赛唱：

唱：

你的山歌没得我的山歌多，

我的山歌几箩筐。

箩筐底下几个洞，

唱的没得漏的多。

答：

你的山歌没得我的山歌多，

我的山歌牛毛多。

唱了三年三个月，

还没有唱完牛耳朵。

两首的头两句各自重叠，又彼此重叠，各自夸各自的"山歌多"；比喻都是本地风光，活泼，新鲜，有趣味。重叠的方式多得很，这里只算是"牛耳朵"罢了。

（北平《华北日报》俗文学副刊）

解诗

今年上半年，有好些位先生讨论诗的传达问题。有些说诗应该明白清楚，有些说，诗有时候不能也不必象散文一样明白清楚。关于这问题，朱孟实先生《心理上个别的差异与诗的欣赏》二十五年十一月一日《大公报·文艺》确是持平之论。但我所注意的是他们举过的传达的例子。诗的传达，和比喻及组织关系甚大。诗人的譬喻要新创，至少变故为新，组织也总要新，要变。因此就觉得不习惯，难懂了。其实大部分的诗，细心看几遍，也便可明白的。

譬如灵雨先生在《自由评论》十六期所举林徽音女士《别丢掉》一诗原诗见二十五年三月十五日天津《大公报》：

别丢掉

这一把过往的热情，

现在流水似的，

轻轻

在幽冷的山泉底，

在黑夜，在松林，

叹息似的渺茫，

你仍要保存着那真！

一样是月明，

一样是隔山灯火，

满天的星，

只有人不见，

梦似的挂起，

你问黑夜要回

那一句话——

你仍得相信

山谷中留着

有那回音！

这是一首理想的爱情诗，托为当事人的一造向另一造的说话；说你"别丢掉""过往的热情"，那热情"现在"虽然"渺茫"了，可是"你仍要保存着那真"。三行至七行是一个显喻，以"流水"的"轻轻""叹息"比"热情"的"渺茫"；但诗里"渺茫"似乎是形容词。下文说"月明"明月，"隔山灯火"，"满天的星"，和往日两人同在时还是"一样"，只是你却不在了，这"月"，这些"灯火"，这些"星"，只"梦似的挂起"

而已。你当时说过"我爱你"这一句话，虽没第三人听见，却有"黑夜"听见；你想"要回那一句话"，你可以"问黑夜要回那一句话"。但是"黑夜"肯了，"山谷中留着有那回音"，你的话还是要不回的。总而言之，我还恋着你。"黑夜"可以听话，是一个隐喻。第一二行和第八行本来是一句话的两种说法，只因"流水"那个长比喻，又带着转了个弯儿，便容易把读者绕住了。"梦似的挂起"本来指明月灯火和星，却插了"只有人不见"一语，也容易教读者看错了主词。但这一点技巧的运用，作者是应该有权利的。

邵洵美先生在《人言周刊》三卷二号里举过的《距离的组织》一首诗，最可见出上文说的经济的组织方法。这是卞之琳先生《鱼目集》中的一篇。《鱼目集》里有几篇诗的确难懂，象《圆宝盒》，曾经刘西渭先生和卞先生往复讨论，我大胆说，那首诗表现的怕不充分。至于《距离的组织》，却想试为解说，因为这实在是个合适的例子。

> 想独上高楼读一遍"罗马兴亡史"，
> 忽有罗马灭亡星出现在报上。
> 报纸落。地图开，因想起远人的嘱咐。
> 寄来的风景也暮色苍茫了。
> （醒来天欲暮，无聊，一访友人罢。）
> 灰色的天。灰色的海。灰色的路。
> 哪儿了？我又不会向灯下验一把土。
> 忽听得一千重门外有自己的名字。
> 好累呵！我的盆舟没有人戏弄吗？

友人带来了雪意和五点钟。

这诗所叙的事只是午梦。平常想着中国情形有点象罗马衰亡的时候，一般人都醉生梦死的；看报，报上记着罗马灭亡时的星，星光现在才传到地球上_{原有注}。睡着了，报纸落在地下，梦中好象在打开"远"方的罗马地图来看，忽然想起"远"方_{外国}友人来了，想起他的信来了。他的信附寄着风景片，是"灰色的天，灰色的海，灰色的路"的暮色图；这时候自己模模糊糊的好象就在那"灰色的天，灰色的海，灰色的路"里走着。天黑了，不知到了哪儿，却又没有《大公报》所记王同春的本事，只消抓一把土向灯一瞧就知道什么地方_{原有注}。忽然听见有人叫自己名字，由远而近，这一来可醒了。好累呵，却不觉得是梦，好象自己施展了法术，在短时间渡了大海来着；这就想起了《聊斋志异》里记白莲教徒的事，那人出门时将草舟放在水盆里，门人戏弄了一下，他回来就责备门人，说过海时翻了船_{原有注}。这里说：太累了，别是过海时费力驶船之故罢。等醒定了，才知道有朋友来访。这朋友也午睡来着，"醒来天欲暮，无聊，一访友人罢。"这就来访问了。来了就叫自己的名字，叫醒了自己。"醒来天欲暮"一行在括弧里，表明是另一人，也就是末行那"友人"。插在第四六两行间，见出自己直睡到"天欲暮"，而风景片中也正好象"欲暮"的"天"，这样梦与真实便融成一片；再说这一行是就醒了的缘由，插在此处，所谓蛛丝马迹。醒时是五点钟，要下雪似的，还是和梦中景色，也就是远人寄来的风景片一样。这篇诗是零乱的诗境，可又是一个复杂的有机体，将时间空间的远距离用联想组织在短短的午梦和小小的篇幅里。这是一种解放，一种自由，同时又是一种情思的操练，是艺术给我们的。

（二十五年）

诗与感觉

诗也许比别的文艺形式更依靠想象；所谓远，所谓深，所谓近，所谓妙，都是就想象的范围和程度而言。想象的素材是感觉，怎样玲珑飘渺的空中楼阁都建筑在感觉上。感觉人人有，可是或敏锐，或迟钝，因而有精粗之别。而各个感觉间交互错综的关系，千变万化，不容易把捉，这些往往是稍纵即逝的。偶尔把捉着了，要将这些组织起来，成功一种可以给人看的样式，又得有一番工夫，一副本领。这里所谓可以给人看的样式便是诗。

从这个立场看新诗，初期的作者似乎只在大自然和人生的悲剧里去寻找诗的感觉。大自然和人生的悲剧是诗的丰富的泉源，而且一向如此，传统如此。这些是无尽藏，只要眼明手快，随时可以得到新东西。但是花和光固然是诗，花和光以外也还有诗，那阴暗，潮湿，甚至霉腐的角落儿上，正有着许多未发现的诗。实际的爱固然是诗，假设的爱也是诗。山水田野里固然有诗，灯红酒醁里固然有诗，任一些颜色，一些声音，一些香气，一些味觉，一些触觉，也都可以有诗。惊心怵目的生活里固然有诗，平淡的日常生活里也有诗。发现这些未发现的诗，第一步得靠敏锐的感觉，诗人的触角得穿透熟悉的表面向未经人到的底里去。那儿有的是新鲜的东西。闻一多、徐志摩、李金发、姚蓬子、冯乃超、戴望舒各位先生都曾分别向这方面努力。而卞之琳、冯至两位先生更专向这方面发展；他们走得更远些。

假如我们说冯先生是在平淡的日常生活里发现了诗，我们可以说卞先生是在微细的琐屑的事物里发现了诗。他的《十年诗草》里处处都是例子，但这里只能举一两首：

> 淘气的孩子，有办法：
> 叫游鱼啮你的素足，
> 叫黄鹂啄你的指甲，
> 野蔷薇牵你的衣角……
> 　白蝴蝶最懂色香味，
> 寻访你午睡的口脂。
> 我窥候你渴饮泉水，
> 取笑你吻了你自己。
> 　我这八阵图好不好？
> 你笑笑，可有点不妙，
> 我知道你还有花样！

哈哈！到底算谁胜利？
你在我对面的墙上
写下了"我真是淘气"。

（《淘气》，《装饰集》）

这是十四行诗。三四段里活泼的调子。这变换了一般十四行诗的严肃，却有它的新鲜处。这是情诗，蕴藏在"淘气"这件微琐的事里。游鱼的啮，黄鹂的啄，野蔷薇的牵，白蝴蝶的寻访，"你吻了你自己"，便是所谓"八阵图"；而游鱼，黄鹂，野蔷薇，白蝴蝶都是"我""叫"它们去做这样那样的，"你吻了你自己"，也是"我"在"窥候"着的，"我这八阵图"便是治"淘气的孩子"——"你"——的"办法"了。那"啮"，那"啄"，那"牵"，那"寻访"，甚至于那"吻"，都是那"我"有意安排的，那"我"其实在分享着这些感觉。陶渊明《闲情赋》里道：

> 愿在丝而为履，附素足以周旋；
> 悲行止之有节，空委弃于床前。
> 愿在昼而为影，常依形而西东；
> 悲高树之多阴，慨有时而不同。

感觉也够敏锐的。那亲近的愿心其实跟本诗一样，不过一个来得迫切，一个来得从容罢了。"你吻了你自己"也就是"你的影子吻了你"；游鱼、黄莺、野蔷薇、白蝴蝶也都是那"你"的影子。凭着从游鱼等等得到的感觉去想象"你"；或从"你"

得到的感觉叫"我"想象游鱼等等；而"我"又"叫"游鱼等等去做这个那个，"我"便也分享这个那个。这已经是高度的交互错综，而"我"还分享着"淘气"。"你""写下了""我真是淘气"，是"你""真是淘气"，可是"我对面"读这句话，便成了"'我'真是淘气"了。那治"淘气的孩子"——"你"——的"八阵图"，到底也治了"我"自己。"到底算谁胜利？"瞧"我"为了"你"这么颠颠倒倒的！这一个回环复沓不是钟摆似的来往，而是螺旋似的钻进人心里。

《白螺壳》诗《装饰集》里的"你""我"也是交互错综的一例。

> 空灵的白螺壳，你，
> 孔眼里不留纤尘，
> 漏到了我的手里，
> 却有一千种感情：
> 掌心里波涛汹涌，
> 我感叹你的神工，
> 你的慧心啊，大海，
> 你细到可以穿珠！
> 可是我也禁不住：
> 你这个洁癖啊，唉！
>
> （第一段）
>
> 玲珑，白螺壳，我？
> 大海送我到海滩，
> 万一落到人掌握，

愿得原始人喜欢，

换一只山羊还差

三十分之二十八；

倒是值一只蟠桃。

怕给多思者检起，

空灵的白螺壳，你

卷起了我的愁潮！

（第三段）

　　这是理想的人生爱情也在其中，蕴藏在一个微琐的白螺壳里。"空灵的白螺壳""却有一千种感情"，象征着那理想的人生——"你"。"你的神工"，"你的慧心"的"你"是"大海"，"你细到可以穿珠"的"你"又是"慧心"；而这些又同时就是那"你"。"我"？"大海送我到海滩"的"我"，是代白螺壳自称，还是那"你"。最愿老是在海滩上；"万一落到人掌握"，也只"愿得原始人喜欢"，因为自己一点用处没有——换山羊不成，"值一只蟠桃"，只是说一点用处没有。原始人有那股劲儿，不让现实纠缠着，所以不在乎这个。只"怕给多思者检起"，怕落到那"我的手里"。可是那"多思者"的"我""检起"来了，于是乎只有叹息："你卷起了我的愁潮！""愁潮"是现实和理想的冲突；而"潮"原是属于"大海"的。

　　请看这一湖烟雨

　　水一样把我浸透，

象浸透一片鸟羽。
我仿佛一所小楼
风穿过，柳絮穿过，
燕子穿过象穿梭，
楼中也许有珍本，
书叶给银鱼穿织
从爱字通到哀字——
出脱空华不就成！

（第二段）

我梦见你的阑珊：
檐溜滴穿的石阶，
绳子锯缺的井栏……
时间磨透于忍耐！
黄色还诸小鸡雏，
青色还诸小碧梧，
玫瑰色还诸玫瑰，
可是你回顾道旁，
柔嫩的蔷薇刺上
还挂着你的宿泪。

（第四段完）

从"波涛汹涌"的"大海"想到"一湖烟雨"，太容易"浸透"的是那"一片鸟羽"。从"一湖烟雨"想到"一所小楼"，从"穿珠"想到"风穿过，柳絮穿过，燕子穿过象穿梭"，以及"书叶给银鱼穿织"；而"珍本"又是从藏书楼想到的。"从爱字通到哀字","一片鸟羽"也罢,"一所小楼"也罢,"楼中也许有"的"珍本"也罢,"出脱空华花",一场春梦!虽然"时间磨透于忍耐",还只"梦见你的阑珊"。于是"黄色还诸小鸡雏……","你"是"你",现实是现实,一切还是一切。可是"柔嫩的蔷薇刺上"带着宿雨,那是"你的宿泪"。"你""有一千种感情",只落得一副眼泪;这又有什么用呢?那"宿泪"终于会干枯的。这首诗和前一首都不显示从感觉生想象的痕迹,看去只是想象中一些感觉,安排成功复杂的样式。——"黄色还诸小鸡雏"等三行可以和冯至先生的

> 铜炉在向往深山的矿苗,
> 瓷壶在向往江边的陶泥,
> 它们都象风雨中的飞鸟
> 各自东西。
>
> (《十四行集》,二一)

对照着看,很有意思。

《白螺壳》诗共四段,每段十行,每行一个单音节,三个双音节,共四个音节。这和前一首都是所谓"匀称""均齐"的形式。卞先生是最努力创造并输入诗的形式的人,《十年诗草》里存着的自由诗很少,大部分是种种形式的试验,他的试验可以说是成功的。他的自由诗也写得紧凑,不太参差,也见出感觉的敏锐来,《距离的组织》便是一例。他的《三秋草》里还有一首《过路居》,描写北平一间人力车夫的茶馆,也是

自由诗，那些短而精悍的诗行由会话组成，见出平淡的生活里蕴藏着的悲喜剧。那是近乎人道主义的诗。

（三十二年）

诗与哲理

　　新诗的初期，说理是主调之一。新诗的开创人胡适之先生就提倡以诗说理，《尝试集》里说理诗似乎不少。俞平伯先生也爱在诗里说理；胡先生评他的诗，说他想兼差作哲学家。郭沫若先生歌颂大爱，歌颂"动的精神"，也带哲学的意味；不过他的强烈的情感能够将理融化在他的笔下，是他的独到处。那时似乎只有康白情先生是个比较纯粹的抒情诗人。一般青年以诗说理的也不少，大概不出胡先生和郭先生的型式。

　　那时是个解放的时代。解放从思想起头，人人对于一切传统都有意见，都爱议论，作文如此，作诗也如此。他们关心人生，大自然，以及被损害的人。关心人生，便阐发自我的价值；关心大自然，便阐发泛神论；关心被损害的人，便阐发人道主义。泛神论似乎只见于诗；别的两项，诗文是一致的。但是文的表现是抽象的，诗的表现似乎应该和文不一样。胡先生指出诗应该是具体的。他在《谈新诗》里举了些例子，说只是抽象的议论，是文不是诗。当时在诗里发议论的确是不少，差不多成了风气。胡先生所提倡的"具体的写法"固然指出一条好路。可是他的诗里所用具体的譬喻似乎太明白，譬喻和理分成两橛，不能打成一片；因此，缺乏暗示的力量，看起来好象是为了那理硬找一套譬喻配上去似的。别的作者也多不免如此。

民国十四年以来，诗才专向抒情方面发展。那里面"理想的爱情"的主题，在中国诗实在是个新的创造；可是对于一般读者不免生疏些。一般读者容易了解经验的爱情；理想的爱情要沉思，不耐沉思的人不免隔一层。后来诗又在感觉方面发展，以敏锐的感觉为抒情的骨子，一般读者只在常识里兜圈子，更不免有隔雾看花之憾。抗战以后的诗又回到议论和具体的譬喻，也不是没有理由的。当然，这时代诗里的议论比较精切，譬喻也比较浑融，比较二十年前进步了；不过趋势还是大体相同的。

另一方面，也有从敏锐的感觉出发，在日常的境界里体味出精微的哲理的诗人。在日常的境界里体味哲理，比从大自然体味哲理更进一步。因为日常的境界太为人们所熟悉了，也太琐屑了，它们的意义容易被忽略过去；只有具着敏锐的手眼的诗人才能把捉得住这些。这种体味和大自然的体味并无优劣之分，但确乎是进了一步。我心里想着的是冯至先生的《十四行集》。这是冯先生去年一年中的诗，全用十四行体，就是商籁体，写成。十四行是外国诗体，从前总觉得这诗体太严密，恐怕不适于中国语言。但近年读了些十四行，觉得似乎已经渐渐圆熟；这诗体还是值得尝试的。冯先生的集子里，生硬的诗行便很少；但更引起我注意的还是他诗里耐人沉思的理，和情景融成一片的理。

这里举两首作例。

我们常常度过一个亲密的夜
在一间生疏的房里，它白昼时
是什么模样，我们都无从认识，
更不必说它的过去未来。原野

一望无边地在我们窗外展开，
我们只依稀地记得在黄昏时
来的道路，便算是对它的认识，
明天走后，我们也不再回来。

闭上眼罢！让那些亲密的夜
和生疏的地方织在我们心里：
我们的生命象那窗外的原野，

我们在朦胧的原野上认出来
一棵树，一闪湖光；它一望无际
藏着忘却的过去，隐约的将来。

（一八）

旅店的一夜是平常的境界。可是亲密的，生疏的，"织在我们心里"。房间有它的过去未来，我们不知道。"来的道路"是过去，只记得一点儿；"明天走"是未来，又能知道多少？我们的生命象那"一望无边的""朦胧的"原野，"忘却的过去"，"隐约的将来"，谁能"认识"得清楚呢？——但人生的值得玩味，也就在这里。

> 我们听着狂风里的暴雨
> 我们在灯光下这样孤单，
> 我们在这小小的茅屋里
> 就是和我们用具的中间
>
> 也生了千里万里的距离：
> 铜炉在向往深山的矿苗，
> 瓷壶在向往江边的陶泥，
> 它们都象风雨中的飞鸟
> 各自东西。我们紧紧抱住，
> 好象自身也都不能自主。
> 狂风把一切都吹入高空
>
> 暴雨把一切又淋入泥土。
> 只剩下这点微弱的灯红
> 在证实我们生命的暂住。

（二一）

茅屋里风雨的晚上也只是平常的境界。可是自然的狂暴映衬出人们的孤单和微弱；极平常的用具铜炉和瓷壶，也都"向往"它们的老家，"象风雨中的飞鸟，各自东西"。这样"孤单"，却是由敏锐的感觉体味出来的，得从沉思里去领略——不然，恐怕只会觉得怪诞罢。闻一多先生说我们的新诗好象尽是些青年，也得有一些中年才好。

　　冯先生这一集大概可以算是中年了。

（三十二年）

诗与幽默

旧诗里向不缺少幽默。南宋黄彻《䂬溪诗话》云：

> 子建称孔北海文章多杂以嘲戏；子美亦"戏效俳谐体"，退之亦有"寄诗杂诙俳"，不独文举为然。自东方生而下，祢处士、张长史、颜延年辈往往多滑稽语。大体材力豪迈有余而用之不尽，自然如此。……《坡集》类此不可胜数。《寄蕲簟与蒲传正》云，"东坡病叟长羁旅，冻卧饥吟似饥鼠。倚赖东风洗破衾，一夜雪寒披故絮。"《黄州》云，"自惭无补丝毫事，尚费官家压酒囊。"《将之湖州》云，"吴儿脍缕薄欲飞，未去先说馋涎垂。"又，"寻花不论命，爱雪长忍冻。天公非不怜，听饱即喧哄。"……皆斡旋其章而弄之，信恢刃有余，与血指汗颜

者异矣。

这里所谓滑稽语就是幽默。近来读到张骏祥先生《喜剧的导演》一文《学术季刊》文哲号，其中论幽默很简明："幽默既须理知，亦须情感。幽默对于所笑的人，不是绝对的无情；反之，如西万提斯之于吉诃德先生，实在含有无限的同情。因为说到底，幽默所笑的不是第三者，而是我们自己。……幽默是温和的好意的笑。"黄彻举的东坡诗句，都在嘲弄自己，正是幽默的例子。

　　新文学的小说、散文、戏剧各项作品里也不缺少幽默，不论是会话体与否；会话体也许更便于幽默些。只诗里幽默却不多。我想这大概有两个缘由。一是一般将诗看得太严重了，不敢幽默，怕亵渎了诗的女神。二是小说、散文、戏剧的语言虽然需要创造，却还有些旧白话文，多少可以凭借；只有诗的语言得整个儿从头创造起来。诗作者的才力集中在这上头，也就不容易有余暇创造幽默。这一层只要诗的新语言的传统建立起来，自然会改变的。新诗已经有了二十多年的历史，看现在的作品，这个传统建立的时间大概快到来了。至于第一层，将诗看得那么严重，倒将它看窄了。诗只是人生的一种表现和批评；同时也是一种语言，不过是精神的语言。人生里短不了幽默，语言里短不了幽默，诗里也该不短幽默，才是自然之理。黄彻指出的情形，正是诗的自然现象。

　　新诗里纯粹的幽默的例子，我只能举出闻一多先生的《闻一多先生的书桌》一首：

忽然一切的静物都讲话了，
忽然书桌上怨声腾沸：
墨盒呻吟道"我渴得要死！"
字典喊雨水渍湿了他的背；

信笺忙叫道弯痛了他的腰；
钢笔说烟灰闭塞了他的嘴，
毛笔讲火柴燃秃了他的须，
铅笔抱怨牙刷压了他的腿；

香炉咕喽着"这些野蛮的书
早晚定规要把你挤倒了！"
大钢表叹息快睡锈了骨头；
"风来了！风来了！"稿纸都叫了；

笔洗说他分明是盛水的，
怎么吃得惯臭辣的雪茄灰；
桌子怨一年洗不上两回澡，
墨水壶说"我两天给你洗一回"。

"什么主人？谁是我们的主人？"
一切的静物都同声骂道。
"生活若果是这般的狼狈，
倒还不如没有生活的好！"

主人咬着烟斗迷迷的笑，
"一切的众生应该各安其位。
我何曾有意的糟蹋你们，
秩序不在我的能力之内。"

《死水》

　这里将静物拟人，而且使书桌上的这些静物"都讲话"：有的
是直接的话，有的是间接的话，互相映衬着。这够热闹的。而
不止一次的矛盾的对照更能引人笑。墨盒"渴得要死"，字典
却让雨水湿了背；笔洗不盛水，偏吃雪茄灰；桌子怨"一年洗
不上两回澡"，墨水壶却偏说两天就给他洗一回。"书桌上怨
声腾沸"，"一切的静物都同声骂"，主人却偏"迷迷的笑"；他
说"一切的众生应该各安其位"，可又缩回去说"秩序不在我
的能力之内"。这些都是矛盾的存在，而最后一个矛盾更是全
诗的极峰。热闹，好笑，主人嘲弄自己，是的；可是"一切的
众生应该各安其位"，见出他的抱负，他的身分——他不是一
个小丑。

　俞平伯先生的《忆》，都是追忆儿时心理的诗。亏他居然
能和成年的自己隔离，回到儿时去。这里面有好些幽默。我选
出两首：

有了两个橘子，
一个是我底，
一个是我姊姊底。
把有麻子的给了我，

把光脸的她自有了。

　　"弟弟你底好，
　　绣花的呢。"
　　真不错！
　　好橘子，我吃了你罢。
　　真正是个好橘子啊！

（第一）

　　亮汪汪的两根灯草的油盏，
　　摊开一本《礼记》，
　　且当它山歌般的唱。

　　乍听间壁又是说又是笑的，
　　"她来了罢？"
　　《礼记》中尽是些她了。
　　"娘，我书已读熟了。"

（第二十二）

这里也是矛盾的和谐。第一首中"有麻子的"却变成"绣花的"；"绣花的"的"好"是看的"好"，"好橘子"和"好橘子"的"好"却是可吃的"好"和吃了的"好"，次一首中《礼记》却"当它山歌般唱"，而且后来"《礼记》中尽是些她了"；"当它山歌般唱"，却说"娘，我书已读熟了"。笑就蕴藏在这些别人的，自己的，别人和自己的矛盾里。但儿童自己觉得这些只是自然而然，矛盾是从成人的眼中看出的。所以更重要的，笑是蕴藏在儿童和成人的矛盾里。这种幽默是将儿童儿时的自己和别的儿童当作笑的对象，跟一般的幽默不一样；但不失为健康的。《忆》里的诗都用简短的口语，儿童的话原是如此；成人却更容易从这种口语里找出幽默来。

　　用口语或会话写成的幽默的诗，还可举出赵元任先生贺胡适之先生四十生日的一首：

> 适之说不要过生日，
> 生日偏又到了。
> 我们一般爱起哄的，
> 又来跟你闹了。
>
> 今年你有四十岁了都，
> 我们有的要叫你老前辈了都：
> 天天听见你提倡这样，提倡那样，
> 觉得你真有点儿对了都！
>
> 你是提倡物质文明的咯，
> 所以我们就来吃你的面；
> 你是提倡整理国故的咯，
> 所以我们都进了研究院；
> 你是提倡白话诗人的咯，
> 所以我们就罗罗唆唆写上了一大片。

我们且别说带笑带吵的话，

我们且别说胡闹胡搞的话，

我们并不会说很巧妙的话，

我们更不会说"倚少卖老"的话；

但说些祝颂你们健康的话——

就是送给你们一家子大大小小的话。

（《北平晨报》，十九，十二，十八）

全诗用的是纯粹的会话；象"都"字读音象"兜"字的三行只在
会话里有"今年你有四十岁了都"就是"今年你都有四十岁了"，余类
推。头二段是仿胡先生的"了"字韵；头两行又是仿胡先生的

我本不要儿子

儿子自来了。

那两行诗。三四段的"多字韵"胡先生称为"长脚韵"也可以说
是"了"字韵的引申。因为后者是前者的一例。全诗的游戏味
也许重些，但说的都是正经话，不至于成为过分夸张的打油
诗。胡先生在《尝试集》自序里引过他自己的白话游戏诗，说
"虽是游戏诗，也有几段庄重的议论"；赵先生的诗，虽带游戏
味，意思却很庄重，所以不是游戏诗。

　　赵先生是长于滑稽的人，他的《国语留声机片课本》，《国
音新诗韵》，还有翻译的《阿丽斯漫游奇境记》，都可以见出。
张骏祥先生文中说滑稽可分为有意的和无意的两类，幽默属于

前者。赵先生似乎更长于后者,《奇境记》真不愧为"魂译"_{丁西林先生评语,见《现代评论》}。记得《新诗韵》里有一个"多字韵"的例子:

你看见十个和尚没有?

他们坐在破锣上没有?

无意义,却不缺少趣味。无意的滑稽也是人生的一面,语言的一端,歌谣里最多,特别是儿歌里。——歌谣里幽默却很少,有的是诙谐和讽刺。这两项也属于有意的滑稽。张先生文中说我们通常所谓话说得俏皮,大概就指诙谐。"诙谐是个无情的东西","多半伤人;因为诙谐所引起的笑,其对象不是说者而是第三者"。讽刺是"冷酷,毫不留情面","不只挞伐个人,有时也攻击社会"。我们很容易想起许多嘲笑残废的歌谣和"娶了媳妇忘了娘"一类的歌谣,这便是歌谣里诙谐和讽刺多的证据。

(三十二年)

真诗

二十年前新诗开始发展的时候，胡适之先生写了《北京的平民文学》一篇短文，介绍北京的歌谣《文存》二集。文中引义国卫太尔男爵编的《北京歌唱》一八六九《自序》，说这些歌谣中有些"真诗"，并且说："根据在这些歌谣之上，根据在人民的真感情之上，一种新的'民族的诗'也许能产生出来呢。"胡先生接着道：

> 现在白话诗起来了，然而做诗的人似乎还不曾晓得俗歌里有许多可以供我们取法的风格与方法，所以他们宁可学那不容易读又不容易懂的生硬文句，却不屑研究那自然流利的民歌风格。这个似乎是今日诗国的一种缺陷罢？

胡先生提倡"活文学"的白话诗，要真，要自然流利；卫太尔的话足以帮助他的理论。他所谓"生硬文句"，指的过分欧化的文句。

但是新文学运动实在是受外国的影响。胡先生自己的新诗，也是借镜于外国诗，一翻《尝试集》就看得出。他虽然一时兴到的介绍歌谣，提倡"真诗"，可是并不认真的创作歌谣体的新诗。他要真，要自然流利，不过似乎并不企图"真"到歌谣的地步，"自然流利"到歌谣的地步。那些时搜集歌谣运动虽然甚嚣尘上，只是为了研究和欣赏，并非供给写作的范本。有人还指出白话诗的音调要不象歌谣，才是真新诗。其实这倒代表一般人的意见。当时刘半农先生曾经仿作江阴船歌《瓦釜集》，俞平伯先生也曾仿作吴歌见《我们的七月》；他们只是仿作歌谣，不是在作新诗。仿的很逼真，很自然，但他们自己和别人都不认为新诗。——俞先生在《欢愁底歌》《冬夜》那首新诗里却有两段在尝试小调俗曲的音节；不过也只是兴到偶一为之，并没有尝试第二次。

"九一八"前后，一度有所谓大众语运动；这运动的一个支流便是诗的歌谣化。那时有些人尝试着将所谓农民大众的意识装进山歌的形式里——工人的意识似乎就装不进去。这个新的歌谣或新诗只出现在书刊上，并不能下乡，达到农民的耳朵里，对于刊物的读者也没有能够引起兴味，因此没有甚么影响就过去了。大众语运动虽然热闹一时，不久也就消沉了下去。主要的原因大概可以说是不切实际罢。接着是通俗读物编刊运动，大规模的旧瓶装新酒，将爱国的意念装进各种民间文艺的形式里。这里面有俗曲，如大鼓调，但没有山歌和童谣，大约因为这两体短小的缘故。这运动的目标只在"通俗读物"，只在宣传，不在文艺，倒收到相当的效果，发生相当的影响。

抗战以来，大家注意文艺的宣传，努力文艺的通俗化。尝试各种民间文艺的形式的多起来了。民间形式渐渐变为"民族形式"。于是乎有长时期的"民族形式的讨论"。讨论的结果，大家觉得民族形式自然可以利用，但欧化也是不可避免的。就利用民族形式或文艺的通俗化而论，也有两种意见。一是整个文艺的通俗化，一面普及，一面提高；一是创作通俗文艺，只为了普及，提高却还是一般文艺非通俗文艺的责任。不管理论如何，事实似乎是走着第二条路。这时期民族形式的利用里，山歌和童谣两体还是没有用上。诗正向长篇和叙事体发展，自然用不到这些。大鼓调用得却不少，老舍先生的《剑北篇》就是好例子。柯仲平先生的《平汉铁路工人破坏大队的产生》参用唱本就是俗曲的形式写成那么长的诗并没有完，也引起一般的注意。这种爱国的诗也可算作"民族的诗"。但卫太尔那时所谓"民族的诗"似乎只指表现一般民众的生活的诗，他不会想到现在的发展。再说他那本《北京歌唱》里收的全是儿歌或童谣，他所谓"真诗"和"民族的诗"都只"根据在这些歌谣之上"，跟现在主张和实行利用民族形式的人也大不相同的。

从新诗的发展来看，新诗本身接受的歌谣的影响很少。所谓歌谣，照我现在的意见，主要的可分为童歌就是儿歌，山歌，俗曲唱本三类。新诗只在抗战后才开始接受一些俗曲的影响，如上文指出的——"九一八"前后歌谣化的新诗，尝试的既不多，作品也有限已故的蒲风先生颇在这方面努力，但成绩也不显著，可以不论。不过白话诗的通俗化却很早就开始。有一种"夸阳历"的新大鼓，记得民国十四年左右已经出现。更值得重提的是十七年《大公报》上的几首《民间写真》，作者是蜂子先生，已经死了十多年。现在抄一首《赵老伯出口》在这里：

赵老伯一辈子不懂什么叫作愁，
他老是微笑着把汗往下流。
　　他又有一个有趣惹人笑的脸，
　　鼻子翘起象只小母牛。

他的老婆死了很久很久，
儿子闺女都没有，
　　三亩园子两间屋，
　　还有一只大黄狗。

赵老伯近年太衰老，
自己的园地种不了。
　　从前种菜又种瓜，
　　现在长满了狗尾巴草。

夏天没得吃，冬天又没得穿，
三亩园子典了三十千。
　　今年到期赎不出，
　　李五爷催他赶快搬。
赵老伯这几天脸上没有了笑，

提起了搬家把泪掉：

"那里有啥家可搬？

"提上棍子去把饭来要！"

"这园子我种过四十年，

"才卖了这么几个钱！

"又舍不开东邻共西舍，

"逼我搬家真可怜！"

"从未走路先晃荡，

"说不定早晨和晚上，

"我死也要死在李家桥，

"天哪！我不能劳苦一生作了外丧！"

"快滚！快滚！快快滚！"

李五爷的管家发了狠。

"秃三爷的利害你该知道！

摸摸你吃饭的家伙稳不稳？"

赵老伯有个好人缘儿，

小孩子都喜欢同他玩儿。

因为李五爷赶他走，

大家只能把长气吸一口。

一瘸一拐奔了古北口，

山上山下几行衰柳。

晨曦里我远望见他同他的老伙伴，

赵老伯同着他的大黄狗。

（《大公报》，十七年十一月二十一日）

这够"自然流利"的，按卫太尔和胡先生的标准，该可以算是
"真诗"。其中四个"把"字句和一些七字句大概是唱本的影
响，但全篇还是一般白话的成分多。本篇描写农民的生活具体
而贴切；虽然无所谓农民大众的意识，却不愧"民间写真"的
名目。作为通俗的白话诗，这是出色当行之作；但按诗的一般
标准说，似乎还欠经济些——原作者自己似乎也没有认为一般
的新诗。

　　所谓"自然流利"的"真诗"，如上文所论，是以童谣为
根据的。童谣就是儿歌，并不限于儿童生活，歌咏成人生活的
也尽有。"童谣"是历史上传下来的名字，似乎比儿歌能够表
现这种歌谣的社会性些——我并不看重童谣的占验作用，而看
重它的讽世作用。童谣是"诵"的，也可以算是"读"的。它
全用口语，所谓"自然流利"；有时候压韵，也极自然，念下
去还是流利的。但是童谣跟别种民间文艺一样，俳谐气太重而
缺乏认真的严肃的态度；夸张和不切实更是它的本色。这是
童谣的"自然"。"流利"的语调儿见出伶俐，但太轻快了便
不免有点儿滑，沉不住气。这也许可以说是不认真的"真诗"
罢？再说童谣复沓多，只能表现单纯和简单的情感，也跟一般
的诗不同。新诗不取法于童谣，大概为了这些。

　　山歌是竹枝词一脉，中唐李益有诗道，"无奈孤舟夕，山

歌闻竹枝",可见,对山歌也该是的;刘禹锡《竹枝词》引中有"以曲多为贤"的话,似乎就指的相对竞歌,竹枝词原可以合乐,且有舞容;现在的山歌调也可以合乐,舞容却似乎没有。但现在的山歌以徒歌为主。竹枝词从刘禹锡依调创作以后,成为诗的一体;不过是特殊的一体,专咏风土,不避俗,跟一般的七绝诗总有些分别。后来搜集山歌的人称山歌为"风",如李调元的《粤风》;"风"的名字虽然本于《国风》,其实只是"歌谣"的意思。这与一般的诗还是不能相提并论。现在的山歌以歌咏私情恋爱为主,最长于创造譬喻。在创造譬喻这一点上,是值得新诗取法的。山歌也尽量用白话,虽不象童谣的"自然",比一般的诗却"自然"得多。可是因此也不免俳谐,洒脱,不认真。山歌是唱的,虽然空口唱,也有一定的调子,似乎说不上"流利"与否。又因为是唱的,声就比义重;在不唱而吟诵的时候,山歌的音调也还跟七绝诗一样。新诗是"读"的或"说"的,不是唱的,它又要从旧诗词曲的固定的形式解放,又认真,所以也没有取法于山歌。

俗曲的种类很多,往往因地而异?各有各的来历,这里无须详论。俗曲大多数印成唱本,普通就称为唱本。许多的小调和大鼓调都有唱本。唱本以七字句或十字句为基调;有些可以合乐,但长篇只为吟诵而作。唱本篇幅长,要句调整齐,得多参用文言,便不能很"自然"。它的"自然"还赶不上山歌,但比一般的诗总近于口语些就是了。它也无所谓"流利"与否。童谣的俳谐气、夸张和不切合的情形,唱本都有;它的不切合特别表现在套语里,如佳人、牙床等。加上白话文言的驳杂,叙述描写的繁琐,完美的作品极少。唱本多半是叙事歌,不象童谣和山歌以抒情为主。新诗原只向抒情方面发展，无须叙事的体裁，唱本又有许多和新诗不合的地方，新诗不取法于它是无足怪的。现在的诗一方面向叙事体发展，于是乎柯仲平先生斟酌唱本的形式，写成《平汉铁路工人破坏大队的产生》。那是准备朗读的，不是准备吟诵的；倒没有唱本的种种不合的地方，只是繁琐得可以，繁琐就埋没了精彩。

但是新诗不取法于歌谣，最主要的原因还是外国的影响；别的原因都只在这一个影响之下发生作用。外国的影响使我国文学向一条新路发展，诗也不能够是例外。按诗的发展的旧路，各体都出于歌谣，四言出于《国风》《小雅》，五七言出于乐府诗。《国风》《小雅》跟乐府诗在民间流行的时候，似乎有的合乐，有的徒歌。——词曲也出于民间，原来却都是乐歌。这些经过文人的由仿作而创作，渐渐的脱离民间脱离音乐而独立。这中间词曲的节奏不根据于自然匀称和均齐，而靠着乐调的组织，独立较难。词脱离了民间，脱离了音乐，脱离了俳谐气，但只挣得半独立的"诗余"地位。清代常州词派想提高它的地位，努力使它进一步的诗化，严肃化，可是目的并未达成。曲脱离了民间，没有脱离了音乐；剧曲的发展成功很大，散曲却还一向带着俳谐气，所以只得到"词余"的地位。新文学运动以来，这两体都升了格算是诗了；那是按外国诗的意念说的，也是外国的影响。

照诗的发展的旧路，新诗该出于歌谣。山歌七言四句，变化太少；新诗的形式也许该出于童谣和唱本。象《赵老伯出口》倒可以算是照旧路发展出来新诗的雏形。但我们的新诗早就超过这种雏形了。这就因为我们接受了外国的影响，"迎头赶上"的缘故。这是欧化，但不如说是现代化。"民族形式讨论"的结论不错，现代化是不可避免的。现代化是新路，比旧路短得多；要"迎头赶上"人家，非走这条新路不可。可是话说回来，新诗虽然不必取法于歌谣，却也不妨取法于歌谣，山歌长于譬喻，并且巧于复沓，都可学。童谣虽然不必尊为"真诗"，但那"自然流利"，有些诗也可斟酌的学；新诗虽说认真，却也不妨有不认真的时候。历来的新诗似乎太严肃了，不免单调些。卞之琳先生说得好：

可是松了，

不妨拉树枝摆摆。

（《慰劳信集》五）

我们现在不妨来点儿轻快的幽默的诗。只有唱本，除了一些句法外，值得学的很少。现在叙事诗虽然发展，唱本却不足以供模范。现在的叙事诗已经不是英雄与美人的史诗，散文的成分相当多；唱本的结构往往松散，若去学它，会增加叙事诗的散文化的程度，使读者觉得过分。我们主张新诗不妨取法歌谣，为的使它多带我们本土的色彩；这似乎也可以说是利用民族形式，也可以说是在创作"一种新的'民族的诗'"。

（三十二年）

朗读与诗

诗与文都出于口语；而且无论如何复杂，原都本于口语，所以都是一种语言。语言不能离开声调，诗文是为了读而存在的，有朗读，有默读；所谓"看书"其实就是默读，和看画看风景并不一样。但诗跟文又不同。诗出于歌，歌特别注重节奏；徒歌如此，乐歌更如此。诗原是"乐语"，古代诗和乐是分不开的，那时诗的生命在唱。不过诗究竟是语言，它不仅存在在唱里，还存在在读里。唱得延长语音，有时更不免变化语音；为了帮助听者的了解，读有时是必需的。有了文字记录以后，读便更普遍了。《国语·楚语》记申叔时告诉士亹怎样做太子的师傅，曾说"教之诗……以耀明其志"。教诗明志，想来是要读的。《左传》记载言语，引诗的很多，自然也是读，不是唱。读以外还有所谓"诵"。《墨子》里记着儒家公孟子

"诵《诗三百》"的话。《左传》襄公十四年记卫献公叫师曹"歌"《巧言》诗的末章给孙文子的使者孙蒯听。那时文子在国境上，献公叫"歌"这章诗，是骂他的，师曹和献公有私怨，想激怒孙蒯，怕"歌"了他听不清楚，便"诵"了一通。这"诵"是有节奏的。诵和读都比"歌"容易了解些。

《周礼》大司乐"以乐语教国子：兴、道、讽、诵、言、语"。郑玄注："以声节之曰诵。"诵是有腔调的；这腔调是"乐语"的腔调，该是从歌脱化而出。《汉书·艺文志》引《传》曰，"不歌而诵谓之赋"。而"赋者，古诗之流也"。班固《两都赋》序这"诵"就是师曹诵《巧言》诗的"诵"和公孟子说的"诵《诗三百》"的"诵"，都是"乐语"的腔调。这跟言语引诗是不同的。言语引诗，随说随引，固然不会是唱，也不会是"诵"，只是读，只是朗读——本文所谓读，兼指朗读、默读而言，朗读该是口语的腔调。现在儿童的读书腔，也许近乎古代的"诵"；而宣读文告的腔调，本于口语，却是朗读，不是"诵"。战国以来，《诗三百》和乐分了家，于是乎不能歌，不能诵，只能朗读和默读；四言诗于是乎只是存在着，不再是生活着。到了汉代，新的音乐又带来了新的诗，乐府诗，汉末便成立了五言诗的体制。这以后诗又和乐分家。五言诗四言诗不一样，分家后却还发展着，生活着。它不但能生活在唱里，并且能生活在读里。诗从此独立了；这是一个大变化。

四言变为五言，固然是跟着音乐发展，这也是语言本身在进展。因为语言本身也在进展，所以诗终于可以脱离音乐而独立，而只生活在读里。但是四言为什么停止进展呢？我想也许四言太呆板了，变化太少了，唱的时候有音乐帮衬，还不大觉得出；只读而不唱，便渐渐觉出它的单调了。不过四言却宜入文，东汉到六朝，四言差不多成了文的基本句式；后来又发展了六言，便成了所谓"四六"的体制。文句本多变化，又可多用虚助词，四言入文，不但不板滞，倒觉得整齐些。这也是语言本身的一种进展。语言本身的进展，靠口说，也靠朗读，而在言文分离象中国秦代以来的情形之下，诗文的进展靠朗读更多——文尤其如此。五言诗脱离音乐独立以后，句子的组织越来越凝练，词语的表现也越来越细密，原因固然很多，朗读是主要的一个。"读"原是"抽绎义蕴"的意思。只有朗读才能玩索每一词每一语每一句的义蕴，同时吟味它们的节奏。默读只是"玩索义蕴"的工作做得好。唱歌只是"吟味节奏"的工作做得好——却往往让义蕴滑了过去。

六朝时佛经"转读"盛行，影响诗文的朗读很大。一面沈约等发见了四声，于是乎朗读转变为吟诵。到了唐代，四声又归纳为平仄，于是乎有律诗。这时候的文也越见铿锵入耳。这些多半是吟诵的作用。律诗和铿锵的骈文，我们可以称为谐调，也是语言本身的一种进展。就诗而论，这种进展是要使诗不经由音乐的途径，而成功另一种"乐语"，就是不唱而谐。目的是达到了，靠了吟诵这个外来的影响。但是这种进展究竟偏畸而不大自然，所以盛唐诸家所作，还是五七言古诗比五七言律诗多据施子愉《唐代科举制度与五言的关系》文中附表统计，文见《东方杂志》四十卷八号。并且这些人作律诗，一面还是因为考试规定用律诗的缘故。后来韩愈也少作律诗，他更主持古文运动，要废骈用散，都是在求自然。那时古文运动已经开了风气；律诗却因可以悦耳娱目，又是应试必需，逐渐昌盛。晚唐人有"吟安一个字，捻断数茎髭"，"二句三年得，一吟双泪流"等诗句，特别见得对五律用力之专。而这种气力全用在"吟"上。律诗自然也可朗读，但它的生命在"吟"，从杜甫起就有"新诗改罢自长吟"的话。到了宋代，古文替代了骈文，诗也跟着散文化。七古七律特别进展；七律有意用不谐平仄的句子，所谓"拗调"。这一切表示重读而不重吟，回向口语的腔调。后世说宋诗以意为主，正是着重读的表现。

这时候，新的音乐又带来了一种新的诗体——词。因为歌唱的缘故，重行严别四声。但在宋亡以后词又不能唱了，只生活在仅辨平仄的"吟"里。后来有时连平仄也多少可以通融了。这又是朗读的影响；词也脱离音乐而独立了。元代跟新音乐并起的新诗体又有曲，直到现在还能唱；四声之外，更辨阴阳。因为未到朗读阶段，"看"起来总还不够分量似的。曲以后的新诗体就是我们现代的"新诗"——白话诗。新诗不出于音乐，不起于民间，跟过去各种诗体全异。过去的诗体都发源于民间乐歌，这却是外来的影响。因为不是根生土长，所以不容易让一般人接受它。新文学运动已经二十六年，白话文一般人已经接受了，但是白话诗怀疑的还是很多。不过从语言本身和诗本体的进展来看，这也是自然的趋势。诗趋向脱离音乐独立，趋向变化而近自然，如上文所论。过去每一诗体都依附音乐而起，然后脱离音乐而存。新诗不依附音乐而已活了二十六年，正所谓自力更生。一面在这二十六年里屡次有人提倡新诗采取民歌徒歌和乐歌的形式，并有人实地试验，特别在抗战以后。但是效果绝不显著。这见得那种简单的音乐已经不能配合我们现代人复杂的情思。现代是个散文的时代，即使是诗，也得调整自己，多少倾向散文化。而这又正是宋以来诗的主要倾向——求自然。再说六朝时外来的影响可以改变向来的传统，终于形成了律诗，直活到民国初年，这回外来的影响还近乎自然些，又何可限量呢？新诗不要唱，不要吟；它的生命在朗读，它得生活在朗读里。我们该从这里努力，才可以加速它的进展。

过去的诗体都是在脱离音乐独立之后才有长足的进展。就是四言诗也如此，象嵇康的四言诗，岂不比《三百篇》复杂而细密得多？五七言古近体的进展，我们看来更是显著；"取材广而命意新"曹学佺《宋诗钞》序中语一句话扼要的指出这种进展的方向。词的分量加重，也在清代常州词派以后；曲没有脱离音乐，进展就慢得多。这就是说，诗到了朗读阶段才能有独立的自由的进展，但是新诗一产生就在朗读阶段里，为甚么现在落在白话文后面老远呢？一来诗的传统力量比文的传统大得多，特别在形式上。新诗起初得从破坏旧形式下手，直到民十四，新形式才渐渐建设起来，但一般人还是怀疑着。而当时诗的兴味也已赶不上散文的兴味浓厚。再说新诗既全然生活在朗读里，而诗又比文更重声调，若能有意的训练朗读，进展也可以快些；可是这种训练直到抗战以后才多起来。不过新诗由破坏形式而建设形式，现在已有相当成绩，正见出朗读的效用。

新诗的语言不是民间的语言，而是欧化的或现代化的语言。因此朗读起来不容易顺口顺耳。固然白话文也有同样情形，但是文的篇幅大，不顺的地方容易掩藏，诗的篇幅小，和谐的朗读更是困难。这种和谐的朗读本非二三十年可以达成。

律诗的孕育经过二百多年；我们的新诗是由旧的人工走向新自然，和律诗方向相反，当然不需那么长的时期，但也只能移步换形，不能希望一蹴而几。有意的朗读训练该可以将期间缩短些，缩得怎样短，得看怎样努力。所谓顺口顺耳，就是现在一般人说的"上口"。"上口"的意义，严格的说，该是"口语里有了的"；现在白话诗文中有好些句式和词汇，特别是新诗中的隐喻，就是在受过中等教育的人的口语里，也还没有，所以便不容易上口。

但照一般的用法，"不上口"好象只是拗口或不顺口，这当然没有明确的分野，不过若以受过现代中等教育的人为标准，出入也许不至于太大。第一意义的"上口"太严格了，按这个意义，白话诗文能够上口的恐怕不多；最重要的，这样限制足以阻碍白话诗文的进展，同时足以阻碍口语的进展。白话诗文和口语该是交互影响着而进展的，所谓"国语的文学——文学的国语"。

第二意义的"上口"，该可用作朗读的标准。这所谓"上口"，就是使我们不致歪曲我们一般的语调。如何算"歪曲"，还待分析的具体的研究，但从这些年的经验里，我们也可以知道大略。例如长到二三十字的句，十余字的读，中间若无短的停顿，便不能上口；国语每十字间总要有个停顿才好。又如国语中常用被动句，现在固然不妨斟酌加一些，但不斟酌而滥用，便觉刺耳。口语和白话文里不常用的译名，不容易上口；诗里最好不用，至少也须不多用——外国文更应该如此。他称代词"它"和"它们"，国语里极少，也当细酌。文言夹在白话里，不容易和谐；除非白话里的确缺少那种表现，或者熟语新用，但总是避免的好。至于新诗里的隐喻常是创造的，上口自然不易。

可是这种隐喻的发展也是诗的生长的主要的成分，所谓"形象化"。

旧日各种诗体里也有这个，不过也许没有新诗里多；而且，那些比较凝定的诗体可以掩藏新创的隐喻，使它得到平衡。所以我们得靠朗读熟悉这种表现，读惯了就可以上口了。其实除了一些句式，所谓不能上口的生硬的语汇，经过相当时间的流转，也许入了口语，或由于朗读，也会上口；这种"不上口"并不是绝对的。——我们所谓朗读，和宣读文告的宣读是一类，要见出每一词语每一句子的分量。这跟说话不同；新诗能够"说"的很少。

现时的诗朗诵运动，似乎用的是第一意义的"上口"的标准，并且用的是一般民众的口语的标准。这固然不失为诗的一体，但要将诗一概朗诵化就很难。文化的进展使我们朗读不全靠耳朵，也兼靠眼睛。这增加了我们的能力。现在的白话诗有许多是读出来不能让人全听懂的，特别是诗。新的词汇、句式和隐喻，以及不熟练的朗读的技术，都可能是原因；但除了这些，还有些复杂精细的表现，原不是一听就能懂的。这种诗文也有它们存在的理由。这种特别是诗，也还需要朗读，但只是读给自己听，读给几个看着原诗的朋友听；这种朗读是为了研究节奏与表现，自然也为了欣赏，受用。谁都可以去朗读并欣赏这种诗，只是这种诗不宜于大庭广众。卞之琳先生的一些诗，冯至先生的一些十四行，就有这种情形。近来读到鸥外鸥先生的一首诗，似乎也可作例。这首诗题为《和平的础石》，写在香港，歌咏的是香港老总督的铜像。现在节钞如下：

金属了的总督
是否怀疑巍巍高耸在亚洲风云下的
休战纪念坊呢？
奠和平的础石于此地吗？
那样想着而不瞑目的总督，
日夕踞坐在花岗石上永久的支着腮，
腮与指之间
生上了铜绿的苔藓了——
……………………………………
手永远支住了腮的总督，
何时可把手放下来呢？
那只金属了的手。

诗行也许太参差些。但"金属了的总督""金属了的手"里的
"金属"这个名词用作动词，便创出了新的词汇，可以注意。
这二语跟第六七行原都是描述事实，但是全诗将那僵冷的铜像
灌上活泼的情思，前二语便见得如何动不了，动不了手，第三
语也便见得如何"永久的支着腮"在"怀疑"。这就都带上了
隐喻的意味。这些都比较生硬而复杂，只可朗读给自己听；要
是教一般人听，恐怕不容易听懂。不过为己的朗读和为人的朗
读却该同时并进，诗才能有独立的圆满的进展。

（三十二年，三十三年）

诗的形式

　　二十多年来写新诗的和谈新诗的都放不下形式的问题，直到现在，新诗的提倡从破坏旧诗词的形式下手。胡适之先生提倡自由诗，主张"自然的音节"。但那时的新诗并不能完全脱离旧诗词的调子，还有些利用小调的音节的。完全用白话调的自然不少，诗行多长短不齐，有时长到二十几个字，又多不押韵。这就很近乎散文了。那时刘半农先生已经提议"增多诗体"，他主张创造与输入双管齐下。不过没有什么人注意。十二年陆志韦先生的《渡河》出版，他试验了许多外国诗体，有相当的成功；有一篇《我的诗的躯壳》，说明他试验的情形。他似乎很注意押韵，但还是觉得长短句最好。那时正在盛行"小诗"——自由诗的极端——他的试验也没有什么人注意。这里得特别提到郭沫若先生，他的诗多押韵，诗行也相当整齐。他的诗影响很大，但似乎只在那泛神论的意境上，而不在形式上。

"自然的音节"近于散文而没有标准——除了比散文句子短些，紧凑些。一般人，不但是反对新诗的人，似乎总愿意诗距离散文远些，有它自己的面目。十四年北平《晨报·诗刊》提倡的格律诗能够风行一时，便是为此。《诗刊》主张努力于"新形式与新音节的发现"《诗刊》弁言，代表人是徐志摩、闻一多两位先生。徐先生试验各种外国诗体，他的才气足以驾驭这些形式，所以成绩斐然。而"无韵体"的运用更能达到自然的地步。这一体可以说已经成立在中国诗里。但新理论的建立得靠闻先生。他在《诗的格律》一文里主张诗要有"建筑的美"；这包括"节的匀称""句的均齐"。要达到这种匀称和均齐，便得讲究格式、音尺、平仄、韵脚等。如他的《死水》诗的两头行：

这是　一沟　绝望的　死水，
清风　吹不起　半点　漪沦。

两行都由三个"二音尺"和一个"三音尺"组成，而安排不同。这便是"句的均齐"的一例。他也试验种种外国诗体，成绩也很好。后来又翻泽白朗宁夫人十四行诗几十首，发表在《新月》杂志上；他给这种形式以"商籁体"的新译名。他是第一个使人注意"商籁"的人。

闻、徐两位先生虽然似乎只是输入外国诗体和外国诗的格律说，可是同时在创造中国新诗体，指示中国诗的新道路。他们主张的格律不象旧诗词的格律这样呆板；他们主张"相体裁衣"，多创格式。那时的诗便多向"匀称""均齐"一路走。但一般似乎只注重诗行的相等的字数而忽略了音尺等，驾驭文字的力量也还不足；因此引起"方块诗"甚至"豆腐干诗"等嘲笑的名字。一方面有些诗行还是太长。这当儿李金发先生等的象征诗兴起了。他们不注重形式而注重词的色彩与声音。他们要充分发挥词的暗示的力量；一面创造新鲜的隐喻，一面参用文言的虚字，使读者不致滑过一个词去。他们是在向精细的地方发展。这种作风表面上似乎回到自由诗，其实不然；可是规律运动却暂时象衰歇了似的。一般的印象好象诗只须"相体裁衣"，讲格律是徒然。

但格律运动实在已经留下了不灭的影响。只看抗战以来的诗，一面虽然趋向散文化，一面却也注意"匀称"和"均齐"，不过并不一定使各行的字数相等罢了。艾青和臧克家两位先生的诗都可作例；前者似乎多注意在"匀称"上，后者却兼注意在"均齐"上。而去年出版的卞之琳先生的《十年诗草》，更使我们知道这些年里诗的格律一直有人在试验着。从陆志韦先生起始，有志试验外国种种诗体的，徐、闻两先生外，还该提到梁宗岱先生，卞先生是第五个人。他试验过的诗体大概不比徐志摩先生少。而因为有前头的人做镜子，他更能融会那些诗体来写自己的诗。第六个人是冯至先生，他的《十四行集》也在去年出版；这集子可以说建立了中国十四行的基础，使得向来怀疑这诗体的人也相信它可以在中国诗里活下去。无韵体和十四行或商籁值得继续发展；别种外国诗体也将融化在中国诗里。这是摹仿，同时是创造，到了头都会变成我们自己的。

无论是试验外国诗体或创造"新格式与新音节"，主要的是在求得适当的"匀称"和"均齐"。自由诗只能作为诗的一体而存在，不能代替"匀称""均齐"的诗体，也不能占到比后者更重要的地位。外国诗如此，中国诗不会是例外。这个为的是让诗和散文距离远些。原来诗和散文的分界，说到底并不显明；象牟雷（Murry）甚至于说这两者并没有根本的区别见《风格问题》一书。不过诗大概总写得比较强烈些；它比散文经济些，一方面却也比散文复沓多些。经济和复沓好象相反，其实相成。复沓是诗的节奏的主要的成分，诗歌起源时就如此，从现在的歌谣和《诗经》的《国风》都可看出。韵脚跟双声叠韵也都是复沓的表现。诗的特性似乎就在回环复沓，所谓兜圈子；说来说去，只说那一点儿。复沓不是为了要说得少，是为了要说得少而强烈些。诗随时代发展，外在的形式的复沓渐减，内在的意义的复沓渐增，于是乎讲求经济的表现——还是为了说得少而强烈些。但外在的和内在的复沓，比例尽管变化，却相依为用，相得益彰。要得到强烈的表现，复沓的形式是有力的帮手。就是写自由诗，诗行也得短些，紧凑些；而且不宜过分参差，跟散文相混。短些，紧凑些，总可以让内在的复沓多些。

　　新诗的初期重在旧形式的破坏，那些白话调都趋向于散文化。陆志韦先生虽然主张用韵，但还觉得长短句最好，也可见当时的风气。其实就中外的诗体包括词曲而论，长短句都不是主要的形式；就一般人的诗感而论，也是如此。现在新诗已经发展到一个程度，使我们感觉到"匀称"和"均齐"还是诗的主要的条件；这些正是外在的复沓的形式。但所谓"匀称"和

"均齐"并不要象旧诗——尤其是律诗——那样凝成定型。写诗只须注意形式上的几个原则，尽可"相体裁衣"，而且必须"相体裁衣"。

归纳各位作家试验的成果，所谓原则也还不外乎"段的匀称"和"行的均齐"两目。段的匀称并不一定要各段形式相同。尽可甲段和丙段相同，乙段和丁段相同；或甲乙丙段依次跟丁戊己段相同。但间隔三段的复沓就是甲乙丙丁段依次跟戊己庚辛段相同便似乎太远或太琐碎些。所谓相同，指的是各段的行数，各行的长短，和韵脚的位置等。行的均齐主要在音节 就是音尺。中国语在文言里似乎以单音节和双音节为主，在白话里似乎以双音节和三音节为主。顾亭林说过，古诗句最长不过十个字；据卞之琳先生的经验，新诗每行也只该到十个字左右，每行最多五个音节。我读过不少新诗，也觉得这是诗行最适当的长度，再长就拗口了。这里得注重轻音字，如"我的"的"的"字，"鸟儿"的"儿"字等。这种字不妨作为半个音，可以调整音节和诗行；行里有轻音字，就不妨多一个两个字的。点号却多少有些相反的作用；行里有点号，不妨少一两个字。这样，各行就不会象刀切的一般齐了。各行音节的数目，当然并不必相同，但得匀称的安排着。一行至少似乎得有两个音节。韵脚的安排有种种式样，但不外连韵和间韵两大类，这里不能详论。此外句中韵内韵，双声叠韵，阴声阳声，开齐合撮四呼等，如能注意，自然更多帮助。这些也不难分辨。一般人难分辨的是平仄声；但平仄声的分别在新诗里并不占什么地位。

新诗的白话，跟白话文的白话一样，并不全合于口语，而且多少趋向欧化或现代化。本来文字也不能全合于口语，不过现在的白话诗文跟口语的距离比一般文字跟口语的距离确是远些；因为我们的国语正在创造中。文字不全合于口语，可以使文字有独立的地位，自己的尊严。现在的白话诗文已经有了这种地位，这种尊严。象征诗的训练，使人不放松每一个词语，帮助增进了这种地位和尊严。但象征诗为要得到幽涩的调子，往往参用文言虚字，现在却似乎不必要了。当然用文言的虚字，还可以得到一些古色古香；写诗的人还可以这样做的。有些诗纯用口语，可以得着活泼亲切的效果；徐志摩先生的无韵体就能做到这地步。自由诗却并不见得更宜于口语。不过短小的自由诗不然。苏联玛耶可夫斯基的一些诗，就是这一类，从译文里也见出那精悍处。田间先生的《中国农村的故事》以至"诗传单"和"街头诗"也有这种意味。因为整个儿短小的诗形便于运用内在的复沓，比较容易成功经济的强烈的表现。

诗韵

　　新诗开始的时候，以解放相号召，一般作者都不去理会那些旧形式。押韵不押韵自然也是自由的。不过押韵的并不少。到现在通盘看起来，似乎新诗押韵的并不比不押韵的少得很多。再说旧诗词曲的形式保存在新诗里的，除少数句调还见于初期新诗里以外，就没有别的，只有韵脚。这值得注意。新诗独独的接受了这一宗遗产，足见中国诗还在需要韵，而且可以说中国诗总在需要韵。原始的中国诗歌也许不押韵，但是自从押了韵以后，就不能完全甩开它似的。韵是有它的存在的理由的。

　　韵是一种复沓，可以帮助情感的强调和意义的集中。至于带音乐性，方便记忆，还是次要的作用。从前往往过分重视这种次要的作用，有时会让音乐淹没了意义，反觉得浮滑而不真切。即如中国读诗重读韵脚，有时也会模糊了全句；近体律绝声调铿锵，更容易如此。幸而一般总是隔句押韵，重读的韵脚不至于句句碰头。句句碰头的象"柏梁体"的七言古诗，逐句押韵，一韵到底，虽然是强调，却不免单调。所以这一体不为人所重。新诗不应该再重读韵脚，但习惯不容易改，相信许多人都还免不了这个毛病。我读老舍先生的《剑北篇》，就因为重读韵脚的原故，失去了许多意味；等听到他自己按着全句的意义朗读，只将韵脚自然的带过去，这才找补了那些意味。——不过这首诗每行押韵，一韵又有许多行，似乎也嫌密些。

有人觉得韵总不免有些浮滑，而且不自然。新诗不再为了悦耳；它重在意义，得采用说话的声调，不必押韵。这也言之成理。不过全是说话的声调也就全是说话，未必是诗。英国约翰·德林瓦特（John Drinkwater）曾在《论读诗》的一张留声机片中说全用说话调读诗，诗便跑了。是的，诗该采用说话的调子，但诗的自然究竟不是说话的自然，它得加减点儿，夸张点儿，像电影里特别镜头一般，它用的是提炼的说话的调子。既是提炼而得自然，押韵也就不至于妨碍这种自然。不过押韵的样式得多多变化，不可太密，不可太板，不可太响。

押韵不可太密，上文已举"柏梁体"为例。就是隔句押韵，有些人还恐怕单调，于是乎有转韵的办法；这用在古诗里，特别是七古里。五古转韵，因为句子短，隔韵近，转韵求变化，道理明白。但七古句子长，韵隔远，为什么转韵的反而多呢？这有特别的理由。原来六朝到唐代七古多用谐调，平仄铿锵，带音乐性已经很多，转韵为的是怕音乐性过多。后来宋人作七古，多用散文化的句调，却怕音乐性过少，便常一韵到底，不换韵。所以韵的作用，归根结底，还是随着意义变的；我们就韵论韵，只是一种方便，得其大概罢了，并没有什么铁律可言。词的句调比较近于说话，变化多，转韵也多。可是词又出于乐歌，带着很多的音乐性，所以一般的看，用韵比较密。它以转韵调剂密韵，显明的例子如《河传》。还有一种平仄通押 如贺铸《水歌调头》"南国本潇洒，六代浸豪奢"一首，见《东 山寓声乐府》也是转韵；变化虽然不及一般转韵的大，却能保存着那一韵到底的一贯的气势，是这一体的长处。曲的句调也近于说话，但以明快为主，并因乐调的配合，都是到底一韵。不过平仄通押是有的。

词的押韵的样式最多，它还有间韵。如温庭筠的《酒泉子》道：

楚女不归，
楼枕小河春水。
月孤明，风又起，
杏花稀。

玉钗斜篸云鬓髻，
裙上镂金凤。
八行书，千里梦，
雁南飞。

（据《词律》卷三）

这里间隔的错综的押着三个韵，很像新诗；而那"稀"和"凤"两韵，简直就是新诗的"章韵"。又如苏轼的《水调歌头》的前半阕道：

> 明月几时有？把酒问青天。
> 不知天上宫阙今夕是何年！
> 我欲乘风归去，
> 又恐琼楼玉宇
> 高处不胜寒。
> 起舞弄清影，何似在人间！

（据任二北先生《词学研究法》，与《词律》异）

这也是间隔着押两个韵。这些都是转韵，不过是新样式罢了。

诗里早有人试过间韵。晚唐章碣有所谓"变体"律诗，平仄各一韵，就是这个：

> 东南路尽吴江畔，
> 正是穷愁暮雨天。
> 鸥鹭不嫌斜两岸，
> 波涛欺得逆风船。
> 偶逢岛寺停帆看，
> 深羡渔翁下钓眠。
> 今古若论英达算，
> 鸱夷高兴固无边。

（《全唐诗》四函一册）

章碣"变体"只存这一首，也不见别人仿作，可见并未发生影响。他的试验是失败了。失败的原因，我想是在太板太密。新诗里常押这种间韵，但是诗行节奏的变化多，行又长，就没有什么毛病了。间韵还可以跨句。如上举《酒泉子》的"起"韵，《水调》的"宇"韵，都不在意义停顿的地方，得跟下面那个不同韵的韵句合成一个意义单位。这是减轻韵脚的重量，增加意义的重量，可以称为跨句韵。这个样式也从诗里来，鲍照是创始的人。如他的《梅花落》诗道：

中庭杂树多，偏为梅咨嗟。问君何独然？念其霜中能作花，霜中能作实。摇荡春风媚春日，念尔零落逐寒风，徒有霜华无霜质！

"实"韵正是跨句韵；但这首诗只是转韵，不是间韵。现在新诗里用间韵很多，用这种跨句韵也不少。

任二北先生在《词学研究法》里论"谐于吟讽之律"，以为押韵"连者密者为谐"。他以为《酒泉子》那样押韵嫌"隔"而不连，《西平乐》后半阕"十六句只三叶韵"，嫌"疏"而不密。他说这些"于歌唱之时，容或成为别调，若于吟讽之间，则皆无取焉"。他虽只论词，但喜欢连韵和密韵，却代表着传统的一般的意见。我们一向以高响的说话和歌唱为"好听"见王了一先生《什么话好听》一文，《国文月刊》，所以才有这个意见。但是现在的生活和外国的影响磨锐了我们的感觉；我们尤其知道诗重在意义，不只为了悦耳。那首《酒泉子》的韵倒显得新鲜而不平凡，那《西平乐》一调的疏韵也别有一种

"谐"处。《词律拾遗》卷六收吴文英的《西平乐》一首，后半阕十六句中有十三个四字短句。这种句式的整齐复沓也是一种"谐"，可以减少韵的负担。所以"十六句三叶韵"并不为少。

这种疏韵除利用句式的整齐复沓外，还可与句中韵（内韵）和双声叠韵等合作，得到新鲜的和谐。疏韵和间韵都有点儿"哑"，但在哑的严肃里，意义显出了重量。新诗逐行押韵的比较少，大概总是隔行押韵或押间韵。新诗行长，这就见得韵隔远，押韵疏了。间韵能够互相调谐，从十四行体的流行可知；隔行押韵，也许加点儿花样更和谐些。新诗这样减轻了韵脚的分量，只是我们有时还不免重读韵脚的老脾气。这得靠朗读运动来矫正。新诗对于韵的态度，是现代生活和外国诗的影响，前已提及。但这新种子，如本篇所叙，也曾在我们的泥土里滋长过，只不算欣欣向荣罢了。所以这究竟也是自然的发展。

作旧诗词曲讲究选韵。这就是按着意义选押合宜的韵——指韵部，不指韵脚。周济《宋四家词选》叙论中说到各韵部的音色，就是为的选韵。他道：

"东""真"韵宽平，"支""先"韵细腻，"鱼""歌"韵缠绵，"萧""尤"韵感慨，各具声响，莫草草乱用。

这只是大概的说法，有时很得用，但不可拘执不化。因为组成意义的分子很多，韵只居其一，不可给予太多的分量。韵部的音色固然可以帮助意义的表现，韵部的通押也有这种作用，而后者还容易运用些。作新诗不宜全押本韵，全押本韵嫌太谐太响。参用通押，可以哑些，所谓"不谐之谐"现代音乐里也参用不谐的乐句，正同一理；而且通押时供选择的韵字也增多。不过现在的新诗作者，押韵并不查诗韵，只以自己的蓝青官话为据，又常平仄通押，倒是不谐而谐的多。不过"谐韵"也用得着。这里得提到教育部制定的《中华新韵》。这是一部标准的国音韵书，里面注明通韵；要谐，押本韵，要不谐，押通韵。有本韵书查查，比自己想韵方便得多。作方言诗自然可用方音押韵，也很新鲜别致的。新诗又常用"多字韵"或带轻音字的韵，有一种轻快利落的意味；这也在减少韵脚的重量。胡适之先生的"了字韵"创始于新诗的"多字韵"，但他似乎用得太多。

现在举卞之琳先生《傍晚》这首短诗，显示一些不平常的押韵的样式。

倚着西山的夕阳

和呆立着的庙墙

对望着：想要说什么呢？

又怎么不说呢？

驮着老汉的瘦驴

匆忙的赶回家去，

忐忐的，足蹄鼓着道儿——

枯涩的调儿！

半空里哇的一声

一只乌鸦从树顶

飞起来，可是没有话了，
依旧息下了。

　　按《中华新韵》，这首诗用的全是本韵。但"驴"与"去"，
"声"与"顶"是平仄通押；"阳""墙""驴""顶"都是跨句韵，
"么呢""说呢"，"道儿""调儿"，"话了""下了"，都是"多
字韵"。而"去"与"下"是轻音字，和非轻音字相押，为的
顺应全诗的说话调。轻音字通常只作"多字韵"的韵尾，不宜
与非轻音字押韵；但在要求轻快流利的说话的效用时，也不妨
有例外。

诗多义举例

　　了解诗不是件容易事，俞平伯先生在《诗的神秘》①一文中说得很透彻的。他所举的"声音训诂""大义微言""名物典章"，果然都是难关；我们现在还想加上一项，就是"平仄黏应"，这在近体诗很重要而懂得的人似乎越来越少了。不过这些难关，全由于我们知识不足；大家努力的结果，知识在渐渐增多，难关也可渐渐减少——不过有些是永远不能渡过的，我们也知道。所谓努力，只是多读书，多思想。

　　就一首首的诗说，我们得多吟诵，细分析；有人想，一分析，诗便没有了，其实不然。单说一首诗"好"，是不够的，人家要问怎么个好法，便非先做分析的工夫不成，譬如《关

　　① 《杂拌儿之二》。

雎》诗罢，你可以引《毛传》，说以雎鸠的"挚而有别"来比后妃之德，道理好。毛公原只是"章句之学"，并不想到好不好上去，可是他的方法是分析的，不管他的分析的结果切合原诗与否。又如金圣叹评杜甫《阁夜》诗①说前四句写"夜"，后四句写"阁"，"悲在夜"，"愤在阁"，不管说的怎么破碎，他的方法也是分析的。从毛公《诗传》出来的诗论，可称为比兴派；金圣叹式的诗论，起源于南宋时，可称为评点派。现在看，这两派似乎都将诗分析得没有了，然而一向他们很有势力，很能起信，比兴派尤然；就因为说得出个所以然，就因为分析的方法少不了。

语言作用有思想的、感情的两方面：如说"他病了"，直叙事实，别无涵义，照字面解就够，所谓"声音训诂"，属于前者。但如说"他病得九死一生"，"九死一生"便不能照字直解，只是"病得很重"的意思，却带着强力的情感，所谓"大义微言"，属于后者②。诗这一种特殊的语言，感情的作用多过思想的作用。单说思想的作用或称文义吧，诗体简短，拐弯儿说话，破句子，有的是，也就够捉摸的；加上情感的作用，比喻，典故，变幻不穷，更是绕手。

还只有凭自己知识力量，从分析下手。可不要死心眼儿，想着每字每句每篇只有一个正解；固然有许多诗是如此，但是有些却并不如此。不但诗，平常说话里双关的也尽有。我想起个有趣的例子。前年燕京大学抗日会在北平开过一爿金利

---

① 《唱经堂诗解》。
② 参看李安宅编《意义学》中论"意义之意义"一节。

书庄,是顾颉刚先生起的字号。他告诉我"金利"有四个意思:第一,不用说是财旺;第二,金属西,中国在日本西,是说中国利;第三,用《易经》"二人同心,其利断金"的话;第四,用《左传》"磨厉以须"的话,都指对付日本说。又譬如我本名"自华",家里给我起个号叫"实秋",一面是"春华秋实"的意思,一面也因算命的说我五行缺火,所以取个半边"火"的"秋"字。这都是多义。

回到诗,且先举个小例子。宋黄彻《䂬溪诗话》里论"作诗有用事_{典故}出处,有造语_{句法}出处",如杜甫《秋兴》诗之三"五陵衣马自轻肥",虽出《论语》,总合其语,乃范云①"裘马悉轻肥"。《论语·雍也》篇"乘肥马,衣轻裘",指公西赤的"富"而言;范云句见于《赠张徐州谡》诗,却指的张徐州的贵盛,与原义小异。杜甫似乎不但受他句法影响;他这首诗上句云,"同学少年多不贱",原来他用"衣马轻肥"也是形容贵盛的。改"裘""马"为"衣""马",却是他有意求变化。至于这两句诗的用意,看来是以同学少年的得意反衬出自己的迂拙来。仇兆鳌《杜诗详注》说,"曰'自轻肥',见非己所关心"②。多义中有时原可分主从,仇兆鳌这一解照上下文看,该算是从意。至于前例,主意自然是"财旺",因为谁见了那个字号,第一想到的总该是"财旺"。

多义也并非有义必收:搜寻不妨广,取舍却须严;不然,就容易犯我们历来解诗诸家"断章取义"的毛病。断章取义是

---

① 原作"潘岳",误。
② 钱谦益《笺注》:"旋观'同学少年'、'五陵衣马',亦'渔人'、'燕子'(均见原诗)之俦侣耳,故以'自轻肥'薄之。"

不顾上下文，不顾全篇，只就一章、一句甚至一字推想开去，往往支离破碎，不可究诘。我们广求多义，却全以"切合"为准；必须亲切，必须贯通上下文或全篇的才算数。从前笺注家引书以初见为主，但也有一个典故引几种出处以资广证的。不过他们只举其事，不述其义；而所举既多简略，又未必切合，所以用处不大。去年暑假，读英国 Empson 的《多义七式》（*Seven Types of Ambiguity*），觉着他的分析法很好，可以试用于中国旧诗。现在先选四首脍炙人口的诗作例子；至于分别程式，还得等待高明的人。

一、古诗一首

行行重行行，与君生别离。相去万余里，各在天一涯。道路阻且长，会面安可知。胡马依北风，越鸟巢南枝。相去日已远，衣带日已缓。浮云蔽白日，游子不顾反。思君令人老，岁月忽已晚。弃捐勿复道，努力加餐饭。

胡马依北风，越鸟巢南枝。

一、《文选》李善注引《韩诗外传》曰："诗曰'代马依北风，飞鸟栖故巢'，皆不忘本之谓也。"

二、徐中舒《古诗十九首考》[①]："《盐铁论·未通》篇：'故代马依北风，飞鸟翔故巢，莫不哀其生。'"

①《国立中山大学语言历史研究所周刊》六十五期。

三、又："《吴越春秋》：'胡马依北风而立，越燕望海日而熙，同类相亲之意也。'"

四、张庚《古诗十九首解》："一以紧承上'各在天一涯'，言北者自北，南者自南，永无相见之期。"

五、又："二以依北者北，巢南者南，凡物各有所托，遥伏下思君云云，见己之身心，惟君子是托也。"

六、又："三以依北者不思南，巢南者不思北，凡物皆恋故土，见游子当返，以起下'相去日已远'云云。"

照近年来的讨论，《古诗十九首》作于汉末之说比较可信些，那么便在《吴越春秋》之后了。前三义都可采取。比喻的好处就在弹性大；像这种典故，因经过多人引用，每人略加变化，更是涵义多。——但这个典故的涵义，当时已然饱和，所以后人用时得大大改样子：像陶渊明《归园田居》里的"羁鸟恋旧林，池鱼思故渊"，以"返自然"的意思为主，面目就不同。陶以后大概很少人用这种句法了。——本诗中用这个典故，也有点新变化，便是属对工整。（六）的"恋故土"，原也是"不忘本"的一种表现。但下文所说，确定本诗是居者之辞，这一层以后还须讨论。（四）（五）以胡马越鸟表分居南北之意。但照（一）（二）（三）看，这两件事原以比喻一个理；所以要用两件事，为的是分量重些，骈语的气势也好些，诸子中便常有这种句法。（四）（五）两说，违背古来语例，不足取。

相去日已远，衣带日已缓。

一、《古乐府歌诗》①："……胡地多飙风，树木何修修。离家口趋远，衣带日趋缓。心思不能言，肠中车轮转。"

二、张《解》："'相去日已远'以下言久也。……'远'字若作'远近'之'远'，与上文'相去万余里'复矣。惟相去久，故思亦久，以致衣带缓。带缓伏下'加餐'。"

《古乐府歌诗》不知在本诗前后；若在前，"离家"二句也许是"相去"二句所从出。那么从"胡地"句一直看下去，本诗是行者之辞了。但因下文"思君令人老"二句，又觉得不必然，详后。"相去"句若从"离家"句出来，"远"字自然该指"远近"；可是张解也颇切合，"远"字也许是双关，与下文"岁月忽已晚"句呼应。不过主意还该是"远近"罢了。至于与"相去万余里"重复，却毫不足为病。复沓原是古诗技巧之一；而此处更端另起，在文义和句法上复沓一下，也可以与上文扣得紧些。"带缓伏下'加餐'"，容后再论。

浮云蔽白日，游子不顾反。

一、《文选》李善注："浮云之蔽白日，以喻邪佞之毁忠良，故游子之行，不顾反也。《古杨柳行》曰：'谗邪害公正，浮云蔽白日。'义与此同也。"

二、刘履《选诗补注》："游子所以不复顾念还返

---

① 《太平御览》卷二十五。

者，第以阴邪之臣上蔽于君，使贤路不通，犹浮云之蔽白日也。”

三、朱笥河《古诗十九首说》（徐昆笔述）：“浮云二句，忠厚之极。‘不顾返’者，本是游子薄幸，不肯直言，却托诸浮云蔽日。言我思子而不思归，定有谗人间之，不然，胡不返耶？”

四、张《解》：“此臣不得于君而寓言于远别离也。……白日比游子，浮云比谗间之人。……见游子之心本如白日，其不思返者，为谗人间之耳。”

四说都以“浮云蔽日”为比喻，所据的是《古杨柳行》，今已佚。而（一）（二）以本诗为行者逐臣之辞，（三）（四）却以为居者弃妻之辞。浮云蔽日是比而不是赋，大约可以相信。与古诗时代相去不久的阮籍《咏怀》诗中有云：“单帷蔽皎日，高树隔微声。谗邪使交疏，浮云令昼暝。”徐中舒先生《古诗考》里说也是用的《古杨柳行》的意思，可见《古杨柳行》不是一首生僻的乐府，本诗引用其语，是可能的。固然，我们还没有确证，说这首乐府的时代比本诗早；不过就句意说，乐府显而本诗晦。自然以晦出于显为合理些。解为逐臣之辞，在本诗也可贯通；但古诗别首似乎就没有用“比兴”的，因此此解还不一定切合。——《涉江采芙蓉》一首全用《楚辞》①，也许有点逐臣的意思，但那是有意隐括，又当别论。解为弃妻之辞，因“思君令人老”一句的关系，可得《冉冉孤生

---

① 此俞平伯先生说。

竹》一首作旁证，又"游子"句与《青青河畔草》的"荡子行不归"相仿佛，也可参考，似乎理长些。那么，"浮云蔽日"所比喻的，也将因全诗解法不同而异。

　　思君令人老，岁月忽已晚。
　　一、《古诗》之八《冉冉孤生竹》有云："思君令人老，轩车来何迟。……君亮执高节，贱妾亦何为。"张《解》："身固未尝老，思君致然，用《诗》所谓'维忧用老'也。"
　　二、朱《说》："'思君令人老'，又不止于衣带缓矣。'岁月忽已晚'，老期将至，可堪多少别离耶！"
　　三、张《解》："思君二句承衣带缓来；己之憔悴，有似于老，而实非衰残，只因思君使然。然屈指从前岁月，亦不可不云晚矣。"

《冉冉孤生竹》明是弃妇之辞，其中"思君令人老"一句，可以与本诗参证。"维忧用老"是《小雅·小弁》诗语。《小弁》诗的意思还不能确说，朱熹以为是周幽王太子宜臼被逐而作；那么与本诗"逐臣"一解，便有关联之处。但《冉冉孤生竹》里"思君"一句，虽用此语直接或间接，却只是断章取义；本诗用它或许也是这样。想以此证本诗为逐臣之辞，是不够的。"岁月晚"，（二）（三）都解为久，与上文"相去日已远""思君令人老"呼应，原也切合；但主意怕还近于《东城高且长》中"岁暮一何速"一句。杜甫《送远》诗有"草木岁月晚"语，仇兆鳌注正引本诗，可供旁参。

弃捐勿复道，努力加餐饭。

一、朱《说》："日月易迈，而甘心别离，是君之弃捐我也。'勿复道'是决词，是狠语……下却转一语曰：'努力加餐饭'，恩爱之至，有加无已，真得《三百篇》遗意。"

二、张《解》："弃捐二句……言相思无益，徒令人老，曷若弃捐勿道，且'努力加餐'，庶几留得颜色，以冀他日会面也。"

俞平伯先生以陆士衡拟作中"去去遗情累"，及他诗中类似的句子证明弃捐句当从张解。这是主动、被动的分别，是个文法习惯问题。至于"努力加餐饭"，张以为就是那衣带缓的弃妇张以为比喻逐臣，却不是的。蔡邕（？）《饮马长城窟行》末云："长跪读素书，书中竟何如？上有'加餐食'，下有'长相忆'。"可见"加餐食"是勉人的话——直到现在，我们写信偶然还用。《史记·外戚世家》："〔卫〕子夫上车，平阳主拊其背曰：'行矣，强饭，勉之；即贵毋相忘。'""强饭"与"加餐食"同意。——解作自叙，是不切合的。

二、陶渊明饮酒一首

结庐在人境，而无车马喧。问君何能尔，心远地自偏。采菊东篱下，悠然见南山。山气日夕佳，飞鸟相与还。此中有真意，欲辨已忘言。

结庐在人境，而无车马喧。问君何能尔，心远地自偏。

王康琚《反招隐》诗云："小隐隐陵薮，大隐隐朝市；伯夷窜首阳，老聃伏柱史。"渊明之隐，在此二者之外另成一新境界。但《庄子·让王》："中山公子牟谓瞻子曰：'身在江海之上，心居乎魏阙之下，奈何！'"渊明或许反用其意，也未可知。后来谢灵运《斋中读书》诗云："昔余游京华，未尝废丘壑。矧乃归山川，心迹双寂寞。"迹寄京华，心存丘壑，反用《庄子》语意，可为旁证。但陶咏的是境因心远而不喧，与谢的迹喧心寂还相差一间。

采菊东篱下。

吴淇《选诗定论》说："采菊二句，俱偶尔之兴味。东篱有菊，偶尔采之，非必供下文佐饮之需。"这大概是古今之通解。渊明为什么爱菊呢？让他自己说："芳菊开林耀，青松冠岩列；怀此贞秀姿，卓为霜下杰。"《和郭主簿》之二我们看钟会的《菊赋》："故夫菊有五美焉：……冒霜吐颖，象劲直也。……"可见渊明是有所本的。但钟会还有"流中轻体，神仙食也"一句，菊花是可以吃的。渊明自己便吃，《饮酒》之七云："秋菊有佳色，裛露掇其英；泛此忘忧物，远我遗世情。"可见是一面赏玩，一面也便放在酒里喝下去。这也有来历，"泛流英于青（？）醴，似浮萍之随波"。见于潘尼《秋菊赋》。喝菊花酒也许还有一定的日子。渊明《九日闲居》诗序："秋菊盈园而持醪靡由，空服九华。"诗里也说："酒能祛百虑，菊解制颓龄。……尘爵耻虚罍，寒花徒自荣。"似乎只吃花而没喝酒，很是一桩缺憾。这个风俗也早有了。魏文帝《九日与钟繇书》里说："至于芳菊，纷然独荣。非夫含乾坤之纯和，体芬芳之淑气，孰能如此。故屈平悲冉冉之将老，思'餐秋菊之落英'。辅体延年，莫斯之贵。谨奉一束，以助彭祖之术。"再早的崔寔《四民月令·九月》也记着"九日可采菊花"的话。照这些情形看，本诗的"采菊"，也许就在九日，也许是"供佐饮之需"；这种看法，在今人眼里虽然有些杀风景，但是很可能的。九日喝菊花酒，在古人或许也是件雅事呢。

此中有真意，欲辩已忘言。

一、《文选》李善《注》："《楚辞》曰：'狐死必首丘，夫人孰能反其真情？'王逸《注》曰：'真，本心也。'"

二、又："《庄子》曰：'言者，所以在意也，得意而忘言。'"

三、古直《陶靖节诗笺》："《庄子·齐物论》：'辩也者，有不辩也。''大辩不言。'"

渊明《始作镇军参军经曲阿作》云："目倦川涂异，心念山泽居。望云惭高鸟，临水愧游鱼。真想初在襟，谁谓形迹拘。聊且凭化迁，终返班生庐。""真意"就是"真想"；而"真"固是"本心"，也是"自然"。《庄子·渔父》："礼者，世俗之所为也。真者，所以受于天也，自然不可易也。故圣人法天贵真，不拘于俗。愚者反此，不能法天而恤于人，不知贵真，禄禄而受变于俗，故不足。"渊明所谓"真"，当不外乎此。

三、杜甫秋兴一首

昆明池水汉时功，武帝旌旗在眼中。织女机丝虚夜月，石鲸鳞甲动秋风。波漂菰米沉云黑，露冷莲房坠粉红。关塞极天唯鸟道，江湖满地一渔翁。

《秋兴》

一、钱谦益《笺注》："殷仲文 [《南州桓公九井作》] 诗云：'独有清秋日，能使高兴尽。'"

二、又："潘岳《秋兴赋》序云：'于时秋也，遂以名篇。'"

三、仇兆鳌《注》："黄鹤、单复俱编在 [代宗] 大历元年……[时] 在夔州。"

（一）、（二）都只说明诗题的来历，杜所取的当只是"秋兴"的文义而已。

昆明池水汉时功，武帝旌旗在眼中。

一、钱《笺》："《西京杂记》：'昆明池中有戈船楼船各数百艘。楼铅上建楼橹，戈船上建戈矛，四角悉垂幡旄，旍葆麾盖，照灼涯涘。余少时犹忆见之。'"

二、钱《笺》："旧笺谓借汉武以喻玄宗，指 [《兵车行》]'武皇开边'为证。玄宗虽兴兵南诏，未尝如武帝穿昆明以习战，安得有‘旌旗在眼’之语？……今谓‘昆明’一章紧承上章‘秦中自古帝王州’一句而申言之。”“汉朝形胜莫壮于昆明，故追隆古则特举‘昆明’，曰‘汉时’，曰‘武帝’，正克指‘自古帝王’也。此章盖感叹遗迹，企想其妍丽，而自伤远不得见。”

三、仇《注》：“此云‘旌旗在眼’，是借汉言唐。若远谈汉事，岂可云‘在眼中’乎？公《寄岳州贾司马》诗：‘无复云台仗，虚修水战船。’则知明皇曾置船于此矣。”

玄宗既无修水战船之事，《寄岳州贾司马》诗“虚修”一语，只是“未修”之意。仇以此注本诗，却又以本诗注《寄贾司马》诗，明是丐词。《兵车行》“武皇开边”一语，上下文都咏时事，确是借喻，与本诗不同。钱义自长，但说本诗紧承上章，却未免太看重连章体了，中国诗连章体，除近人所作外，就没有真正意脉贯通的；解者往往以己意穿凿，与“断章取义”同为论诗之病。其实若只用“秦中”句做本诗注脚，倒是颇切合的。又仇论“在眼中”一语，也太死，不合实际情形。

织女机丝虚夜月，石鲸鳞甲动秋风。
一、钱《笺》：“《汉宫阙疏》：‘昆明池有二石人牵牛织女象。’《西京杂记》：‘昆明池刻玉石为鱼，每至雷雨，鱼常鸣吼，鳍尾皆动。’”
二、杨慎《升庵诗话》：“隋任希古《昆明池应制诗》曰：‘回眺牵牛渚，激赏镂鲸川。’便见太平宴乐气象。今一变云‘织女……秋风’，读之则荒烟野草之悲见于言外矣。”

三、钱《笺》："［杨］亦强作解事耳，叙昆明之胜者，莫如孟坚（《西都赋》）、平子（《西京赋》）。一则曰：'集乎豫章之馆，临乎昆明之池，左牵牛而右织女，若云汉之无涯。'一则曰：'豫章珍馆，揭焉中峙，牵牛立其左，织女处其右，日月于是乎出入，象扶桑与濛汜。'此用修（慎）所夸盛世之文也。余谓班、张以汉人叙汉事，铺陈名胜，故有云汉日月之言，公以唐人叙汉事，摩挲陈迹，故有机丝夜月之词，此立言之体也。何谓彼颂繁华而此伤丧乱乎。"

四、仇《注》："织女二句记池景之壮丽。"

"丧乱"指长安经安史之乱而言。钱说引了班、张赋语，杜的"摩挲陈迹"，才确实觉得有意义。但"夜月""秋风"等固然是实写秋意，确也令人有"荒烟野草之悲"。专取钱说，不顾杜甫作诗之时，未免有所失；不如以秋意为主，而以钱、杨二义从之。至于仇说的"壮丽"，却毫无本句及上下文的根据。

波漂菰米沉云黑，露冷莲房坠粉红。

一、钱《笺》："《西京赋》：'昆明灵沼，黑水玄阯。'［李］善曰：'水色黑，故曰玄阯也。'"

二、仇《注》："鲍照（《苦雨》）诗：'沉云日夕昏。'"

三、仇《注》："王褒（《送刘中书葬》）诗：'塞近边云黑。'"

四、钱《笺》："赵［次公］《注》曰：'言菰米之多，黯黯如云之黑也。'"

五、钱《笺》："昌黎《曲江荷花行》云：'问言何处芙蓉多，撑舟昆明渡云锦。'注云：'昆明池周回四十里，芙蓉之盛，如云锦也。'"

六、《升庵诗话》："《西京杂记》云：'太液池中有雕菰，紫箨绿节，凫雏雁子，唼喋其间。'《三辅黄图》云：'宫人泛舟采莲，为巴人棹歌'，便见人物游嬉，宫沼富贵。今一变云，'波漂……粉红'，读之则菰米不收而任其沉，莲房不采而任其坠，兵戈乱离之状具见矣。"

七、钱《笺》："菰米莲房，补班、张铺叙所未见。'沉云'、'坠粉'，描画索秋景物，居然金碧粉本。昆池水黑……菰米沉沉，象池水之玄黑，极言其繁殖也。用修言……不已倍乎！"

八、仇《注》："菰米莲房，逢秋零落，故以兴己之漂流衰谢耳。"

钱解上句，合李、赵为一，正是所谓多义，但赵义自是主；鲍、王诗也当参味。杨引《西京杂记》《三辅黄图》语，全与昆明无涉，所说"一变"，自不足信。但"漂""沉""黑""露冷""坠粉红"等状，虽不见"兵戈乱离"，却也够荒凉寂寞的。这自然也是以写秋意为主，但与《哀江头》里的"细柳新蒲为谁绿"，有仿佛的味道。仇说"菰米莲房，逢秋零落"，诗中只说莲房零落，菰米却盛。他又说杜"以兴己之漂流衰谢"，照上下文看，诗还只说到长安，隔着夔州还"关塞极天"，如何能"兴"到他自己身上去！

关塞极天唯鸟道，江湖满地一渔翁。

一、《史记·货殖列传》："范蠡……乃乘扁舟，浮于江湖。"

二、陶渊明《与殷晋安别》诗："江湖多贱贫。"

三、仇《注》："陈泽州注：'"江"即"江间破浪"（见《秋兴》第一首），带言"湖"者，地势接近，将赴荆南也。'"

四、浦起龙《读杜心解》："'江湖满地'，犹言漂流处处也。"

五、仇《注》："傅玄［《墙上难为趋行》］诗：'渭滨渔钓翁，乃为周所咨'。"

六、钱《笺》："二句正写所思之况：'关塞极天'，岂非风烟万里（见原第六首），'满地一渔翁'，即信宿泛泛之渔人（见原第三首）耳，上下俯仰，亦'在眼中'。谓公自指'一渔翁'则陋。"

七、仇《注》："陈泽州注：'公诗"天入沧浪一钓舟"、"独把钓竿终远去"，皆以渔翁自比。'"

八、仇《注》："身阻鸟道而迹比渔翁，以见还京无期，不复睹王居之盛也。"

九、杨伦《杜诗镜铨》："'极天'、'满地'，乃俯仰兴怀之意。"

陈解"江湖"太破碎，当兼用陶诗《史记》义；但他证明"渔翁"乃甫自指，却切实可信。钱说"渔翁"就是原第三首的"渔人"，空泛无据。傅玄诗意，或者带一点儿。钱、仇读下句，似乎都在"湖"字一顿，与上句上四下三不同；但这一联还在对偶，照浦《解》"满地"属上读更自然。"满地"即满处走之意，属上属下原都成，也是个文法问题；但属上读，声调整齐些，属下读，声调有变化些。杨伦语也不切，但"俯仰兴怀"关合天地却好。至于仇说"不复睹王居之盛"，和钱说"感叹遗迹，企想其妍丽，而自伤远不得见"，倒是大致相同；不过照上面所讨论，我想说，"不复睹王居"，"感叹遗迹，而自伤远不得见"，怕要切合些；而这两层也得合在一起说才好。

四、黄鲁直登快阁一首

痴儿了却公家事，快阁东西倚晚晴。落木千山天远大，澄江一道月分明。朱弦已为佳人绝，青眼聊因美酒横。万里归船弄长笛，此心吾与白鸥盟。

快阁

一、史容《山谷外集注》："快阁在太和。"

二、高步瀛《唐宋诗举要》："清《一统志》：'江西吉安府：快阁在太和县治东澄江之上，以江山广远，景物清华，故名。'"

三、《年谱》列此诗于神宗元丰六年（西元一〇八三）下，时鲁直知吉州太和县。

痴儿了却公家事，快阁东西倚晚晴。

《晋书·傅咸传》："［杨］骏弟济素与咸善，与咸书曰：'江海之流混混，故能成其深广也。天下大器，非可稍了，而相观每事欲了。生子痴，了官事，官事未易了也；了事正作痴，复为快耳。'"这是劝咸"官事"不必察察为明，麻糊点办得了，装点儿傻自己也痛快的。这两句单从文义上看，只是说麻麻糊糊办完了公事，上快阁看晚晴去，但鲁直用"生子痴，了官事"一典，却有四个意思：一是自嘲，自己本不能了公事；二是自许，也想大量些，学那江海之流，成其深广，不愿沾滞在了公事上；三是自放，不愿了公事，想回家与"白鸥"同处；四是自快，了公事而登快阁，更觉出"阁"之为"快"了。

落木千山天远大，澄江一道月分明。

一、杜甫《登高》诗："无边落木萧萧下"。

二、李白《金陵城西楼月下吟》："金陵夜寂凉风发，独上高楼望吴越。……月下沉吟久不归，古今相接眼中稀。解道'澄江净如练'，令人长忆谢玄晖。"

三、周季凤《山谷先生别传》："木落江澄，本根独在，有颜子克复之功。"

"澄江"变为江名，怕是后来的事。不引谢朓而引李白，一则因李咏月下景，与下句合，二则"古今"句咏知音难得，就是下文"朱弦"一联之主意，鲁直大概也是"独上"，与李不无同感。知道李白这首诗，本联与下一联之间才有脉络可寻，不然，前后两截，就觉着松懈些。周说是从这两句也可以见出鲁直胸襟远大，分明有仁者气象，诗有时确是可以观人的；不过一定说"有颜子克复之功"，便不免理学套语。

朱弦已为佳人绝，青眼聊因美酒横。

一、《礼记·乐记》："清庙之瑟，朱弦而疏越（瑟底孔），一唱而三叹，有遗音者矣。"

二、《吕氏春秋·本味》篇："伯牙鼓琴，钟子期听之。方鼓琴而志在太山，钟子期曰：'善哉乎鼓琴，巍巍乎若太山。'少选之间而志在流水，钟子期又曰：'善哉乎鼓琴，汤汤乎若流水。'钟子期死，伯牙破琴绝弦，终身不复鼓琴，以为世无足复为鼓琴者。"

三、史《注》："用钟期、伯牙事，不知谓谁。"

四、汉武帝《秋风辞》："怀佳人兮不能忘。"《文选》六臣注："佳人，谓群臣也。"

五、赵彦博《今体诗钞注略》："按公《怀李德素》诗：'古来绝朱弦，盖为知音者。'"

六、纪昀《瀛奎律髓刊误》："此佳人乃指知音之人，非妇人也。"

七、《唐宋诗举要》："《晋书·阮籍传》曰：'籍又能为青白眼。嵇喜来吊，籍作白眼，喜不怿而退。喜弟康闻之，乃赍酒挟琴造焉。籍大悦，乃见青眼。'"

上句用子期、伯牙故事，自然是主意；但"朱弦"影带"一唱三叹有遗音"之意，兼示伯牙琴音之妙，关合这故事的前一半。史说"不知谓谁"，是以为"佳人"实有所指；而这

个人或已死，或远离，都可能的。但鲁直也许断章取义，只用
"世无足复为鼓琴者"一语，以示钟期已往，世无知音；所谓
"佳人"，便指的钟期自己。这么着，他似乎是说，琴弦已为
钟期而绝，今世哪里会有知音呢？青眼的故事与琴和酒都有关
合处；鲁直也许是说嵇康的《广陵散》已绝①，世无可加"青眼"
之人，"青眼"只好加到美酒上罢了。这两句也许是登临时遐
想，也许还带着记事，就是"且喝酒"之意。

> 万里归船弄长笛，此心吾与白鸥盟。
>
> 一、马融《长笛赋》："可以……写神喻意……溉盥污
> 秽，澡雪垢滓矣。"
>
> 二、伏滔《长笛赋》："……近可以写情畅神……穷足
> 以怡志保身。"
>
> 三、《列子·黄帝》篇："海上之人有好鸥鸟者，每旦
> 之海上，从鸥鸟游。鸥鸟之至者，百住（音数）而不止，
> 其父曰：'吾闻鸥鸟皆从汝游，汝取来吾玩之。'明日之
> 海上，鸥鸟舞而不下也。故曰，至言去言，至为无为；齐
> 智之所知，则浅矣。"
>
> 四、夏竦《题睢阳》诗："忘机不管人知否，自有沙
> 鸥信此心。"

鲁直是洪州分宁县人，去太和甚近，而说"万里归船"，

---

① 《晋书·嵇康传》："康将刑东市……顾视日影，索琴弹之，曰：'昔袁孝
尼尝从吾学《广陵散》，吾每靳固之；《广陵散》于今绝矣。'"

不免肤廓；此当是杜甫影响，因为甫喜欢用"百年""万里"等大字眼，但他用得合式。两句以思归隐结，本是熟套。"弄长笛"似乎节取马、伏两赋义，与归船相连，却算新意思；"白鸥盟"之"盟"，也似乎未经人道。"此心"即"心"，"此"字别无涵义；心与鸥盟，即慕"无为"，思"忘机"，轻"齐智"庸俗之人，鄙官事之意，与全篇都有照应。

（《中学生》杂志）

诗的语言

一、诗是语言

普通人多以为诗是特别的东西，诗人也是特别的人。于是总觉得诗是难懂的，对它采取干脆不理的态度，这实在是诗的一种损失。其实，诗不过是一种语言，精粹的语言。

（一）诗先是口语　最初诗是口头的，初民的歌谣即是诗，口诗的歌谣，是远在记录的诗之先的，现在的歌谣还是诗。今举对唱的山歌为例："你的山歌没得我的山歌多。我的山歌几箩筐。箩筐底下几个洞，唱的没有漏的多。""你的山歌没得我的山歌多。我的山歌牛毛多。唱了三年三个月，还没唱完牛耳朵。"

两边对唱，此歇彼继，有挑战的意味，第一句多重复，这是诗；不过是较原始的形式。

（二）诗是语言的精粹　诗是比较精粹的语言，但并不是诗人的私语，而是一般人都可以了解的。如李白《夜思》：

床前明月光，疑是地上霜。举头望明月，低头思故乡。

这四句诗很易懂。而且千年后仍能引起我们的共鸣。因为所写的是"人"的情感，用的是公众的语言，而不是私人的私语。孩子们的话有时很有诗味，如：

院子里的树叶已经巴掌一样大了，爸爸什么时候回来呢！

这也见出诗的语言并非诗人的私语。

二、诗与文的分界

（一）形式不足尽凭　从表面看，似乎诗要押韵，有一定形式。但这并不一定是诗的特色。散文中有时有诗。诗中有时也有散文。

前者如：

历览前贤国与家，成由勤俭破由奢。（李商隐）
向你倨，你也不削一块肉；向你恭，你也不长一块肉。（傅斯年）

后者如：

> 暮春三月，江南草长，杂花生树，群莺乱飞。（丘迟）
>
> 我们最当敬重的是疯子，最当亲爱的是孩子，疯子是我们的老师，孩子是我们的朋友。我们带着孩子，跟着疯子走向光明去。（傅斯年）
>
> 颂美黑暗。讴歌黑暗。只有黑暗能将这一切都消灭调和于虚无混沌之中。没有了人，没有了我，更没有了世世。（冰心）

上面举的例子，前两个，虽是诗，意境却是散文的。后三个虽是散文，意境却是诗的。又如歌诀，虽具有诗的形式，却不是诗。如：

> 平声平道莫低昂，上声高呼猛烈强，去声分明哀远道，入声短促急收藏。

谚语虽押韵，也不是诗。如：

> 病来一大片，病去一条线。

（二）题材不足限制　题材也不能为诗、文的分界，"五四"时代，曾有一回"丑的字句"的讨论。有人主张"洋楼"，"小火轮"，"革命"，"电报"……不能入诗；世界上的事物，有许多许多——无论是少数人的，或多数人所习闻的事物——是绝对不能入诗的。但他们并没有从正面指出哪些字句是可以入诗的，而且上面所举出的事物未尝不可入诗。如邵瑞彭的词：

> 电掣灵蛇走，云开怪蜃沉，烛天星汉压潮音。十美灯船，摇荡大珠林。（《咏轮船》）

这能说不是"诗"吗？

（三）美无定论　如果说"美的东西是诗"，这句话本身就有语病；因为不仅是诗要美，文也要美。

大概诗与文并没有一定的界限，因时代而定。某一时代喜欢用诗来表现，某一时代却喜欢用文来表现。如，宋诗之多议论，因为宋代散文发达；这种发议论的诗也是诗。白话诗，最初是抒情的成分多，而抗战以后，则散文的成分多，但都是诗。现在的时候还是散文时代。

三、诗缘情

诗是抒情的。诗与文的相对的分别，多与语言有关。诗的语言更经济，情感更丰富。达到这种目的的方法：

（一）暗示与理解　用暗示，可以从经济的字句，表示或传达出多数的意义来，也就是可以增加情感的强度。如辛稼轩的词：

> 将军百战身名裂，向河梁、回头万里，故人长绝。易

水萧萧西风冷，满座衣冠似雪。正壮士悲歌未彻。

　　这词是辛稼轩和他兄弟分别时作的，其中所引用的两个别离的故事之间没有桥梁；如果不懂得故事的意义，就不能把它们凑合起来，理解整个儿的意思，这里需要读者自己来搭桥梁，来理解它。又如朱熹的《观书有感》：

　　半亩方塘一鉴开，天光云影共徘徊。问渠"那得清如许"？"为有源头活水来"。

　　也完全是用暗示的方法，表示读书才能明理。
　　（二）比喻与组织　从上段可以看出，用比喻是最经济的办法，一个比喻可以表达好几层意思。但读诗时，往往会觉得比喻难懂。比喻又可分：
　　1. 人事的比喻：比较容易懂。
　　2. 历史的比喻：（典故）比较难懂。
　　新诗中用比喻的例子，卞之琳《音尘》：

　　绿衣人熟稔的按门铃，
　　就按在住户的心上；
　　是游过黄海来的鱼？
　　是飞过西伯利亚来的雁？
　　"翻开地图看，"远人说。
　　他指示我他所在的地方，
　　是那条虚线旁那个小黑点。

如果那是金黄的一点，

如果我的坐椅是泰山顶，

在月夜，我要你猜你那儿，

准是一个孤独的火车站。

然而我正对着一本历史书，

西望夕阳里的咸阳古道，

我等到了一匹快马的蹄音。

在这首诗里，作者将那个小黑点形象化，具体化，用了"鱼"和"雁"的典故，又用了"泰山"和"火车站"作比喻，而"夕阳""古道"，来自李白《忆秦娥》"乐游原上清秋节，咸阳古道音尘绝。音尘绝，西风残照，汉家陵阙"，也是一种比喻，用古人的伤别的情感喻自己的情感。

诗中的比喻有许多是诗人自己创造出来的，他们从经验中找出一些新鲜而别致的东西来作比喻的。如：

陈散原先生的"乡县酱油应染梦"，"酱油"亦可创造比喻。可见只要有才，新警的比喻是俯拾即是的。

四、组织

（一）韵律　诗要讲究音节，旧诗词中更有人主张某种韵表示某种情感者，如周济《宋四家词选叙论》：

阳声字多则沉顿，阴声字多则激昂，重阳间一阴，则柔而不靡，重阴间一阳，则高而不危。

东、真韵宽平，支、先韵细腻，鱼、歌韵缠绵，萧、尤韵感慨，各具声响。

（二）句式的复沓与倒置　因为诗是发抒情感的，而情感多是重复迂回的，如《古诗十九首》：

> 行行重行行，与君生别离。相去万余里，各在天一涯。道路阻且长，会面安可知。……

这几句都表示同一意思——相隔之远，可算一种复沓。句式的复沓又可分字重与意重。前者较简单，后者较复杂。歌谣与故事亦常用复沓，因为复沓可以加强情调，且易于记诵。如李商隐诗：

> 君问归期未有期，巴山夜雨涨秋池；何当共剪西窗烛，却话巴山夜雨时。

这也是复沓，但比较的曲折了。

新诗如杜运燮《滇缅公路》：

> ……路，永远兴奋，
> 都来歌唱呵，
> 这是重要的日子，
> 幸福就在手头。
> 看它，

风一样有力，

航过绿色的田野，

蛇一样轻灵，

从茂密的草木间盘上高山的背脊，

飘行在云流中，

而又鹰一般敏捷，

画几个优美的圆弧，

降落到箕形的溪谷，

倾听村落里安息前欢愉的匆促，

轻烟的朦胧中，

溢着亲密的呼唤，

人性的温暖。

有时更懒散，

沿着水流缓缓走向城市，

而就在粗糙的寒夜里，

荒冷而空洞，

也一样负着全民族的食粮，

载重车的黄眼满山搜索，

搜索着跑向人民的渴望：

沉重的橡皮轮不绝的滚动着，人民兴奋的脉搏，

每一块石子，

一样觉得为胜利尽忠而骄傲！

微笑了，在满足而微笑着的星月下面，

微笑了，在豪华的凯旋日子的好梦里……

一方面用比喻使许多事物形象化，具体化；一方面写全民族的情感，仍不离诗的复沓的原则，复沓的写民族抗战的胜利。

句式之倒置：在引起注意。如：

竹喧归浣女。

（三）分行　分行则句子的结构可以紧凑一点，可以集中读者的边际注意。

诗的用字须经济。如王维的：

大漠孤烟直，长河落日圆。

十字，是一幅好画，但比画表现得多，因为这两句诗中的"直""圆"是动的过程，画是无法表现的。

五、传达与了解

（一）传达是不完全的　诗虽不如一般人所说的难懂，但表达时，不是完全的。如比喻，或用典时往往不能将意思或情感全传达出来。

（二）了解也是不完全的因为读者读诗时的心情，和周遭的情景，对读者对诗的了解都有影响。往往因心情或情景的不同，了解也不同。

诗究竟是不是如一般人所说的带有神秘性，有无限可能的解释呢？这是很不容易回答的。但有一点可以说：我们不能离开字句及全诗的连贯去解释诗。

（在昆明西南联合大学师范学院讲，姚殿芳、叶兢耕记录，《国文月刊》，一九四一年）

论"以文为诗"

陈师道《后山诗话》云：

> 退之以文为诗，子瞻以诗为词，如教坊雷大使之舞，
> 虽极天下之工，要非本色。

说韩愈退之以文为诗，原不始于陈师道，释惠洪《冷斋夜话》
二云：

> 沈存中、吕惠卿吉甫、王存正仲、李常公泽，治平中
> 在馆中夜谈诗。存中曰："退之诗，押韵之文耳，虽健美
> 富赡，然终不是诗。"吉甫曰："诗正当如是。吾谓诗人
> 亦未有如退之者。"

"以文为诗"一语似乎比"押韵之文"一语更清楚些，所以这里先引了《后山诗话》。这个诗文分界的问题，是宋人提出的，也是宋人讨论的最详尽。刘克庄、严羽的意见可为代表。刘说：

　　　　后人尽诵读古人书，而下语终不能仿佛风人之万一，余窃惑焉。或古诗出于情性，发必善；今诗出于记问博而已，自杜子美未免此病。(《后村先生大全集》九十六，《韩隐君诗序》)

又说：

　　　　唐文人皆能诗，柳尤高，韩尚非本色。迨本朝则文人多，诗人少。三百年间，虽人各有集，集各有诗，诗各自为体，或尚理致，或负材力，或呈辨博，少者千篇，多至万首，要皆经义策论之有韵者尔，非诗也。(同上九十四，《竹溪诗序》)

严也说：

　　　　近代诸公乃作奇特解会，遂以文字为诗，以才学为诗，以议论为诗。夫岂不工？终非古人之诗为也；盖于一唱三叹之音有所歉焉。(《沧浪诗话·诗辨》)

　　他们都是以风诗为正宗的。

到了明代的李梦阳，他更进一步，主张五言古诗以汉、魏、六朝为宗，七言古诗以乐府及盛唐为宗，近体全以盛唐为宗。他给诗立了定格，建了正统，他的诗的影响不过一时，但他的诗格论的影响不是一时的；后来虽有许多反对的意见，却并没有能够摇动他的基础。它的基础是在"吟咏情性"《诗大序》、"温柔敦厚"《礼记·经解》那些话和"选体"的五言诗上头。

为什么到了宋代才有诗文分界的问题呢？这有很长的历史。原来古代只有诗和史的分别见闻一多先生《歌与诗》，古代所谓"文"，包括这两者而言。此外有"辞""言""语"。"辞"如春秋的辞令，战国的说辞。"语"如《论语》《国语》。"言"呢，诸子大都是记言之作。但这些都没有明划的分界，诗与史相混，从《雅》《颂》可见。诗、史、辞和言、语相混，从《老子》《庄子》等书内不时夹杂着韵语可见。至于汉代称为《楚辞》的屈、宋诸作，不用说更近于诗了。

汉代是个赋的时代；那时所谓"文"或"文章"便指赋而言。汉代又是个乐府时代；假如赋可以说是霸主，乐府便是附庸了。乐府是诗，赋也可以说是诗，班固《两都赋序》第一句便说"或曰：'赋者，古诗之流也'"；刘歆《七略》也将诗赋合为一目。赋出于《楚辞》和《荀子》的《赋篇》，性质多近于诗的《雅》《颂》；以颂美朝廷，描写事物为主。抒情的不多。晋以后的发展，才渐渐专向抒情一路，到六朝为极盛。按现在说，汉赋里可以说是散文比诗多。所谓骈体实在是赋的支与流裔，而骈体按我们说，也是散文的一部分。这可见出赋的散文性是多么大。赋是诗与散文的混合物，那么，汉人所谓

"文"或"文章"，也是诗与散文的混合物了。

乐府以叙事为主，但其中不缺少抒情的成分。它发展到汉末，萌芽了抒情的五言诗，可是纯粹的抒情的五言诗，是成立在魏、晋间的阮籍的手里；他的意境却几乎全是《楚辞》的影响。魏、晋、六朝是骈体文和五言诗的时代；但这时代还只有"文""笔"的分别，没有"诗""文"的分别。"有韵者文"，"无韵者笔"，是当时的"常言"《文心雕龙·总术篇》。赋和诗都是"文"，和汉人意见其实一样。另一义却便不同：有对偶、谐声的抒情作品是"文"，骈体的章奏与散体的著述是"笔"梁元帝《金楼子·立言篇》。这个说法还得将诗和赋都包括在"文"里，不过加上骈体的一部分罢了。这时代也将"诗""笔"对称，所谓"笔"还只指骈体的章奏与散体的著述，一部分抒情的骈体不在内，和后来"诗""文"的分别是不同的。

唐代的诗有了划时代的发展，所以当时人特别强调"诗""笔"的分别；杜甫有"贾笔论孤愤，严诗赋几篇"《寄岳州贾司马六丈巴州严八使君》的句子，杜牧有"杜诗韩笔愁来读"读《杜韩诗集》的句子，可见唐一代都只注意这一个分别，杜牧称韩愈的散体为"笔"，似乎只看作著述，不以"文"论。韩愈和他的弟子们却称那种散体为"古文"；韩创作那种散体古文，想取骈体而代之，也是划时代。他的努力是将散体从"笔"升格到"文"里去，所以称为"古文"；他所谓"文"，似乎将诗、赋、骈体、散体，都包括在内，一面却有意扬弃了"笔"的名称。唐人连韩愈和他的追随者在内，都还没有想到诗文的对立上去。

宋代古文大盛，散体成了正宗。骈体不论是抒情的应用的，也都附在散体里，统于"文"这一个名称之下。王应麟《困学纪闻》有评应用文骈体居大多数的，所以别出。王虽分评，却都称为"文"；这个"文"的涵义，正是韩愈的理想的实现。这样，"笔"既并入"文"里，"文笔""诗笔"的分别，自然不切用了，于是诗文的分别便应运代兴。诗文的分别看来似乎容易，似乎只消说"有韵者诗，无韵者文"就成了。可是不然。宋入便将赋放在文里，《困学纪闻》"评文"前卷里有评辞赋的话，王应麟却不收在那"评诗"一卷里。宋人将诗从文里分出，却留着辞赋，似乎自己找麻烦，但一看当时"文体"的赋如苏轼《赤壁赋》等的发展，便知道这是有道理的。因为成立了诗文对立的局势，而二者的分别又不在韵脚的有无上，所以有许多争议；篇首所引，是代表的例子。

　　争议虽多，共同的倾向却很显明，那就是风诗正宗。苏轼和朱熹都致慨于唐诗的变古，以为古人的"高风""远韵"从唐代已经衰歇不存苏《书黄子思诗集后》，朱《答巩仲至书》第四，第五。这正是风诗正宗的意思。苏轼自己便是个变古的人，也说出这样的话，可是这主张不是少数人或一时代的私见，它是有来历的。《诗大序》说诗是"吟咏情性"的，《礼记·经解》说"温柔敦厚"是"诗教"。这里面虽含着政教的意味，史的意味，但《三百篇》中风诗及准风诗的《小雅》既占了大多数，宋代又是经学解放的时代，当时人不管注疏里史的解释，只将自己读风诗的印象去印证那两句话，而以含蓄蕴藉的抒情诗为正宗，也是自然的。再说还有选体诗作他们有力的例子。选体诗的意境是继承《楚辞》的抒情的传统的。东晋时老、庄的哲学虽然一度侵入诗里，但因为只是抄袭陈言，别无新义，不久就"告退"了《文心雕龙·明诗》。抒情诗的传统这样建立起来，足为"吟咏情性"和"温柔敦厚"两句话张目。

不过选体诗变为唐诗，到了宋代，一个新传统又建立起来了。这里发展了一类"沉着痛快"之作，或抒情，或描写，或叙事，或议论，不尽合于那两句古话，可是事实上是有许多人爱作有许多人爱读的诗。旧传统压不倒新传统，只能和它并存着。好古的人至多只能说旧的是"正"，新的是"变"，像苏轼便是的；或者说新的比旧的次些，像朱熹便是的，但不能不承认那些"沉着痛快"之作也是诗。再说苏轼虽然向慕那"高风""远韵"，他自己却还在开辟着"变"的路；这大约是所谓"穷则变"，也是不得不然。刘克庄也还是走的"变"的路。严羽是走"正"路了，但是不成家数。他说"近代诸公"的诗不是诗，却将"沉着痛快"的诗和"优游不迫"即"温柔敦厚"的诗并列为诗的两大类，可见也不能完全脱离时代的影响。

沈括存中说韩愈的诗只是"押韵之文"，不是诗；陈师道说韩"以文为诗"，不是诗的本色。陈的意思和后来的朱熹大约差不多；沈说却比较激切，所以引起全然相反的意见。刘克庄说和沈说一样。原来宋以前诗文的界划本不分明，也不求分明，沈、陈、刘，以当时的观念去评量前代，是不公道的。况且韩愈的诗，本于《雅》《颂》和乐府，也不是凭空而来；按宋代说，固可以算他"以文为诗"，按唐代说，他的诗之为诗，原是不成问题的。

宋人的风诗正宗论却大大的影响了元、明两代；一面也是这两代散体古文的发展使诗文的分界更见稳定的缘故。李梦阳的各体诗定格说正是时势使然。但姑不论他的剽窃的作风，他的定格里上有汉乐府，下有唐诗，其实也已经不纯是抒情的传统，与那两句古话不尽合了。到了清代中晚期，提倡所谓宋诗，那新传统复活了而且变本加厉，以金石考订入诗；《清诗汇》自序且诩为"诗道之尊"。章炳麟《辨诗》以为这种考订金石之作"比于马医歌括"，胡适之在《什么是文学》中也以为这种诗不是诗。他们都是或多或少皈依那抒情的传统的。

但是诗文的界划，宋以前既不分明，宋以来理论上虽然分明，事实上也不全然分明，坚持到底，怕也难成定论。所以韩愈"以文为诗"似乎并不碍其为诗。南宋陈善《扪虱新话》云："韩以文为诗，杜以诗为文，世传以为戏；然文中要自有诗，诗中要自有文，亦相生法也。"这是极明通的议论。可是"以文为诗"在我们的诗文评里成了一个热闹的问题，"以诗为文"却似乎不大成问题的样子，这是什么缘故呢？大概宋以前"诗"一直包在"文"里，宋人在理论上将诗文分开了，事实上却分不开，无论对于古人的作品或当时人的作品都如此。这种理论和事实的不一致，便引起许多热烈的讨论。至于文，自来兼有叙事、议论、描写、抒情等作用，本无确定的界限，不管在理论上和事实上。宋人还将辞赋放在文里，可见他们是不以文的抒情的作用为嫌的。

《扪虱新话》引的"杜以诗为文"的话，是仅有的例外。那只是说杜甫作文，用字造句往往像作诗一般，所以显得别别扭扭的。"韩以文为诗"是成功了，"杜以诗为文"却失败了。杜的文没有人爱学，也很少人爱读。这也是"以诗为文"引不起热闹的讨论的一个原因。但类似的讨论却不是没有，唐刘知几《史通·叙事》论"近古"史书，词多繁复，事喜藻饰。那些时候作史多用骈体，骈体含着很多抒情的成分，繁复和藻饰，正是抒情的主要手法，用来叙事，却是不相宜的。这繁复与藻饰，按宋人的标准说，也正是诗的精彩。刘知几时代，诗文还未分家，更无所谓骈散之辨，但他所指出的问题，若用宋人的术语，却正是"以诗为文"那句话。

到了清代，骈散的争辩热闹起来了，古文家论骈体的短处，也从这里着眼。如曾国藩的话：

> 自东汉至隋，文人秀士，大抵义不孤行，辞多俪语；即议大政，考大礼，亦每缀以排比之句，间以婳娜之声。历唐代而不改；虽韩、李锐志复古，而不能革举世骈体之风。此皆习于情韵者类也。（《湖南文征序》）

"习于情韵"就是"抒情"，和那"排比之句"，"婳娜之声"，都是。这里所讨论的，其实也还是"以诗为文"那句话。不过这种讨论，我们的诗文评都放在"骈散"一目下，不从诗文分界的立场看。"以诗为文"的问题，宋人既未全貌的提出，可以作为这个问题的正面的"骈散"的讨论，又不挂在它的账上，所以就似乎不大成问题的样子了。

新文学运动以来，我们输入了西洋的种种诗文观念。宋人的诗文分界说，特别是诗的观念，即使不和输入的诗文观念相合，也是相近的。单就诗说，初期的自由诗有人讥为分行的散文，还带着宋以来诗的传统的影响。第一个提倡新诗的胡适之还提倡以诗说理呢。但是后来的格律诗和象征诗便走上新的纯粹抒情的路。这该是宋人理想的实现。

可是诗的路却似乎越走越窄，作者和读者也似乎越来越少。这里也许用得着 J.M.Murry《风格问题》一书中的看法。他说:"在某种文化的水准上，加上种种经济的社会的情形这些值得详加研究，某种艺术的或文学的体式是会逼着人接受的。"四八面宋以来怕可以说是我们的散文时代，散文的体式逼着一般作家接受;诗不得不散文化，散文化的诗才有爱学爱读的人。现代诗走回诗的"正"路，但是理睬的人便少了。只看现代散文包括小说的发展是如何压倒了诗的发展，就知此中消息。诗暂时怕只是少数人的爱好这些人自然也是不可少的，它的繁荣怕要在另一个时代。Murry 还说:"批评只消研讨基本的成分，比较着看;它所着眼的是创造想象，除非要研讨文字的细节，是不必顾到诗文的分别的。"五二，五三面照这个看法，"以文为诗"也该是不成问题的。

（《学文周刊》，济南《大华日报》）

再论"曲终人不见，江上数峰青"

　　在本志《中学生》六十号里见到朱孟实先生论这两句诗的文字，觉得很有趣味。自己也有点意思，写在这里，请孟实、丏尊二位先生指教。

　　先抄全诗：

　　　　钱起　　省试《湘灵鼓瑟》
　　　　善鼓云和瑟，常闻帝子灵。
　　　　冯夷空自舞，楚客不堪听。
　　　　苦调凄金石，清音入杳冥。
　　　　苍梧来怨慕，白芷动芳馨。
　　　　流水传湘浦，悲风过洞庭。
　　　　曲终人不见，江上数峰青。

这是一首试帖诗，诗题出于《楚辞·远游篇》，云：

> 使湘灵鼓瑟兮，令海若舞冯夷。

《旧唐书》一六八记此诗情形云：

> 起能五言诗，初从乡荐，寄家江湖，尝于客舍月夜独
> 吟，遽闻人吟于庭曰："曲终人不见，江上数峰青。"起
> 愕然。摄衣视之，无所见矣。以为鬼怪，而志其一十字。
> 起就试之年，李昕所试《湘灵鼓瑟》诗，题中有"青"字。
> 起即以鬼谣十字为落句。昕深嘉之，称为绝唱，是岁登第。

"绝唱"只说得好，只说得爱好；那个鬼故事当然是后来附会
出来的。至于究竟好在何处？有什么理由可说？前人评语不
外两端：一是切题，二是所谓"远神"。唐汝询《唐诗解》卷
五十云：

> 瑟乃神灵所弹，原无处所，是以曲终而不见其人，徒
> 对江上数峰而惆怅也。

这里只说得上一句：压根儿就不见人，不独曲终时为然。但
"江上数峰青"又与题何干呢？"湘灵"王逸无注，洪兴祖补
云："上言'二女'，则此'湘灵'乃湘水之神，非湘夫人
也。"可见得以前颇有人以为湘灵就是湘夫人，就是帝尧的二
女。《楚辞·九歌·湘夫人》有云："九嶷缤兮并迎，灵之来

兮如云"，王注云："舜使九嶷之山神缤然来迎二女。"可见得湘夫人虽"死于沅、湘之中"，却住在九嶷山里。又《山海经·中山经》云："洞庭之山……帝之二女居之"，这里的"二女"也就是湘夫人。那么，"江上数峰青"只是说人虽不见，却可想象她们在那九嶷山或"洞庭之山"里。钱起远在洪兴祖之前，他大概还将湘灵当作湘夫人的。

可是这么一说，这两句诗不过切题而已，何以"称为绝唱"呢？沈德潜《唐诗别裁集》评云："远神不尽。"但又云："落句固好，然亦诗人意中所有；谓得自鬼语，盖谤之耳。""神"字太麻烦，姑不去解释；说"远"，说"不尽"，究竟是什么呢？既是"诗人意中所有"，该不是怎样玄虚的东西。我们可以想到所谓"远神"大概有两个意思：一是曲终而余音不绝，一是词气不竭，就是不说尽。这两个意思一从诗所咏的东西说，一从诗本身说，实在是一物的两面。

我们都知道"余音绕梁""响遏行云"两个成语；实在是两个典故，见《列子·汤问篇》，云：

> ……秦青……抚节悲歌，声振林木，响遏行云。
> ……昔韩娥东之齐，匮粮，过雍门，鬻歌假食。既去而余音绕梁欐，三日不绝。

前条说声响之高，后条说声响之久；"江上数峰青"也正说的是曲调高远，袅袅于江上青峰之间，久而不绝，该是从《列子》脱化而出。可是意境全然新的，并非抄袭。所以可喜。这是一。

《全唐诗话》卷一云：

> 中宗正月晦日，幸昆明池赋诗。群臣应制百余篇。帐殿前结彩楼，命"昭容"选一篇为新翻御制曲。从臣悉集其下。须臾纸落如飞，各认其名而怀之。既进，惟沈（佺期）、宋（之问）二诗不下。又移时，一纸飞坠，竞取而观，乃沈诗也。及闻其评曰："二诗工力悉敌。沈诗落句云：'微臣雕朽质，羞睹豫章才。'盖词气已竭；宋诗云：'不愁明月尽，自有夜珠来。'犹陟健举。"沈乃伏，不敢复争。

沈说尽，宋不说尽，却留下一个新境界给人想，所以为胜。钱诗是试帖，与沈、宋应制诗体制大致相同，都是五言长律，落句也与宋异曲同工。上官昭容既定下标准在前头，影响该不在小；钱起的试官李昕或有意或无意大约也采取了这种标准，所以深为嘉许。这是二。

还有，据《旧唐书》所记及陈季等同题之作，知道此诗所限之韵中有"青"字。钱押得如此自然，怕也是成为"绝唱"的一个小因子。《唐诗别裁集》评语有云："神来之候，功力不与"，其实就是说的这个押韵的自然。

诗中他句也有可论，但纪昀差不多都说过了，见《唐人试律说》，在《镜烟堂十种》中。

（二十五年二月，《中学生》六十二号）

王安石《明妃曲》

王安石《明妃曲》二首，颇受人攻击，说诗中"人生失意无南北""汉恩自浅胡自深"两句有伤忠爱之道。第一首云：

明妃初出汉宫时，泪湿春风鬓脚垂。低徊顾影无颜色，尚得君王不自持。归来却怪丹青手，入眼平生几曾有。意态由来画不成，当时枉杀毛延寿。一去心知更不归，可怜着尽汉宫衣。寄声欲问塞南事，只有年年鸿雁飞。家人万里传消息："好在毡城莫相忆。君不见，咫尺长门闭阿娇，人生失意无南北。"

黄山谷引王深父的话，说："孔子曰：'夷、狄之有君，不如诸夏之亡也。''人生失意'句非是。"这是说，无论怎样，中国总比夷、狄好，南总比北好，打在冷宫的阿娇也总比在毡城作阙氏的明妃好；诗中将南北等量齐观，是不对的。山谷却辩道：孔子居九夷，可见夷、狄也未尝无可取之处，诗语并不算错。

这种辩论似乎有点小题大做；所以有人说王安石只是要翻新出奇罢了，是不必深求的。但细读这首诗，王安石笔下的明妃本人，并未离开那"怨而不怒"的旧谱儿；不过"家人"给她抱不平，口气却有点"怒"了。"家人"怒，而身当其境的明妃并没有怒，正见其忠厚之极。这里"一去"两句说她久而不忘汉朝；"寄声"两句说这么久了，也托人问汉朝消息，汉朝却绝无消息——年年有雁来，元帝却没给她一个字，在国内几年未承恩幸，出宫时虽"得君王不自持"，又杀了毛延寿，而到塞外几年，却也未承眷念；她只算白等着。家里的消息却是有的，教她别痴想了，汉朝的恩是很薄的；当年阿娇近在咫尺，也打下冷宫来着，你惦记汉朝，即便你在汉朝，也还不是失意？——该失意的在南在北都一样，别老惦着"塞南"罢。这是决绝辞，也可说是恰如其分的安慰语；不过这只是"家人"说说罢了。

第二首云：

> 明妃初嫁与胡儿，毡车百辆皆胡姬。含情欲说独无处，传与琵琶心自知。黄金捍拨春风手，弹看飞鸿劝胡酒。汉宫侍女暗垂泪，沙上行人却回首："汉恩自浅胡自深，人生乐在相知心。"可怜青冢已芜没，尚有哀弦留至今。

李璧注引范冲对高宗云："诗人多作《明妃曲》，以失身胡虏为无穷之恨；安石则曰：'汉恩自浅胡自深，人生乐在相知心。'然则刘豫不是罪过，汉恩浅而虏恩深也。……孟子曰：'无父无君是禽兽也。'以胡虏有恩而遂忘君父，非禽兽而何！"这以诗中明妃与汉奸刘豫相比，骂她是禽兽；其实范冲真要骂的是王安石。骂王安石，与诗无甚关系，且不必论。就诗论诗，全篇只是以瑟琶的悲怨见出明妃的悲怨；初嫁时不用说，含情无处诉，只借琵琶自写心曲。后来虽然弹琵琶劝酒，可是眼看飞鸿，心不在胡而在汉。飞鸿有三义：句子以嵇康《赠秀才入军》诗"目送归鸿，手挥五弦"来，意思却牵涉到孟子的"一心以为鸿鹄将至"，又带着盼飞鸿捎来消息。这心事"汉宫侍女"知道，只不便明言安慰，惟有暗地垂泪。"沙上行人"听着琵琶的哀响，却不禁回首，自语道：汉朝对你的恩浅，胡人对你的恩深，古话说得好，乐莫乐兮新相知，你何必老惦着汉朝呢？在胡言胡，这也是恰如其分的安慰语。这决不是明妃的嘀咕，也不是王安石自己的议论，已有人说过，只是沙上行人自言自语罢了。但是青冢芜没之后，哀弦留传不绝，可见后世人所见的还只是个悲怨可怜的明妃；明妃并未变心可知。王深父范冲之说，都只是断章取义，不顾全局，最是解诗大病。今写此短文，意不在给诗中的明妃及作者王安石辩护，只在说明读诗解诗的方法，藉着这两首诗作个例子罢了。

（《世界日报》，二十五年）